mandelbaum *verlag*

Volker Schürman

SPEKULATIVER MARXISMUS

Studien zu Hans Heinz Holz

Mit einem Beitrag von Dietmar Dath zu dessen ästhetischer Theorie

mandelbaum *verlag*

mandelbaum.at • mandelbaum.de

ISBN 978399136-004-9

Lektorat: ELVIRA GROSS
Satz: BERNHARD AMANSHAUSER
Umschlag: MICHAEL BAICULESCU und MARTIN BIRKNER
Druck: PRIMERATE, Budapest

Inhaltsverzeichnis

Der Verfall der klassischen Metaphysik in der Philosophie nach Hegel erweist sich als ein Verzicht auf die weltanschaulich organisierende Kraft der Philosophie, als ein Verzicht auf eine mit Anspruch auf Allgemeinverbindlichkeit auftretende Orientierung des Menschen in der Welt und damit auf den Entwurf von gesellschaftlichen Zielen und Perspektiven.
Holz 2005: 46

So ergibt sich die scheinbar paradoxe Situation, daß der Marxismus, der die ideologiekritische Destruktion der traditionellen Metaphysik am weitesten vorangetrieben hat, im Programm einer wissenschaftlichen Weltanschauung das Erbe der Metaphysik antritt. Im Gegensatz zur spätbürgerlichen Kritik an der Metaphysik und im Gegensatz zur Privatisierung der Weltanschauung stellt sich der dialektische Materialismus den Fragen, die die Welt als Ganzes und die Stellung des Menschen in ihr betreffen, und den damit verbundenen Problemen von Geltung und Wahrheit.
Holz 2005: 58

Wie die Philosophie im Proletariat ihre materiellen, so findet das Proletariat in der Philosophie seine geistigen Waffen.
(Marx 1844b: 182 [MEW 1: 391]) – *Die deutsche Arbeiterbewegung ist die Erbin der deutschen klassischen Philosophie.*
Engels 1886: 307

Die Welt droht zur bloßen Kulisse zu werden. Unsere Vernunft verliert ihre einmalige Gabe, belästigt werden zu können.
Meyer-Drawe 2018: 18

Einleitung: Spekulativer Marxismus

Es geht um die Frage, wie eine Welt, die als Welt im ganzen unserer Erfahrung unzugänglich ist, wissenschaftlich begriffen werden kann.
Holz 2005: 9

Hans Heinz Holz war ein philosophischer Marxist. Er verortete Marx, Engels und Lenin in der Philosophiegeschichte. Das klingt harmloser, als es ist. Denn das heißt, dass er den Marxismus wesentlich als eine Philosophie liest – also weder nur als eine (empirische) Wissenschaft von der Geschichte noch nur als eine politisch-ökonomische Analyse des Kapitalismus noch nur als eine politische Handlungsstrategie. Und es heißt auch, dass der Marxismus ohne vormarxsche Philosophie (und deren Studium) nicht zu haben ist. Innermarxistisch scheiden sich hier die Geister.

Manche bestehen darauf, schon zu wissen, dass ein Marxismus nicht spekulativ sein kann. Marx habe Hegel schließlich als vormalige Philosophie kritisiert. Andere bestehen darauf, dass Fragen der politischen Strategie nicht in die Philosophie gehören. Deshalb könne Lenin kein, oder nur ein stümperhaftes, philosophisches Konzept ausgearbeitet haben – was die einen dann als der Philosophie einzig angemessen bejubeln und die anderen naserümpfend gegen einen Marxismus wenden, der sich auf Lenin beruft. Dass Holz philosophischer Marxist war, heißt für ihn alldem gegenüber, an der Einheit von Politik und Philosophie festzuhalten. Deshalb nahm er Engels' Hinweis ernst, dass die Arbeiter*innenbewegung das Erbe der deutschen klassischen Philosophie angetreten habe, und deshalb war er als Marxist auch Kommunist.

> »Marxist bin ich dann in der politischen Arbeit geworden, in der Erfahrung der Restaurationsprozesse der Bundesrepublik, und auch in der Aufarbeitung jener theoretischen Positionen, die im Marxismus entwickelt werden und ihrer großen philosophischen

Tradition, die auf Hegel, Leibniz u. a. zurückführt. Der Marxismus ist für mich ein Bestandteil des großen Kontinuums der Philosophie-Geschichte und überhaupt unserer Kultur geworden. An ihm hat sich der entscheidende Sprung vollzogen, von der Philosophie als reiner Theorie hin zur Transformation in die Praxis. Zum ersten Mal wird von Marx die Philosophie so verstanden, dass ihre Theorie und ihre politische Praxis eine auch begrifflich zu definierende Einheit bilden. Theorie selbst wird also zu einem Moment der Praxis. Sie ist weltverändernd nicht nur in dem, was sie an Gedanken in die Welt setzt, sondern auch darin, dass sie sich im politischen und gesellschaftlichen Tun prägend engagiert.« (Holz 2003c: 178)

Philosophischer Marxismus ist dann die Einheit von marxistischer Philosophie und einer sozialen Bewegung. Im Falle von Holz ist das die Einheit seiner Philosophie und der kommunistischen Arbeiter*innenbewegung, die sich an der Sowjetunion orientiert. Holz dokumentierte das auch persönlich durch seinen Eintritt in die Deutsche Kommunistische Partei (DKP) im Jahre 1994.

Hans Heinz Holz (1927–2011) war zunächst, und immer auch, nichtakademischer Philosoph, was ihm zeit seines Lebens geistige Freiheit und Souveränität sicherte. Von 1962–1964 leitete er das Abendstudio des Hessischen Rundfunks, und er war, vornehmlich in der Schweiz, als Literatur-, Kunst- und Theaterkritiker tätig. 1971 wurde er Professor für Philosophie in Marburg. Von 1979 bis 1997 hatte er einen Lehrstuhl für Philosophie an der Rijksuniversiteit Groningen inne, was ihm ob der dortigen Liberalität eine besondere Freude war (Holz 1980: 155 f.). Insbesondere war es ihm »eine Ehre, an einem Institut zu wirken, das einem aufrecht antifaschistischen deutschen Gelehrten, Helmuth Plessner, Zuflucht bot, als er seine Heimat verlassen mußte« (ebd.; ausführlich Dietze 2006). Holz hat dieses Plessner'sche Erbe sehr bewusst und mit rückgratstarker Demut angetreten. Philosophisch ringt Holz um ein wissenschaftliches Konzept des Ganzen der Welt, und dies mit den Mitteln sehr spezifischer Verständnisse von Ontologie, von (Wider-)Spiegelung, von Reflexion (Zimmer 2013, Göcht & Zimmer 2020). Seine intellektuelle Autobiografie ist in Vorlesungen dokumentiert, die er in Girona gehalten hat (Holz 2015b). Holz war ein umfassend gebildeter und belesener öffentlicher Intellektueller. Daher ist es unangemessen, einzelne Texte in ihrer Wichtigkeit für Holz besonders herauszustellen. Aber es ist nicht zu viel gesagt, wenn man für sein Verständnis von spekulativem Marxismus vier Erfahrungen als unverzichtbar festhält. Holz hat 1956 bei Ernst Bloch in Leipzig promoviert, und er ist der Philosophie von Bloch in der ihm eigentümlichen Weise immer treu geblieben. Holz ist die Fleisch gewordene These der überragenden Rolle von Leibniz für den Marxismus. Der Leibniz-Aufsatz von Josef König hatte eine furios-katalytische Wirkung, insbesondere im Hinblick auf den Brückenschlag zwischen Leibniz und Hegel. Und nicht zuletzt: Holz wäre nicht Holz ohne die Erfahrung der Gestapohaft (Holz 2003c: 173 f.; Holz 2015b: 9–12).

Marxismus ist, im freien Anschluss an Holz, eine weltanschauend-orientierte emanzipatorische politische Praxis. Dabei heißt *politisch*: die Polis betreffend, die Ordnung des menschlichen Zusammenlebens betreffend, die *res publica* betreffend, die Gestaltung der Gesellschaft betreffend. Und *emanzipatorisch* heißt, dass es darum geht, in der politischen Praxis dem kategorischen Imperativ zu folgen, »*alle Verhältnisse umzuwerfen*, in denen der Mensch ein erniedrigtes, ein geknechtetes, ein verlassenes, ein verächtliches Wesen ist« (Marx 1844b: 177 [= MEW 1: 385]).

Um in der Durchführung guter Marxismus zu sein, muss er auch, sicher nicht nur, eine *explizite* Welt-Anschauung sein. Das gilt unter folgenden Bedingungen:

1. Eine politische Praxis hat in ihrem gerichteten Vollzug eine Anschauung von Welt im Gebrauch, das heißt, sie kann nicht nicht weltanschauend orientiert sein. Selbst ein programmatischer Verzicht auf alle weltanschauende Orientierung ist eine weltanschauende Orientierung, nämlich die Orientierung auf strikt lokale Ad-hoc-Problemlösungen. Solche (anarchistischen) Stückwerktechnologien einer »Philosophie der Tat« (Stuke 1989) können sich als vermeintlich emanzipatorische missverstehen, aber das ist kein guter Grund, dass das marxistische Gegenkonzept einer »Verwirklichung der Philosophie« seine anarchistische Wurzel verleugnet.

2. Eine explizite Welt-Anschauung ausarbeiten zu wollen, ist eine Option im Geiste der Aufklärung, die es der politischen Praxis zutraut, nach eigenem gemeinsam selbstgesetzten Maßstab – autonom also – Gesellschaft zu gestalten. Antiaufklärerische politische Praxis liegt dort vor, wo ein vorgegebener Maßstab eines guten gesellschaftlichen Miteinander entweder nachgebetet oder einem solchen nachgelaufen wird. Stattdessen geht es dem Marxismus um »eine Assoziation, worin die freie Entwicklung eines jeden die Bedingung für die freie Entwicklung aller ist« (Marx & Engels 1848: 482).
3. Die Explizitheit der Welt-Anschauung schließt die Thematisierung des Verhältnisses von Welt-Anschauung und politischer Praxis, abkürzend: von Theorie und Praxis, ein, also die Kritik der eigenen Welt-Anschauung im Sinne ihrer Grenzbestimmung.

Marxismus hat damit, dies ist die Konsequenz, als Welt-Anschauung/als Theorie *wissenschaftlich* zu sein. Oder anders gesagt: Marxismus hat Philosophie zu sein, um nicht Glauben zu bleiben. Es geht dieser Welt-Anschauung bei emanzipatorischem Anliegen darum, um sich und ihre grundlegenden Prinzipien *zu wissen* – in Abkehr davon, sich bloß zu glauben oder sich voluntaristisch-dezisionistisch bloß zu setzen. Welt-Anschauung hat zur begriffenen Welt-Idee zu werden.

Marxistische Philosophie ist dann dialektisch, materialistisch, spekulativ.

Der Beitrag des Werks von Hans Heinz Holz zum Marxismus ist ein doppelter. Er hat entschieden daran festgehalten, dass emanzipatorische politische Praxis im Geiste des Marxismus notwendig eine *wissenschaftliche* Welt-Anschauung braucht, und er hat konsequent daran gearbeitet, eine solche Philosophie weiterzuentwickeln. Das Credo seines Werks lautet: »Erst im Kommunismus wird es eine wirkliche wissenschaftliche Weltanschauung geben, aber auf dem Wege zu ihm wird sie sich bilden.« (Holz 2011b: 19)

Dass der Marxismus wesentlich auch eine Philosophie ist, war für Holz selbstverständlich, ist es aber in der Sache nicht. Marxistische Theorie ist wesentlich ein Bruch mit vorherigem Philosophieren, und zwar in der Weise grundsätzlich, als es zunächst ganz offen sein muss, ob marxistische Theorie ein Bruch mit Philosophie oder ein grundsätzlicher Bruch im Philosophieren ist. Diese Frage kann man unterschiedlich beantworten, und sie ist auch ganz unterschiedlich beantwortet worden. Das wiederum ist nicht außergewöhnlich, sondern gleichsam der Normalfall. Kants Kritische Philosophie etwa ist ein radikaler Bruch mit vormaliger Metaphysik, und es gibt sehr unterschiedliche Antworten auf die Frage, ob seine Philosophie eine Absage an Metaphysik schlechthin ist, oder aber eine grundsätzliche Erneuerung von Metaphysik.

Holz markiert damit eine Weichenstellung. Alle, die im Marxismus wesentlich eine politische Praxis sehen (und Theorie folglich höchstens als nötiges Hilfsmittel), haben nur zwei Möglichkeiten: Entweder sie bleiben philosophisch unmusikalisch und lassen sich von Holz nichts sagen, oder sie lassen sich von Holz irritieren und »im Hausfrieden ihrer Seele« stören (Feuerbach 1837: § 12, S. 92). All jene hingegen, die im Marxismus wesentlich eine (neutral zu sein habende, also bloß schauende) Theorie sehen, haben sich von Holz nicht irritieren lassen und bleiben dabei, die Welt weiterhin anders interpretieren zu wollen.

Innerhalb und außerhalb des marxistischen Philosophierens ist und bleibt Holz ein hartes Brot. Auf den ersten Blick ist am Grundansatz nichts überraschend: Marxistische Philosophie gilt, klar, als eine Variante dialektischen Philosophierens. Aber schon erste Kostproben Holz'scher Texte machen dann sehr schnell klar, dass er materialistische Dialektik als Variante spekulativen Philosophierens begreift: Marxismus sei unhintergehbar eine Umstülpung Hegels, also ohne dessen spekulatives Philosophieren nicht zu haben. Das ist in Zeiten, in denen man primär an Börsen spekuliert, bis in die Wortwahl hinein schwer verdaulich. Neben Hegel ist Leibniz ein Stein des Anstoßes. Leibniz gilt nicht nur, wie Hegel, als bürgerliche Philosophie, sondern darüber hinaus als vormodern-theologische. Wie also sollte Leibniz zum marxistischen Erbe gehören? Aber es ist dessen Philosophie, also *die* Metaphysik des substanziell gefassten Individuellen, die Holzens eigenes Philosophieren bis in die letzten Verästelungen imprägniert (und deshalb, im Prinzip, vor Stalinismus schützt).

Spekulatives Philosophieren macht eine doppelte metaphorische Anleihe – beim Spiegel und bei der Warte. Spekulieren ist Spiegel-Sehen von einer höheren Warte aus. Holz konzipiert Natur als System universeller Widerspiegelungsverhältnisse, und eine solcherart wissenschaftliche Welt-Anschauung verspricht einen Überblick mittlerer Reichweite und damit Orientierung. Von einer Warte aus zu sehen, ist etwas grundsätzlich anderes als ein Beobachten vom Hochsitz herab – eine Warte ist mittendrin in der »Kritik im Handgemenge« (Marx 1844b: 173 [MEW 1: 381]). Wenn sich denn spekulative dialektisch-materialistische Welt-Anschauung dereinst gebildet haben wird, erfüllt sie damit die Minimalbedingung dafür, dass die Avantgarde-Funktion von Intellektuellen »organisch« bleibt (Gramsci) und dass die Rede von einer »Diktatur des Proletariats« nicht mehr in alltagssprachlicher Bedeutung gehört werden muss.

> »Indessen ist das gerade wieder der Vorzug der neuen Richtung, daß wir nicht dogmatisch die Welt anticipiren, sondern erst aus der Kritik der alten Welt die neue finden wollen. Bisher hatten die Philosophen die Auflösung aller Räthsel in ihrem Pulte liegen und die dumme exoterische Welt hatte nur das Maul aufzusperren, damit ihr die gebratenen Tauben der absoluten Wissenschaft in den Mund flogen. Die Philosophie hat sich verweltlicht und der schlagendste Beweis dafür ist, daß das philosophische Bewußtsein selbst in die Qual des Kampfes *nicht nur äußerlich, sondern auch innerlich hineingezogen ist.* Ist die Construction der Zukunft und das fertig werden für alle Zeiten nicht unsere Sache; so ist desto gewisser, was wir gegenwärtig zu vollbringen haben, ich meine die rücksichtslose Kritik alles Bestehenden, rücksichtslos sowohl in dem Sinne, daß die Kritik sich nicht vor ihren Resultaten fürchtet und eben so wenig vor dem Conflikte mit den vorhandenen Mächten.« (Marx 1843b: 486 f. [MEW 1: 344]; Hervorhebung VS)

Die Liste der Veröffentlichungen von Hans Heinz Holz ist lang, darunter viele Bücher, und darunter auch viele umfangreiche Bücher. Man wird das nicht alles lesen wollen oder können – obwohl man auch nur schwer wieder aufhören kann, wenn man einmal ernsthaft angefangen hat, ihn zu lesen. Es gibt, wie mir scheint, drei grundsätzliche Möglichkeiten des Umgangs damit. Entweder man lässt sich von der Fülle nicht abschrecken – und liest einfach. Oder man konzentriert sich auf den entscheidenden Kern, und das ist seine Ausarbeitung der Geschichte und der Systematik der Dialektik, also auf die fünf Bände *Problemgeschichte* der Dialektik (Holz 2011-[I–V]) und den Band *Weltentwurf und Reflexion* (Holz 2005). Oder man nähert sich, drittens, diesen Ergebnissen des Spätwerks je nach eigenem Interesse durch die Lektüre kleinerer und vorbereitender Arbeiten – etwa *Dialektik und Widerspiegelung* (Holz 1983a) als der ersten Auflage von *Weltentwurf und Reflexion*, der grundlegenden Skizze zu Bloch (Holz 1967), der Kurzversion zum Widerspiegelungstheorem (Holz 2003b), eines seiner Leibniz-Bücher, des eminent wichtigen Aufsatzes zu Engels' Verständnis von »Gesamtzusammenhang« (Holz 1986a). Wer etwas ungeduldiger ist und im Moment nicht so recht sieht, was die Philosophie von Leibniz zu einem politischen Verständnis von Marxismus beiträgt, kann auch mit den drei Bänden zur *Aufhebung und Verwirklichung der Philosophie* (Holz 2010, Holz 2011a, Holz 2011b) beginnen. So oder so: Die folgenden Kapitel wollen die eigene Lektüre nicht ersetzen, sondern verstehen sich als Hilfestellungen, und damit als sanfte Aufforderungen für solche Lektüren. Sie wollen aber auch nicht verbergen, was bei Licht gesehen sowieso klar ist: dass es je meine eigenen Lektüren des Werks von Holz sind.

Die einzelnen Kapitel sind Studien zu je einem wesentlichen Aspekt des philosophischen Werkes von Holz. Sie sind je als Dreiklang konzipiert, das heißt in der Vermittlung, die Holz anderen, und für ihn wesentlichen, Positionen der Philosophiegeschichte gibt. Selbstverständlich ist das nie nur eine Vermittlung zwischen zwei Positionen – König etwa ist nicht ohne seinen Lehrer Georg Misch zu haben. Dennoch haben diese Dreiklänge ihre Berechtigung, weil die einzelnen Studien Vermittlungen zwischen zwei zugespitzten und für den jeweiligen Aspekt des Werks paradigmatischen Positionen sind. In diesem Sinne sind es kleine Studien oder Miniaturen.

Das erste Kapitel steht exemplarisch für die Rolle der Philosophie in je zeitgenössischen politischen Diagnosen, genauer: in solchen politischen Diagnosen, die sich in politischen Bewegungen manifestieren. Greta Thunberg steht hier als das Gesicht von *Fridays for Future*; zu Lebzeiten von Holz manifestierten sich politische Diagnosen analog in der Arbeiter*innenbewegung, der Frauenbewegung, der Antikriegsbewegung, in den bundesdeutschen Bewegungen gegen die Notstandsgesetze und gegen die Wiederbewaffnung, in Bewegungen gegen die Gefahr der Selbstzerstörung der Menschheit an den Paradigmen Atombombe und Atomkraftwerke. Das Kapitel handelt also von der Holz'schen Vermittlung von Politik und Philosophie, paradigmatisch am Beispiel der Vermittlung von Naturphilosophie und Ökologiebewegung.

Die Kapitel 2 bis 8 thematisieren dann Holz'sche Vermittlungen von innerphilosophischen Positionen. Alle Miniaturen stehen je für sich, verweisen aber wechselseitig aufeinander, weil sie auch im Werk von Holz aufeinander bezogen sind. Kapitel 2 thematisiert sein eigensinniges Verständnis von Ontologie; Kapitel 3 sein grundlegendes Theorem der Widerspiegelung. Beide Kapitel verweisen auch insofern aufeinander, als eine Ontologie des Noch-nicht-Seins notwendigerweise einer Ausdrucksweise bedarf, die nicht auf »Es ist so, dass«-Feststellungen (abkürzend: Ist-Feststellungen) reduziert werden kann, weil eine Ontologie des Noch-nicht-Seins Seiendes kennt, das noch nicht ist, aber sich schon zeigt. Deshalb ist das grundlegende Theorem der Widerspiegelung angewiesen auf einen strengen Gebrauch einer *Metapher*, nämlich der des Spiegels. In Kapitel 6 wird dieser Zusammenhang eigens thematisiert. Kapitel 4 thematisiert die Verschränkung der Welt der Natur und der Welt der Gesellschaft sowie die Notwendigkeit eines minimalen Anthropomorphismus, um die Eigenständigkeit und Eigenbedeutsamkeit der Natur wahren zu können. Kapitel 5 thematisiert Holzens Verständnis von Philosophie als eines spekulativen Marxismus. Kapitel 7 thematisiert den Leibnizianer Holz und damit den notwendigen Gegenpol zum wissenschaftlichen Modell der Welt im Ganzen, nämlich die unaufhebbare Eigenart und Eigenbedeutsamkeit des Individuellen. Kapitel 8 thematisiert die grundlegende innermarxistische Weichenstellung zwischen einem scholastischen und einem praxisphilosophischen Marxismus.

Kapitel 9 hält die Spezifik und Einzigartigkeit des Werks von Holz fest. Kapitel 10 ist eine Art Fazit. Es will keine Lektürehilfe zu einem weiteren Aspekt sein, sondern eine eigene Positionierung zum Werk von Holz. Es ist der Vorschlag, das philosophische Erbe von Holz unter dem Titel *Parteiliche Ontologie* zusammenzuhalten. Kapitel 11 ist ein Geschenk von Dietmar Dath. Es leistet zweierlei: Zum einen ist ein Buch zu Holz unvollständig ohne einen Beitrag zu dessen Ästhetik, den ich nicht leisten kann. Zum anderen habe ich durch dieses Geschenk nicht das letzte Wort.

Eine nötige Klarstellung: Die Dreiklänge stehen für philosophische Positionen, also für Werke und nicht für die Verfasser dieser Positionen. Im ersten Kapitel ist das offenkundig, denn dort steht »Thunberg« für die Man-Position einer ganzen sozialen Bewegung (die marxistisch gesehen eine Position der Philosophiegeschichte ist). Aber es ist selbstverständlich kein Zufall, dass die weiteren Kapitel ausschließlich Vermittlungen zwischen männlichen Autoren sind. In jedem Einzelfall hat das (auch) seine sachliche Berechtigung: Bis heute ist die Philosophiegeschichte wesentlich eine Männergeschichte, was man individuell nicht einfach außer Kraft setzt; Holz hat nun einmal bei Bloch promoviert; den für Holz katalytischen Leibniz-Aufsatz hat nun einmal König geschrieben; die Koinzidenz von gemeinsamem Thema und persönlicher Freundschaft war nun einmal mit Schickel gegeben; die Theorie des Politischen hat er nun einmal bei Gramsci und nicht bei Hannah Arendt gesucht und gefunden etc. Aber in jedem Einzelfall bleibt auch die Aufgabe, das Kapitel gegen den patriarchalen Strich zu lesen. Man könnte und müsste dann die Alternativen entdecken, die Holz nicht genutzt hat: Lenin, und nicht Alexandra Kollontai oder Rosa Luxemburg; keine feministische Theoriebildung; keine (feministische) Theoriebildung aus dem globalen Süden; keine von Frauen geprägte Salonkultur; einiges über Produktionsverhältnisse, aber wenig über Reproduktionsverhältnisse.

Eine Erläuterung zum Formalen und gelegentlich unruhig werdenden Schriftbild: Ich bemühe mich, ausschließlich wörtliche Rede in doppelte Anführung zu setzen. Das sind in der Mehrheit der Fälle, wie üblich, Zitate mit entsprechenden Nachweisen. Aus systematischen Gründen aber – etwa wegen der Rolle der Lebenswelt und wegen der Rolle generischen Wissens – setze ich gelegentlich auch das in doppelte Anführung, »was man so sagt«. Den Volksmund kann man zitieren, aber nicht mit einem Zitatnachweis belegen. Ein dritter Fall liegt dort vor, wo ich einen Begriff ausdrücklich terminologisch meine oder einführe. Einfache Anführung und Kursivierungen sind für allen anderen Fälle (Hervorhebungen, uneigentliche Rede, Buchtitel usw.) reserviert, insbesondere dort, wo es (mir) wichtig ist, die Bedeutung *Hund* von einem Hund zu unterscheiden, da der Begriff des Hundes bekanntlich nicht bellt.

1 Naturdialektik und ökologische Krise. »Thunberg« – Holz – Engels

Nun sind aber die Überlebensbedingungen der Menschheit an einen bestimmten Zustand der Natur gebunden.
Holz 1983d: 164

Naturdialektik ist die marxistische Variante von Naturphilosophie, »Thunberg« ist das Gesicht von *Fridays for Future*, also einer zeitgenössischen sozialen Bewegung. Diese Bewegung verbindet eine politische Diagnose – hier: zum fatalen ökologischen Zustand der Erde, auf der wir leben – mit einem Protest gegen den Umgang von Staatsregierungen mit diesem diagnostizierten Zustand. Das Kapitel handelt (paradigmatisch) davon, wie im Werk von Holz eine politische Diagnose einer Protestbewegung und eine (marxistische Natur-)Philosophie miteinander vermittelt sind.

Während das Werk von Marx gemeinhin eher für eine Dialektik der Gesellschaft steht – Marx wollte »das ökonomische Bewegungsgesetz der modernen Gesellschaft [...] enthüllen« (Marx 1867: 13 f.) –, ist eine Dialektik der Natur untrennbar mit dem Namen Engels verbunden (vgl. Engels 1873–1882). Ausgangspunkt und Grundlage dieser Miniatur ist ein Aufsatz von Holz aus dem Jahre 1983 mit dem Titel *Grundsätzliches zu Naturverhältnis und ökologischer Krise* (Holz 1983d). Holz platziert dieses Engels'sche Thema sehr betont in einem Band *Zum 100. Todestag von Karl Marx*, und zwar aus doppeltem Grund: zum einen, um zu betonen, dass eine marxistisch-materialistische Gesellschaftsdialektik nur als Naturdialektik zu haben ist und man in dieser Hinsicht keinen Keil zwischen Marx und Engels treiben kann (wie oft geschehen); zum anderen, um zu betonen, dass die Zerstörung der Natur kein »natürlicher, sondern ein gesellschaftlicher Prozeß« ist, der folglich »auch nur durch Änderung des Systems gesellschaftlicher Produktion, durch Änderung der Produktionsverhältnisse, aufgehoben werden [kann]« (ebd. 162).

1.1 Naturdialektik auf dem Prüfstand ökologischer Krisen

Marxist*innen diagnostizieren gern Idealismus, wenn jemand nicht wahrhaben will, dass das Gesellschaftsverhältnis angemessen nur als Naturverhältnis begreifbar ist. Denn immer dann werde »die Dialektik der historischen Entwicklung« von der »Beziehung auf ihre materielle Basis in der Natur« abgetrennt (Holz 1983d: 162). Solcher Idealismus hat fatale politische Konsequenzen, denn die Änderung des gesellschaftlichen Naturverhältnisses kann und muss dort, im Idealismus, voluntaristisch als Wünsch-dir-was-Veranstaltung begriffen werden. Ein voluntaristischer Idealismus ist theoretisch die Legitimierung der Naturausbeutung und bedeutet praktisch Ohnmacht angesichts ökologischer Krisen. Doch solcher Idealismus ist kein Privileg bürgerlicher Positionen. Es gehört zu den Wirkungen des Marx'schen Werkes, Gesellschaftsdialektik vielfach gerade nicht hinreichend als Naturdialektik gedacht zu haben. Der Text von Holz diagnostiziert »Deformationen der marxistischen Theorie«, die einer »idealistischen Überbewertung der Subjektfunktion«, also voluntaristischer Hybris geschuldet seien; hinter solchen »pseudomarxistischen Varianten« verberge »sich stets das bürgerliche Ich, das die Welt als Funktion seiner Setzung versteht« (ebd.).

Holz plakatiert damals jedoch, dass solche »Abweichungen« und »Fehleinschätzungen« (ebd.) nur bei den Anderen, bei den Pseudomarxisten, auftauchen. Im damals real existierenden Sozialismus schien die Theoriewelt noch in Ordnung zu sein, und in der Praxis seien von Anfang an, »schon unmittelbar nach der Oktoberrevolution« (ebd. 165), die notwendigen Konsequenzen für einen schonenden Umgang mit der Natur gezogen worden – wenn auch mit Einschränkungen (vgl. ebd. 165, FN 33). Holz insistiert völlig zu Recht darauf, dass die Abschaffung des Privateigentums an den Produktionsmitteln eine ganz andere Grundlage bereitstellt, das gesellschaftliche Naturverhältnis zu gestalten. Hier muss es, anders als in einer kapitalistischen Produktionsweise, kein »*grundsätzliches* Auseinanderklaffen zwischen Wissenschaft und Politik«

geben (ebd. 166). »Immer wieder zeigt sich, daß das Naturverhältnis, obwohl das gesellschaftliche Sein fundierend, nur als gesellschaftliches Verhältnis begriffen werden kann.« (Ebd. 164). Ob diese andere Grundlage auch entsprechend genutzt wird, steht auf einem anderen Blatt – auf dem der konkreten Praxis. Holz findet imposante vergleichende Belege auf Kuba, wenn auch in Berichtsform auf einem internationalen Theorie-Symposium (ebd. 168, FN 38).

Drei Jahre später war dann auch diese Welt eine andere geworden, denn der Supergau von Tschernobyl trug sich 1986 im sozialistischen Teil der Einen Welt zu. Klaus Peters, einer der engsten Mitarbeiter von Holz, hat dann 1987 den theoretischen Fehler herausgestellt und korrigiert, der sich zuvor nicht nur in Holzens Gottvertrauen in den Marxismus-Leninismus stalinistischer Prägung versteckte: Aus dem Theorem der prinzipiellen Erkennbarkeit der Welt folgt nicht die These von der prinzipiellen Beherrschbarkeit der Technik (Peters 1987).

1.2 »How dare you!«

2020 ist das Jahr des 200. Geburtstages von Friedrich Engels. Der Klimawandel ist in beinahe aller Munde, und sei es, um ihn zu leugnen – Friedrich Engels' Konzept von Naturdialektik ist so gut wie vergessen. Diese Gleichzeitigkeit ist einerseits verständlich und problemlos, denn die ökologische Krise nähert sich bedrohlich einem *point of no return*, sodass es keine Naturphilosophie braucht, um die natürlichen Grundlagen unseres Überlebens zu retten, sondern schnelle und klare praktische Maßnahmen. Sollen wir etwa angesichts des jetzigen Zustands unserer Erde ernsthaft primär über Naturphilosophie nachdenken?! Das würde weiter leere Worte produzieren. – »How dare you! You have taken away my dreams and my childhood with your empty words. And yet I'm one of the lucky ones. People are suffering. People are dying. [...] And all you can talk about is money and fairy tales of eternal economic growth. How dare you!« (Thunberg 2019 [23.9.2019]: 96) Die Botschaft von *Fridays for Future* ist sonnenklar: Es geht darum, sich endlich an die Wissenschaft zu halten. »You Can't Simply Make Up Your Own Facts« (Thunberg 2019 [23.7.2019]: 76–84). »For more than thirty years the science has been crystal clear. How dare you continue to look away, and come here saying that you are doing enough.« (Thunberg 2019: 96 f.)

Andererseits ist es ein hartnäckiges Faktum, dass es weltanschauend notorisch strittig ist und bleibt, welches solche Maßnahmen sein sollen, die nunmehr schnellstmöglich zu ergreifen sind, und wogegen sie sich zu richten haben. Klar ist lediglich, dass jeder und jede Einzelne gefordert ist; schon gar nicht mehr klar ist, dass man die Welt nicht durch Appelle an individuelles Handeln rettet. Insofern können wir es uns nicht leisten und sollten es nicht wagen, Marx-Engels'sche Einsichten zu verdrängen. Es lohnt die Re-Lektüre, vermittelt über Holz: »Die Zerstörung der Natur ist dem Kapitalismus systemimmanent und auch durch Naturschutzgesetzgebung nicht endgültig aufzuhalten.« (Holz 1983d: 162)

1.3 Naturdialektik bei Holz

Auch philosophisch gibt es keinen unmittelbaren Zugang zur Natur. Was für die gesellschaftliche Praxis generell gilt – dass sie in Natur eingebettet ist, aber nur als gesellschaftliches Verhältnis begriffen werden kann –, das gilt insbesondere für die philosophische Praxis des Begreifens von Welt. Eine marxistisch-materialistische Naturdialektik im Sinne von Holz ist kein direktes Abbild einer sogenannten realen Dialektik naturhafter Prozesse; vielmehr ist ein »metaphysisches Modell« (Holz 1987; Holz 2005: I. Teil, Kap. 4) im Gebrauch, wenn man philosophisch die Natur begreift. Dies wissend und offensiv als »spekulativen Sinn der Dialektik« propagierend (Holz 2005: II. Teil), konzipiert Holz Natur metaphysisch als universell-wechselwirkendes Widerspiegelungssystem (Holz 1983a; Holz 2005).

An wichtigen Stellen seiner Philosophie kann Holz akribisch genau sein. Es dürfte einer der aufschlussreichsten Zugänge zu seiner Version von Naturdialektik sein, darauf zu beharren, dass Engels sich nicht widerspricht, wenn dieser die Naturdialektik als Wissenschaft *des* Gesamtzusammenhangs begreift, und/aber jede Wissenschaft *vom* Gesamtzusammenhang ablehnt (Holz 1983a: 25–33; Holz 1986a). Eine Wissenschaft vom Gesamtzusammenhang verbietet sich (für Engels und für Holz), weil Natur als das Ganze der Welt dabei als ein Gegenstand unterstellt ist, der uns als den

Handelnden, den Betrachtenden, den Analysierenden gegenübersteht. Unterstellt ist also das Modell des Umgangs mit Dingen *in* der Welt, das unzulässig übertragen wird auf das Mensch-Mensch-Welt-Verhältnis. Der Gegenstandscharakter von ›Welt‹ – und insbesondere der Welt der Natur – ist aber ein grundsätzlich anderer als der von innerweltlichen Mensch-Mensch-Gegenstands-Verhältnissen. Denn der mit Welt handelnd, betrachtend, analysierend Umgehende ist selbst zugleich integrales Moment von Welt. Unhintergehbar, und auch nicht für sogenannte analytische Zwecke relativierbar, sind und bleiben wir Naturwesen, wenn wir uns handelnd, betrachtend, analysierend in den Welten der Gesellschaft und der Natur bewegen.

Man sollte meinen, dass dies selbstverständlich ist – erst recht in der Philosophie des 21. Jahrhunderts, die eine lange Phase der kritischen Auseinandersetzung mit der Struktur von Subjekt-Objekt-Verhältnissen hinter sich hat. Aber das ist es nicht. Nach wir vor sind, auch im linken Spektrum, Welt-Anschauungen im Schwange, hinter denen sich »das bürgerliche Ich [oder auch ein bürgerliches Wir verbirgt], das die Welt als Funktion seiner Setzung versteht« (Holz: s. o.). Für Holz ist Plessner der einzige Anthropologe des 20. Jahrhunderts, der konsequent mit dieser Hybris des Subjekts gebrochen hat (Holz 1983d: 158). Aber nach wie vor ist Plessners Grundsatz, dass Anthropologie nur als Naturphilosophie zu haben ist, kein Gemeingut. Dies zu diagnostizieren, mag komplizierter geworden sein, da die »Charaktermasken der Subjektivität« (Holz 1983d: 162, FN 27) aalglatt und unscheinbarer geworden sind. Das ändert nichts daran, dass der Bourgeois sich grundsätzlich nicht als bedingtes Subjekt begreifen kann, sondern wahlweise als rein aktiver »Prozess-Unternehmer« (Röttgers 1983) oder als rein passives Opfer der Verhältnisse.

Für eine marxistisch-materialistische Naturdialektik im Sinne von Holz gilt also exakt dasselbe, was Luhmann nachdrücklich für die Gesellschaftstheorie herausgestellt hat: Wer Gesellschaftstheorie betreibt, ist selbst integrales Moment des Gegenstandes, den er oder sie theoretisiert.

> »Eine Gesellschaft, die sich selbst beschreibt, tut dies intern, aber so, als ob es von außen wäre. Sie beobachtet sich selbst als einen Gegenstand ihrer eigenen Erkenntnis, kann aber im Vollzug der Operationen die Beobachtung nicht in den Gegenstand einfließen lassen, weil dies den Gegenstand ändern und eine weitere Beobachtung erfordern würde. Sie muß offen lassen, ob sie sich von innen oder von außen beobachtet. [...] Wie immer man den Gegenstand definieren will: die Definition selbst ist schon eine der Operationen des Gegenstandes. Die Beschreibung vollzieht das Beschriebene. Sie muß also im Vollzug der Beschreibung sich selbst mitbeschreiben. [...] Gegen Ende des 19. Jahrhunderts hatte es nahegelegen, jede Einbindung einer Gesellschaftsbeschreibung in ihren Gegenstand als ›Ideologie‹ wahrzunehmen und damit abzulehnen. [...] Es gibt im Falle von Gesellschaft eben keine externe Beschreibung, an der man sich korrigieren könnte – so sehr Literaten und Soziologen sich um eine solche Position bemühen. Die Tradition hatte das Interesse an einer unfehlbaren Beschreibung externalisiert und die entsprechende Position Gott genannt.« (Luhmann 1997: 15, 16, 17, 89)

Für eine zeitgemäße (Natur-)Dialektik ist daher ein akribisches Bedenken der Logik von Selbstbezüglichkeiten entscheidend, wie es die Hegel'sche Philosophie vorgeführt und wie es Gödel hinsichtlich des strikt strukturalen Moments in die Wissenschaftsgeschichte des 20. Jahrhunderts eingeschrieben hat. *Die* Kontrollfrage jeder konkreten Ausarbeitung heutiger (Natur-)Dialektik ist daher: »Ist das der Punkt – nach Gödel?« (Luhmann 1990: 32)

Eine Wissenschaft *des* Gesamtzusammenhangs ist jedoch (für Engels und für Holz) unhintergehbar, ja man kann sogar, wie Engels (1873–1882: 293) dies tut, »Dialektik als Wissenschaft des Gesammt-Zusammenhangs« bestimmen. Selbstverständlich ist auch diese Behauptung der Unhintergehbarkeit einer Wissenschaft des Gesamtzusammenhangs keine Behauptung, die unbedingt von einem göttlichen Standpunkt aus erfolgt und Geltung beansprucht. Vielmehr gilt auch diese Behauptung nur unter einer klar angebbaren Bedingung – auch sie gilt eben bedingt, nicht aber unbedingt respektive absolut. Sie gilt unter der Bedingung, sich verbindlich und kategorisch von jedem positivistischen Wissenschaftsverständnis verabschiedet zu haben. Holz lässt hier an Deutlichkeit nichts zu wünschen übrig:

> »Die Protokollierung der Tatsachen allein [ergibt] noch nicht die Widerspiegelung der Wirklichkeit. Die Konzeptualisierung der Verknüpfungsstrukturen und -prozesse gehört dazu, und in sie gehen die Formbestimmungen des Denkens mit ein. Die konstitutive Formbestimmung ist aber die des Tripels Substanzialität-Relationalität-Prozessualität, d. h. die Kategorie des Gesamtzusammenhangs.« (Holz 1986a: 54)

Die antipositivistische Bedingung besagt also, dass es kein handelnder, betrachtender, analysierender Umgang mit einem innerweltlichen Gegenstand allein mit diesem (dann isoliert, atomistisch-vereinzelt gedachten) Gegenstand zu tun hat, um diesen allein aus sich selbst heraus zu begreifen. Die antipositivistische Bedingung besagt, dass jeder innerweltliche Gegenstand das, was er ist und bedeutet, nur im Verhältnis und im Verhalten zu anderen innerweltlichen Gegenständen ist und bedeutet – und letztlich im Verhältnis und im Verhalten im Ganzen der Welt der Natur. Selbstverständlich steht Holz mit dieser Abkehr von jedem Positivismus nicht alleine da. Zwar schleichen sich gerade an diesem Ort gern die kantianistischen »Charaktermasken der Subjektivität« ein, die diesen (Gesamt-)Zusammenhang der Gegenstände als Funktion ihrer Setzung traktieren, aber keineswegs lauern allüberall solche »pseudomarxistischen Variante[n des] transzendentale[n] Subjekt[s]«. Renate Wahsner beispielsweise folgt dem antipositivistischen Grundsatz mit derselben Klarheit und Deutlichkeit wie Holz:

> »Die Differenz zwischen Naturwissenschaft und Philosophie entspringt daraus, dass – gemäß dem philosophischen [sic] Konzept, wonach die Natur aus sich selbst heraus besteht – die Naturgegenstände einander produzieren, naturwissenschaftliche Gegenstände dies aber nicht können. Ein realer Naturgegenstand existiert seinem Wesen nach nie isoliert, reale Naturgegenstände existieren nur, indem sie aufeinander wirken und so einander verändern, mithin keine (absolut) geschlossenen Systeme bilden. Wirkliche oder –

> im philosophischen Sinne – konkrete Gegenstände sind daher nur gegeneinander, nur im Zusammenhang zueinander zu bestimmen; sie sind unterschieden, aber nicht voneinander getrennt. Messung erfordert jedoch – in erster Näherung gesprochen – ihre Trennung bzw. die ihrer Momente.« (Wahsner 1998: 23)

Bindet man nun die Bedeutung von ›Erfahrung‹ an den Gegenstandscharakter des Gegenstands einer Erfahrung, dann erfahren wir Gegenstände in der Welt in einem anderen Sinne als wir Welt erfahren. Will man diese unterschiedlichen Bedeutungen von Erfahrung terminologisch unterscheiden, dann bietet es sich an, folgendermaßen zu sprechen: Wenn wir Gegenstände in der Welt erfahren, dann sind diese Gegenstände – so die terminologische Festlegung – *in* der Erfahrung gegeben. Da aber der Gesamtzusammenhang der Gegenstände (und manches mehr) nicht seinerseits ein Gegenstand vom selben Gegenstandscharakter ist, ist Welt kein aparter Gegenstand neben allen anderen, der in der Erfahrung gegeben sein könnte. Vielmehr ist er – so der antipositivistische Grundsatz – mit-gegeben, wenn und falls wir (beliebige) Gegenstände in der Erfahrung gegeben haben. »In der Erfahrung gegeben« und »mit der Erfahrung mit-gegeben« ist also die antipositivistisch bedingte Übersetzung der traditionellen Unterscheidung von »empirisch« und »apriorisch«. Der Gesamtzusammenhang ist, antipositivistisch bedingt, eine in beliebiger Erfahrung mitgegebene Bedingung der Möglichkeit dieser Erfahrung, die folglich nicht ihrerseits in dieser Erfahrung gegeben ist, sondern ihr mitgegeben. Er ist, wie Holz formuliert, ein »transempirischer« Gegenstand (Holz 1983a: 28), oder eben eine »Kategorie« (Holz 1986a: 54; s. o.), also weder ein Gegenstand in der Welt noch ein empirischer Begriff. »Kategorien sind keine Begriffe, sondern ermöglichen sie.« (Plessner 1928: 116)

Das heißt nun – marxistisch-materialistisch bedingt – keineswegs, dass kategoriale Gehalte in keinem Sinne erfahrbar sind. Die Rede von »apriorisch« ist hier schon deshalb vermieden, um nicht zur falschen Gleichsetzung mit »vor aller Erfahrung« einzuladen. Die Behauptung war, dass kategoriale Gehalte in einem *anderen* Sinne erfahrbar sind, weil sie nicht *in* der Erfahrung gegeben sind, wohl aber einer Erfahrung mitgegeben. Generell kann man sagen, dass kategoriale Formate von ›Erfahrung überhaupt‹ nicht empirisch als Gegenstände in der Welt erfahrbar sind, sondern transempirisch in jenen Erfahrungen begegnen, die das Handeln mit sich, das Betrachten mit sich, das Analysieren mit sich macht.

> »Die Denkbestimmung[en] oder Kategorien sind nach Engels' Auffassung offenkundig nicht einfach abgezogen aus der Empirie, sondern haben einen (noch zu klärenden) eigenen Status; ihre bestimmte Form ist allerdings nicht ein für allemal angeboren, sondern selbst ein Produkt der Geschichte des Denkens oder des Denkens über das Denken – und Denken selbst ist immer inhaltlich und also historisch gefüllt und geformt.« (Holz 1986a: 52; vgl. Holz 1983a: 28 f.)

Oder als Merkvers: Eine marxistisch-materialistische Naturdialektik im Sinne von Holz und seiner Engels-Lesart ist eine Kategorienlehre.

1.4 Die Materialität der Dialektik

Weltentwurf und Reflexion von 2005 ist die weitergedachte, erweiterte, gelegentlich präzisierte, aber nicht im Grundsatz geänderte zweite Auflage von *Dialektik und Widerspiegelung* von 1983. Dort wie hier geht es um den *Versuch einer Grundlegung der Dialektik*, so der 2005 ergänzte Untertitel, der »die Denkarbeit [seines] ganzen Lebens begleitet« habe (Holz 2005: XVI). Eine Systematik der Dialektik war für Holz nie jenseits einer Problemgeschichte der Dialektik denkbar; es gibt diese zweite Auflage einer Systematik der (Natur-)Dialektik insofern auch deshalb, weil nunmehr die ausgearbeiteten »drei problemgeschichtlichen Bände *Einheit und Widerspruch*« (ebd.) von 1997/98 eingehen konnten (die ihrerseits später zu fünf Bänden erweitert wurden; vgl. Holz 2011).

In dieser zweiten Auflage ist daher auch ablesbar, womit Holz zeit seines Lebens in seiner Grundlegung einer Dialektik rang. Pauschal gesprochen ist es die Frage, worin genau die Materialität der Dialektik zu verorten ist. Vor allem dann, wenn man sehr entschieden den spekulativen Sinn der Dialektik zum Programm macht, ist die Frage, was an diesem spekulativen Sinn durch Hegel (und Leibniz) bereits herausgestellt wurde und was an diesem spekulativen Sinn systematisch erst mit und durch Marx (und Feuerbach) zu haben ist.[1] Genauso pauschal gesprochen, liegt die Antwort von Holz im Programm der Umkehrung Hegels (Holz 1981a; Holz 1983c), präziser dann im Programm der »Umkehrung der Umkehrung« (Holz 2005: 236–242). Die Figur, mittels der diese Umkehrung zu leisten und zu begreifen ist, ist das Theorem der Widerspiegelung, also *die* systematische Grundlage der Philosophie von Holz.

In Bezug auf eine Naturdialektik heißt das, dass eine Naturdialektik eine *Kategorien*lehre ist und bleibt, also weder eine Realdialektik im ontischen Sinne noch eine bloße Extrapolation wissenschaftlicher Begriffe ist. Davon nimmt Holz nichts zurück. Aber er insistiert darauf, dass eine materialistische Dialektik keine *bloße* Kategorienlehre sein könne. Eine bloße Kategorienlehre wäre eine reine Vernunftphilosophie. Es dürfe uns nicht »irremachen, daß die Naturgeschichte bei ihm [Hegel] in der Gestalt einer Geschichte des Begriffs auftritt. Hegels idealistisches System bedarf stets der Dechiffrierung.« (Holz 2005: 543) Kategoriale Gehalte »[entspringen] im dialektischen Materialismus jedoch nicht einer angenommenen transzendentalen Verfassung der Vernunft, sondern [sind] als Denkgesetze Widerspiegelungen der Verfassung der Wirklichkeit« (ebd. 547). Der Übergang von einer Kant-Hegel'schen bloßen Kategorienlehre zu einer marxistisch-materialistischen Kategorienlehre, also zur Naturdialektik, ist damit historisch-systematisch gesprochen die Umstellung von einer reinen Vernunftphilosophie auf eine »Kritik der unreinen Vernunft« (Feuerbach 1840) und weiter auf eine Philosophie der Praxis (Marx, Gramsci). Die Schwierigkeit, das Programm der Umkehrung Hegels präzise

1 Auch damit steht Holz selbstverständlich nicht alleine da. Normalerweise – »pseudomarxistisch«, würde Holz sagen – wird dieser Übergang von Hegel zu Marx zwar als Übergang *von* der Spekulation *zur* Dialektik beschrieben, aber hier ist Holz nicht die einzige Ausnahme. Andreas Arndt etwa kämpft seit seinen Büchern zu Lenin und zu Marx schon lange mit der präzisen Bestimmung der Materialität der Dialektik, kulminierend zuletzt in *Geschichte und Freiheitsbewusstsein* (Arndt 2015).

durchzuführen, wurzelt systematisch darin, dass sich bereits Hegel von einer reinen Vernunftphilosophie zugunsten einer Philosophie des Geistes verabschiedet hatte.

Zunächst wiederholt und bestätigt Holz, dass eine materialistische Dialektik durch einen antipositivistischen Grundzug bedingt ist. Wenn eine Wissenschaft des Gesamtzusammenhangs mehr und anderes ist als eine positivistische Protokollierung von atomistisch konzipierten Tatsachen, so ist eine (Natur-)Dialektik als Kategorienlehre der (Natur-)Geschichte mehr und anderes,

> »als nur eine Sukzession verschiedener Zustände der materiellen Welt [zu] behaupten. Das bloße Nacheinander der einzelnen Augenblicke oder Zeiterstreckungen bliebe dem positivistisch-empiristischen Schema der Verknüpfung von Einzelnen verhaftet, selbst dann, wenn diese Verknüpfung nicht nur temporal, sondern auch kausal gedacht würde; darum hat Hegel für den infiniten Regress der Kausalität den Ausdruck ›schlechte Unendlichkeit‹ geprägt. Geschichte meint hingegen eine besondere Verfassung der Zeit, Geschichtlichkeit einen besonderen Modus der Zeitlichkeit.« (Holz 2005: 544)

Und er stellt zudem, neben dem Anti-Positivismus, eine weitere Bedingung für eine materialistische Dialektik heraus, nämlich »das Widerspiegelungstheorem«, das »in der Bestimmung der dialektischen Philosophie als ›Wissenschaft des Gesamtzusammenhangs‹ vorausgesetzt [ist]« (ebd. 540; vgl. 547).

Kategoriale Gehalte von ›Erfahrung überhaupt‹ werden, wie gesagt, nicht empirisch erfahren, sondern sie sind transempirisch in der Erfahrung des Denkens mit sich selbst mitgegeben. Holz behauptet nun, dass »es möglich und sinnvoll [ist], von Erfahrungen zu sprechen, die das Denken an sich selbst (in der Reflexion der Reflexion) macht, wenn und weil wir das Verhältnis von Denken und Sein materialistisch als Widerspiegelung auffassen« (ebd. 540). Doch diese Begründung ist genau einen Schritt zu vorschnell. *Erfahrungen* des Denkens mit sich selbst können wir auch dann zugestehen, wenn wir bloß dem Denkprozess eine gewisse Materialität und Widerständigkeit zugestehen, also auch ohne die weitergehende These, dass die Materialität des Denkens eine materielle Verfasstheit einer nicht bloß gedachten Wirklichkeit widerspiegelt. – Zum Beispiel: Dass man in der Mathematik, also gleichsam im Reich der reinen Strukturen, nämlich in der Grundlegung der Mengenlehre die Denkerfahrung des Vorliegens antinomischer Verhältnisse macht, ist und bleibt eine mathematische Erfahrung, ganz unabhängig davon, ob man einem verbreiteten Selbstverständnis von Mathematiker*innen des Glaubens an die Existenz eines platonistischen Strukturenhimmels folgt oder nicht. Das Widerspiegelungstheorem sichert insofern nicht den Sinn und die Möglichkeit von transempirischen Denkerfahrungen, sondern ist (erst) dann gefragt, wenn und falls man die Position vertreten möchte, dass die Erfahrungen, die das Denken mit sich selbst macht, nicht *bloße* Denkerfahrungen sind.

Dieser feine Unterschied ist ein haarspalterisch feiner Unterschied in dem, was »bloße Kategorienlehre« heißt. Wenn man zu früh darauf insistiert, dass Kategorien Widerspiegelungen nicht bloß gedachter Wirklichkeiten sind, dann ist der Gedanke naheliegend, dass es *bloß* Kategorien sind. Darin wiederum liegt die Gefahr, nicht mehr ernst zu nehmen, dass es einen Zugang zur nicht bloß gedachten Wirklichkeit nur über kategoriale Muster bzw. Modelle gibt. Oder anders gesagt: Falls es (im eigenen Konzept von Dialektik) Erfahrungen des Denkens mit sich selbst nicht auch, und zunächst, rein als Denkerfahrungen, sondern nur als Widerspiegelungen nicht-bloß-gedachter Wirklichkeit gibt, dann bleiben kategoriale Gehalte lediglich nötige und unverzichtbare Hilfsmittel zur Orientierung in der Welt – also gleichsam im Status des spekulativen Scheins. Sie haben dann keine eigene Dignität von Notwendigkeit in einem orientierten Mensch-Mensch-Welt-Verhältnis.

Der Ausdruck »transempirisch« ist bei Holz von doppelter Bedeutung. Zum einen meint er, dass die Erfahrung des Gesamtzusammenhangs jede Erfahrung von einzelnen Gegenständen in der Welt übersteigt. Weil die Gegenstände in antipositivistischer Stoßrichtung das, was sie sind und bedeuten, nur im Verhältnis und im Verhalten zu anderen Gegenständen sind und bedeuten, ist der Zusammenhang gleichsam das »Integral« aller Gegenstände in der Welt – also die »Idee einer prinzipiell unendlichen *series rerum*« (Holz 2005: 539) oder, aus Sicht der einzelnen Gegenstände, das Konzept eines »vollständigen Begriffs (*notio completa*)« (ebd. 545). Sowohl Kant als auch Leibniz beharren auf der Denknotwendigkeit eines solchen Integrals – der Unterschied liegt darin, dass diese Notwendigkeit »von Kant als (vermeintlich) ›transzendentaler Schein‹ abgewertet« wird (ebd. 539).

Die andere Bedeutung von »transempirisch« resultiert aus der Abwehr, die prinzipiell unendliche Reihe der Gegenstände in der Welt im Sinne der schlechten Unendlichkeit zu begreifen. Dazu braucht es einen (anderen) Singular, im Unterschied zu einer Reihe als einer Reihe von Vielen. ›Gesamtzusammenhang‹ ist daher nicht nur das Integral einer Reihe, sondern auch das, was man einen Inbegriff nennen kann: ein »transempirisches Muster«, in das die vielen Gegenstands-Erfahrungen »eingeordnet werden« (ebd. 540). Der transempirische Gegenstand der Naturdialektik ist in dieser Hinsicht keine Reihe von Vielen, sondern »die Natur, die materielle Welt *als Welt*, die Einheit des Mannigfaltigen« (ebd. 541). Beide Bedeutungen sind notwendig und verweisen aufeinander. Primär ist die Kategorie des Gesamtzusammenhangs ein Inbegriff, also wahr-unendlich, das heißt: Ein Titel für die Welt als Welt, die »stets und in jedem Augenblick das Ganze *ist*« (ebd.). Anders gesagt: In jeder Erfahrung von Gegenständen in der Welt ist Welt als Welt mit*gegeben*, und nicht bloß, wie Kant und Cassirer wollen, schlecht-unendlich *auf*gegeben. Zum anderen machen wir die transempirische Erfahrung von Welt überhaupt nur dann und dadurch, dass wir Gegenstände in ihr erfahren. Die Erfahrung der Welt als Welt erscheint also »nur als die Vermitteltheit des Einzelnen«, wofür Leibniz den Titel der *repraesentatio mundi* und Hegel den der *vermittelten Unmittelbarkeit* reserviere (ebd.).

Es ist offenkundig ein hartes Brot, beide Bedeutungen von Gesamtzusammenhang zu wahren und präzise in ihrem Verhältnis zu bestimmen. Das gelingt (selbst) Holz nicht durchgehend, denn er kennt die Rede von einer »wirkliche[n] Totalität […] als infinitesimale Ganzheit der Welt« (ebd. 546). Dabei ist die Rede von »wirklicher« Totalität ein Votum mit Leibniz gegen die Kant'sche Vorstellung eines transzendentalen Scheins; aber die Rede von

»infinitesimaler« Ganzheit ist ein schlechter Tribut an die schlechte Unendlichkeit statt des Inbegriffs der Welt als Welt.

Das Programm von Holz ist aber klar und eindeutig. Es ergibt einen gewissen Sinn, auch in Bezug auf das Verhältnis von Seienden und Gedanken von Widerspiegelung zu sprechen, weil die Kategorie Gesamtzusammenhang grundsätzlich nur vermittelt durch die Erfahrungen von Seienden in einem solchen Zusammenhang erfahrbar ist. Aber das Theorem der Widerspiegelung im strikten Sinne bezieht sich vor allem anderen auf das Verhältnis von Sein und Denken, also auf das Verhältnis von Welt als Welt und spekulativer Idee. Auch und vor allem deshalb ist ›Widerspiegelung‹ etwas grundsätzlich anderes als ›Abbildung‹.

Oder anders gesagt: Man kann und sollte zwischen Realismus und Materialismus unterscheiden. Der Realismus der Naturdialektik ist dem Umstand geschuldet, eine konsequente Philosophie *der Erfahrung* zu sein. So ist es realistisch, von dem realen Gegebensein von Gegenständen in der Welt auszugehen, aber nicht minder realistisch, vom erfahrbaren realen Mit-Gegebensein von Welt in solchen Erfahrungen von Gegenständen auszugehen. Voluntaristisch-subjektivistisch dagegen ist es, die Kant'sche Grundeinsicht zu überdrehen. Voluntaristisch-subjektivistisch ist es, wenn mit dem Argument, Erfahrungen könnten immer nur Erfahrung von Gegenständen-wie-sie-uns-erscheinen sein, gar keine gegebene Gegenständlichkeit übrig bleibt, die erfahren werden könnte. ›Plötzlich‹ gibt es dann gar keine Gegenstände des Erfahrens mehr, sondern nur noch Effekte fataler Zwänge oder unserer Willkür.

Die Materialität der Naturdialektik aber wurzelt darin, dass man die Erfahrbarkeit von Gegenständen in der Welt und von Welt weltanschauend ganz verschieden interpretieren kann, abhängig von der genauen Verhältnisbestimmung von Theorie und Praxis. Idealistisch gerät die Dialektik dort, wo das Argument, man könne nur mit den Mitteln der Philosophie Philosophie betreiben – man habe also beim Philosophieren keinen der Philosophie transzendenten Standort –, zur Beruhigungspille gerät mit dem Effekt, ausschließlich Erfahrungen in der Welt einer Weltanschauung, nicht aber mehr in der Welt der Gesellschaft zu kennen. Die Kampfparole aller materialistischen Dialektik lautet daher – philosophisch falsch formuliert, aber weltanschauend in weltbürgerlicher Absicht völlig korrekt: »Die Philosophie hat daher nicht *mit sich*, sondern mit ihrer *Antithese*, mit der *Nichtphilosophie*, zu beginnen.« (Feuerbach 1843: 254).

Es gehört seinerseits zur Geschichtlichkeit der materialistischen Dialektik, ihre Gegenpositionen nicht unbedingt und ahistorisch-apodiktisch zu verurteilen. »Aber man wird nicht mit einer Philosophie fertig dadurch, daß man sie einfach für falsch erklärt.« (Engels 1886: 273) Empirisch-faktisch gab und gibt es Voluntarismen, die extrem sympathisch sind und/oder in konkreten historischen Situationen in emanzipatorischer Wirkmächtigkeit einen Pflock gegen weltanschauliche Fatalismen einschlagen. Das berühmteste Beispiel ist *Pippi Langstrumpf* von Astrid Lindgren, die im schönsten Sinne ansteckend und mitreißend ist, gerade weil sie lauthals davon singt, sich eine Welt so zu bauen, wie sie ihr gefällt, was in die Aufforderung umschlägt, uns eine Welt zu bauen, wie sie uns gefällt. Hierher gehören auch manche Anarchismen, die in der Regel philosophisch armselig und politisch oft erschreckend fatal sind, aber in bestimmten historischen Situationen unbeirrbare Anwälte der Individualität und Freiheit von Individuen.

1.5 Nachklang

Die heute bedrohliche ökologische Krise verlangt, wie gesagt, nicht primär nach Naturphilosophie, auch nicht nach einer marxistischen Naturphilosophie. Verlangt ist vielmehr, und dringlich, eine grundlegend andere Praxis im Umgang mit uns und mit der Natur. Wer dies grundsätzlich anders sieht und dieses Verhältnis umkehrt und auf den Kopf stellt, der begeht einen scholastischen Fehlschluss im Sinne der Marx'schen Feuerbach-Thesen und im Sinne Bourdieus, nämlich die Logik der Praxis einfach für das Ergebnis der Anwendung einer Logik der Theorie resp. Welt-Anschauung zu halten.

Der Kampf um die Hegemonie einer zeitgemäßen Naturphilosophie ist erst dort – aber dort entscheidend wichtig – wo es um Fragen der Strategie einer solchen zu verändernden Praxis im Umgang mit uns und der Natur geht. Taktische Maßnahmen sind angesichts der Dringlichkeit des Klimawandels mehr oder weniger offenkundig. Sie benötigen keine naturphilosophische Absicherung, sondern einzig und allein das, was die *Fridays-for-Future*-Bewegung einklagt: dass unser aller Handeln endlich und vorbehaltlos dem aktuellen Stand wissenschaftlicher Einsicht folgt. Man muss weder Engels noch Holz lesen, um wissen zu können, dass der Ausstoß von Treibhausgasen weltweit drastisch gesenkt werden muss.

Aber alle strategischen Fragen, wie man die Vielzahl notwendiger taktischer Maßnahmen miteinander bündelt, wie und wogegen man sie in ihrer grundsätzlichen Stoßrichtung ausrichtet, gegen wen man sie, gegebenenfalls auch kämpferisch, durchsetzen muss, haben in den unterschiedlichen Antworten und politischen Programmen immer auch, und immer schon, eine naturphilosophische Antwort auf die anthropologische Frage nach dem grundsätzlichen Mensch-Mensch-Natur-Verhältnis gegeben. Es sind eben unterschiedliche und unterschiedlich praktisch wirkmächtige Antworten, ob man den Kern der drohenden ökologischen Katastrophe, gegen den sich alle konkreten Maßnahmen letztlich richten, in der Zivilisation, in der Technik, in der Gier der Menschen, im Handlungsmuster alter weißer Männer, in der kapitalistischen Produktionsweise oder in der Erbsünde verortet.

Hier, in Fragen der gesamtgesellschaftlichen Strategie, ist folglich der weltanschauende Streit angesiedelt, und hier ist die marxistisch-materialistische Antwort der Naturdialektik eine bestimmte, und hoffentlich bündnisfähige, Position zur Rasterung aller notwendigen Einzelmaßnahmen zum Erhalt der Lebensgrundlagen der Menschheit. Sie lautet, so allgemein wie irgend möglich:

> »Der Ort der wirklichen Vermittlung des Gesamtzusammenhangs, also der materiellen Welt, [kann] weder in den Wissenschaften im besonderen oder in der menschlichen Praxis im allgemeinen gesucht werden, sondern nur im tatsächlichen Naturgeschehen selbst; einschließlich der menschlichen Praxis als Moment des Weltprozesses in einem, allerdings winzigen Teil des Universums.« (Holz 2005: 547)

Oder auch: Das gesellschaftliche Mensch-Mensch-Verhältnis ist selbst ein, freilich ausnehmend besonderes, Naturverhältnis und als ein solches eingebettet in ein umfassenderes kosmologisches Naturverhältnis. Um es effektiv gestalten zu können, muss dieses Naturverhältnis als ein gesellschaftliches – also als ein weder natürliches noch subjektivistisch-willkürliches noch göttliches – begriffen werden.

Dieses (hier überarbeitete) Kapitel ist zuerst (8.12.2020) online veröffentlicht worden, unter https://www.praefaktisch.de/200-jahre-friedrich-engels/naturdialektik-und-oekologische-krise-thunberg-holz-engels/.

2 Ontologie als Kategorienlehre. Kant – Holz – Bloch

Dialektik ist die Ontologie nach der transzendentalphilosophischen Wende.
(Holz 2005: 44)

Eine materialistische Position mag sich nicht mit einer Analyse zufriedengeben, wie und als was wir Phänomene erkennen. Eine Reduktion der Analyse auf das Erkennen von Phänomenen wird den Verdacht nicht los, dass es eine Analyse nach unserem Gusto ist. Demgegenüber will eine materialistische Position eine Analyse des Erkennens fundieren in oder messen an einer Analyse dessen, was das besagte Phänomen ist. Insofern trifft eine materialistische Position (wie der Marxismus) immer auch ontologische Aussagen.

Kant steht für die unhintergehbare Einsicht, dass auch Erfahrungen dessen, was ein Phänomen ist, durch kategoriale Gehalte möglich *gemachte* Erfahrungen sind. Man erinnert sich: Unsere Erfahrungen sind nicht ›Erfahrungen‹ von Dingen an sich selbst, sondern sind und bleiben Erfahrungen von Phänomenen. Bloch steht für die Einsicht, dass es dann gleichwohl zwei verschiedene Erfahrungsweisen sind: Erfahrungen dessen, was Phänomene sind, und Erfahrungen dessen, wie und als was wir Phänomene erkennen. Bloch stellt auf eine Dreiheit um und unterscheidet die (ontische) Dimension der Dinge an sich selbst, die (ontologische) Dimension dessen, was die Phänomene sind, und die (epistemologische) Dimension des Erkennens von Phänomenen.

Ausgangspunkt und Grundlage dieser Miniatur ist Blochs *Die Schichten der Kategorie Möglichkeit* sowie die hohe Wertschätzung von Holz gegenüber diesem 18. Kapitel von Blochs *Prinzip Hoffnung*, das er »problemgeschichtlich und systematisch für einen zentralen Text nicht nur der neueren, sondern der Philosophie überhaupt« hält (Holz 2011b: 120). Es geht damit um die Vermittlung von Holz-Bloch mit und gegen Kant.

2.1 Dialektik als Gegenstandslehre

Ein Satz, eher eine Nebenbemerkung, die Hans Heinz Holz geradezu elektrisiert hat, findet sich in besagtem Kapitel. Dort ist von Kategorien als »Daseinsweisen, Daseinsformen« die Rede: »Die Gegenstandslehre ist so der *Ort der Kategorien* als allgemeinster und sodann als charakteristisch-typischer Daseinsweisen, Daseinsformen.« (Bloch 1959: 266)

Dies ist in der Tat eine furiose Bemerkung – im Lichte philosophischer Tradition, im Lichte eines heute üblichen Sprachgebrauchs, im Lichte einer sich als materialistisch verstehenden Dialektik. Eine Ontologie wird dort als Gegenstandslehre bezeichnet, sie wird als Ort der *Kategorien* charakterisiert, und sie wird weder im Verstand noch in der Vernunft, sondern als Lehre von Formen *des Daseins* verortet. Das widerstreitet der landläufigen Auffassung, was Ontologie zu sein habe, auf das Heftigste. Ontologie gilt gewöhnlich als Lehre vom Sein der Seienden. In diesem Sinne Ontologie zu betreiben, gilt, ebenso gewöhnlich, als materialistisches Gegengewicht gegen eine bloße Erkenntnistheorie, der es nur noch darum gehe, und nach Kant vermeintlich nur noch darum gehen könne, Sachverhalte zu erkennen. Was-ist-Fragen und entsprechende Antworten gelten gewöhnlich nach Kant als obsolet, was eine Ontologie entweder offensiv überflüssig macht oder dem Verdacht vorkantischer Metaphysik aussetzt. Die gemeinsame Voraussetzung dieser ausschließenden Entgegensetzung von Ontologie und Erkenntnistheorie ist die Vorstellung eines direkten, unvermittelten Zugangs einer Ontologie auf Seiendes.

Diese Vorstellung wird in nach-kantischen Zeiten zu Recht als unhaltbar, als Vorstellung des Ablauschens, wie die Dinge an sich selber sind, gebrandmarkt und abgelehnt. Im gewöhnlichen wissenschaftlichen Sprachgebrauch ist deshalb »Ontologie« heutzutage ein Schimpfwort: Dass man etwas »ontologisiere«, ist eine Kritik, die keiner weiteren Begründung bedarf, denn diese Vorstellung von Ontologie ist durch die Absage an jedes konstruktiv-vermittelnde Moment des Erkennens definiert.

Demgegenüber gibt es Positionen, die diesen Grundsatz zwar teilen, dann aber darauf insistieren, dass das Erkennen nicht in seinem konstruktiv-vermittelnden Moment aufgehe, weil sonst das Erkennen von Sachverhalten nicht von einer Creatio unterscheidbar sei. Es müsse auch und gerade nach Kant und nach allen Spielarten des Konstruktivismus darum gehen, »einer ›wirklichen‹ Welt die Treue [zu] halten« (Haraway 1995: 78). Andere beharren weitergehend darauf, dass solcherart Treue mehr als eine realistische Erkenntnistheorie brauche – und entwerfen eine materialistische Ontologie. Jutta Weber etwa transformiert Haraways »situiertes Wissen« in eine »situierte Ontologie« (Weber 2003). Solches Insistieren auf einer »Treue zur Wirklichkeit« kann sich jedoch kaum verständlich machen. Es wird entweder nicht zur Kenntnis genommen – Fuchs (2020: 74 f.) etwa liest Haraway gegen den aufdringlichen Textbestand als Konstruktivistin – oder aber unter den genannten generellen Verdacht gestellt, »Ontologisierungen« zu betreiben. In der Tat ist es auch alles andere als offensichtlich, was ein prinzipiell *vermitteltes* Erkennen sein soll, das der Wirklichkeit auf diese Weise, also indirekt, die Treue hält.

Bloch hatte die Minimalbedingung dafür explizit gemacht. Jenes Kapitel 18 steigt aus der Dualität von Erkenntnistheorie und ›Ontologie‹ zugunsten einer Dreiheit aus. Bloch unterscheidet dort die ontische Dimension des Objektiven, die ontologische Dimension einer Gegenstandslehre und die erkenntnistheoretische Ebene von Sachverhalten (vgl. Holz 2011-V: 559); und er weiß, was er damit tut: »Das *sachhaft-objektgemäß Mögliche, gegenstandstheoretisch erfaßt und definiert,* macht also durchaus eine eigene Differenzierung in der Kategorie der Möglichkeit aus und ist nicht etwa eine überflüssige Verdopplung des objekthaft-real Möglichen.« (Bloch 1959: 266)

2.2 Kants Analogien der Erfahrung

In bestimmter Hinsicht stand Holz mit Kant immer auf Kriegsfuß. Einerseits war auch für ihn klar, dass Kants Philosophie unhintergehbar ist. Gerade eine materialistische Philosophie muss im Begriff von Erfahrung verankert sein, und der Begriff der Erfahrung wiederum muss grundsätzlich unterschieden sein von jeder Vorstellung bloß positivistischer Protokollierung. Das ist für Holz schon durch Leibniz klar. Der hatte mit und gegen Locke eingewandt, dass es zwar schon richtig sei, dass nichts im Verstand sei, was nicht vorher in den Sinnen war – aber das gelte nur mit Ausnahme des Verstandes selbst. Dieser Punkt ist dann mit Kant endgültig klar, denn die transzendentalphilosophische Pointe besagt, dass an jeder Erfahrung der Erfahrungsgehalt von dem kategorialen Gehalt unterscheidbar ist, der die Bedingung der Möglichkeit dieser Erfahrung war. In diesem Sinne spricht Holz nicht nur in eigener Sache wie selbstverständlich und auch vorbehaltlos von apriorischen Gehalten; vielmehr polemisiert er durchgehend, auch innermarxistisch, gegen alle Versuche, das Erkennen von Wirklichkeit rein aposteriorisch zu konzipieren. Auch und gerade bei materialistischem Anliegen kann Geltung nicht auf Genese heruntergewirtschaftet werden, und Erkennen ist an keinem Ort des Wissens und der Praxis ein unvermitteltes Protokollieren. »Dialektik als Form- und Bewegungsgesetz gegenständlicher Verhältnisse kann hinter die transzendentalphilosophische Wende nicht zurückgehen.« (Holz 2005: 43)

Andererseits galt ihm Kants Philosophie immer als idealistische, gar als subjektivistische Philosophie. Diese Kritik nimmt nicht die gerade betonte Vermitteltheit allen Erfahrens zurück. Es ist, wie gesagt, für Holz klar, dass die Wirklichkeit nicht selbst zu uns spricht, sondern dass sie in unserem Erkennen vermittels kategorialer Gehalte erfahrbar gemacht worden ist. Es mag bei ihm Formulierungen geben, die als Ausdruck emphatischer Ablehnung von Subjektivismen aller Art rein vom Wortlaut nicht von falschen Ontologisierungen unterscheidbar sind – Renate Wahsner (2009) hat das zu Recht kritisiert, bis hinein in sachliche Schiefheiten infolge selbstmissverständlicher Formulierungen –, aber die genauso emphatische Ablehnung jedes Positivismus verbietet eine ungebrochene ontologistische Interpretation solcher Wortlaute (so etwa Holz 2011b: 164).

Holzens Punkt ist ein anderer: Kant gilt ihm nicht deshalb als Idealist, weil dort antipositivistisch von *unseren* vermittelnden kategorialen Gehalten als Ermöglichungsbedingungen von Erfahrung die Rede ist – im Gegenteil. Kant gilt ihm vielmehr dort als Idealist, wo er das Verhältnis von Einheit und Mannigfaltigkeit thematisiert. Dort konzipiere Kant einen Begriff der Erfahrung des Ganzen der Welt lediglich *als Ergebnis* – sei es induktiv, sei es in Analogiebildung – der vielfältigen Erfahrungen von Sachverhalten in der Welt (vgl. Holz 1981b; Holz 2011-IV: 249–363). Es ist zwar klar, dass die Welt im Ganzen nicht im gleichen Sinne erfahrbar ist, wie Sachverhalte in ihr erfahren werden. Aber im hier alles entscheidenden Unterschied zu Leibniz konzipiere Kant die Totalität (mit jenem Argument) als aufgegeben, nicht aber, wie noch Leibniz, als in aller Erfahrung mitgegebene »substantiell-strukturelle Einheit« (Holz 2011-IV: 328–331, hier: 330). Der harte Punkt von Holz ist daher der Sache nach eine Unterscheidung von Realismus und Materialismus (mit »Idealismus« als äquivokem Gegenbegriff zu beidem): Selbst für den Fall, dass man gerade mit Kant eine realistische Erkenntnistheorie, die der Wirklichkeit die Treue hält, entwerfen könne oder gar müsse (exemplarisch Holz 2011-IV: 254), so sei eine materialistische Ontologie mit Kant ausgeschlossen, da dieser die Welt idealistisch als rein aufgegebene Konstruktion konzipiere. Im Kapitel *Die subjekttheoretische Wende* (Holz 2005: 38–42) taucht bezeichnenderweise der Name Kant nicht auf, aber an entscheidender Stelle (ebd. 41, Anm. 41) ist durch die Formel von einer ›Logik des Scheins‹ auf ihn angespielt und so die grundsätzliche Differenz »von transzendentaler und spekulativer Dialektik« markiert. Für Holz fällt Kant unter Hegels Verdikt, die Vernunft verständig zu behandeln, also den Modusunterschied in der Konstitution von Gegenständen der Erfahrung in der Welt einerseits und »Weltbegriffen« (Kant) andererseits nicht zu bedenken (Holz 2011-IV: 315).[2] An diesem Ort – Verhältnis der Erfahrung von

2 »Wenn es nun allerdings seine Richtigkeit hat, daß (der) Begriff vom Sein verschieden ist, so ist noch mehr Gott verschieden von den hundert Talern und den anderen endlichen Dingen. Es ist die *Definition der endlichen Dinge*, daß in ihnen Begriff und Sein verschieden, Begriff und Realität, Seele und Leib trennbar, sie damit vergänglich und sterblich sind; die abstrakte Definition Gottes ist dagegen eben dies, daß sein Begriff und sein Sein *ungetrennt* und *untrennbar* sind. Die wahrhafte Kritik der Kategorien und der Vernunft ist gerade diese, das Erkennen über diesen Unterschied zu verständigen und dasselbe abzuhalten, die Bestimmungen und Verhältnisse des Endlichen auf

Vielheit in der Welt zur Erfahrung von Welt im Ganzen – müsse man als Materialist gleichsam zu Leibniz zurück oder auch durch Umkehrung des objektiven Idealismus Hegels zu Marx und Lenin voran (Holz 2010, Holz 2011-V). Um es mit einem Prinzip von Georg Misch zu formulieren, der dies in Bezug auf die Unergründlichkeit von Sachverhalten entwickelt (Misch 1929/30: 50–53): Spekulative Dialektik, erst recht materialistische spekulative Dialektik, nimmt die Unendlichkeit von Welt »verbindlich«, und sie bricht auf diese Weise mit der Unverbindlichkeit der schlecht-unendlichen Annäherung. Die Vorstellung eines philosophisch bloß Aufgegebenen muss um das, dem sich da unendlich angenähert werden soll, schon wissen, und in diesem Sinne ist eine transzendentale Logik des Scheins die unscheinbarere Variante des »göttlichen Tricks« (Haraway), die Welt vermeintlich neutral aus einem Nirgendwo erfahren zu wollen. Nicht von ungefähr wollte Kant (KrV: B XXX) »das *Wissen* aufheben, um zum *Glauben* Platz zu bekommen«.

2.3 Blochs Ontologie des Noch-nicht-Seins

Der entscheidende Schritt Blochs im Hinblick auf eine Ontologie ist, wie gesagt, dass er aus der Dualität von Erkennen und Bestimmen von Sachverhalten zugunsten einer Dreiheit aussteigt. Eine Ontologie handelt nunmehr von den Konzeptualisierungsformen des Seins und der Seienden, wie es Detlev Pätzold (1991) ausdrückte. Auch Ontologie ist eine -logie, kein Protokoll. In *logoi* mag sich Ontisches ausdrücken, aber außerhalb von Ausdrücken haben wir, bei Strafe des göttlichen Tricks, keinen Zugang der Erfahrung. Gleichwohl gehen die Gegenstände der Erfahrung in vielfältiger Weise nicht in dem auf, was wir von ihnen je aktuell ausdrücken – in diesem Sinne sind alle Gegenstände der Erfahrung immer schon durch bestimmte kategoriale Gehalte als Erfahrbare ermöglicht, oder kurz gesagt: kategorial formatiert. Holz thematisiert deshalb »Formbestimmtheiten von Sein und Denken« (Holz 1982). Dreiheit also deshalb, weil jedes Erkennen

Gott anzuwenden.« (Hegel, WdL I: 92; vgl. ders., HW 2: 301 f., 364; VGPh II: 359 f.; VGPh III: 261 f.)

und jedes Bestimmen von Sachverhalten diese Sachverhalte niemals aus ›Allem und Nichts‹ auswählt, sondern immer schon aus einem formbestimmten Kandidatenkreis. Man kann daher beim Erkennen und beim Bestimmen von Sachverhalten richtig oder falsch liegen, man kann sich aber auch von vornherein ›in der Adresse irren‹ und einen Kategorienfehler begehen: Dass ein Pferd keine Primzahl ist, ist schon ganz richtig – aber die entsprechende Behauptung würde man von vornherein nicht *mathematisch* beweisen oder widerlegen.

In der Rezeption von Bloch, einschließlich der Rezeption durch Holz, war freilich ein anderer Aspekt dieser Umstellung wirkmächtiger. Diesseits der Frage, ob eine Ontologie vom Ontischen oder von Konzeptualisierungsformen des Ontischen handelt, hat Bloch mit der Vorstellung gebrochen, das Sein der Ontologie sei ein Bestehendes, ein Statisches. Bloch hat damit ernst gemacht, dass das Sein der Ontologie ein Dynamisches ist, dass es also nur im Werden das ist, was es ist. Einem dialektischen Philosophieren mutet das eher als eine Selbstverständlichkeit an, und Verweise auf Heraklit, auf den Anfang von Hegels *Logik*, auf Engels' Konzept der Bewegungsformen, auf Plessners Rede einer »dynamischen Form« wären einschlägige Belege dieser Anmutung. Doch so selbstverständlich ist es nicht. Es sind (mindestens) drei Aspekte, die Blochs Spezifik ausmachen. Zum einen ist diese dialektische Grundidee, dass Dinge nur in ihrer Bewegung sind, was sie sind, außerhalb (und gelegentlich auch innerhalb) der Traditionslinie der Dialektik nicht selbstverständlich. Sie kann und muss daher immer wieder herausgestellt werden, aber sie bleibt dann gleichwohl nie dieselbe. »Alles Gescheite mag schon siebenmal gedacht worden sein. Aber wenn es wieder gedacht wurde, in anderer Zeit und Lage, war es nicht mehr dasselbe.« (Bloch, zit. n. Holz 1975: 40) Zum Zweiten kann der Verweis auf ein Werden eine Verharmlosung oder auch eine Verrohung sein, was mit Bloch nicht zu machen ist. Dass Dinge »werden«, trifft auch dann noch zu, wenn man lediglich sagen möchte, dass es Zeit braucht, bis die Dinge ihr eigentliches Sein erlangen. Das aber ist eine Verharmlosung, denn ein eigentliches Sein ist statisch, nicht aber ein Sein im Werden. Hart am Rande der Verrohung der Bloch'schen Umstellung, und hart am

Rande einer Absage an strenge Begrifflichkeit, ist der heutzutage durchaus übliche Verweis darauf, dass doch alles so schön fluid, bunt und hybrid sei. Dort wird eine Angabe verweigert, was das Sein-im-Werden der Dinge *ist*, um zu lamentieren, dass die Dinge nicht statisch sind.

Drittens schließlich, und das ändert das Verständnis von Ontologie, gibt Bloch dem Verweis auf ein dynamisches Sein eine sehr spezifische zeittheoretische und weiter dann modalitätstheoretische Fassung. Das Sein der Ontologie falle primär deshalb nicht mit dem Bestehenden zusammen, weil *zukünftiges* Sein noch gar nicht besteht, gleichwohl aber in einem eminenten Sinne *ist*. Eine Ontologie müsse daher auch das thematisieren (können), was eingetreten sein wird, aber jetzt noch nicht besteht, sondern allererst *möglich* ist. Das Sein der Ontologie ist daher auch das Noch-nicht-Sein, welches »nicht schlechthin ein Nicht-Sein [ist], sondern eben ein nur erst zeitlich verhindertes, ›unzeitgemäßes‹ Möglichsein. Man kann es reifen lassen. So wird für Bloch die Möglichkeit zur vornehmsten Seinsmodalität.« (Holz 1975: 23) Oder direkt in modalitätstheoretischer Formulierung: Das Sein der Ontologie ist In-Möglichkeit-Sein. Dies ist das zentrale Anliegen und die Aufgabe der Bloch'schen Philosophie: »Mit der Bestimmung der Zukunft als dem konstitutiven Modus des Seins ist das Problem Blochs gegeben: wie das Zukünftige überall und immer anwesend sein könne (als objektive Möglichkeit) und erkannt werden könne (als Antizipation)« (ebd. 10); oder auch: »daß das Sein des Menschen (und mit ihm das Sein der Welt) noch unzureichend bestimmt ist, *in actu* noch nicht das hat, was ihm *in potentia* zukommt […] – und daß eben diesem Noch-Nicht im Bewußtsein die Hoffnung korrespondiert« (ebd. 21).

Diese Ontologie des Noch-nicht-Seins ist ob dieses dritten Aspekts eine tatsächlich grundsätzliche Umstellung der Ontologie: »Noch nie aber war aus diesem (für Leibniz allerdings zentralen) Gedanken, die Zukunft in die Gegenwart hineinzunehmen, explizit eine Ontologie entwickelt worden.« (Holz 1967: 266 f.) Gleichwohl: So zentral diese zeit- und modalitätstheoretische Akzentsetzung auch ist, so wenig sieht man dieser gegenstandsfokussierten Fassung die grundlegende Umstellung auf jene Dreiheit, und damit die Fassung von Ontologie als Kategorienlehre, noch an. Falschen Ontologisierungen ist dann, auch von Holz, nicht aktiv genug vorgebeugt.

Nun ist eine solche Ontologie des Noch-nicht-Seins im Prinzip mit verschiedenen Welt-Anschauungen verträglich, und also auch in verschiedenen Durchführungen möglich. Bloch hat eine Ontologie des Noch-nicht-Seins explizit gemacht, und insofern ist diese Ontologie mit Bloch'scher Ontologie synonym. Aber auch eine christliche Theologie wettet auf eine, wenn auch jenseitige, Zukunft und hofft auf einen Zustand der Erlösung. In diesem Sinne gibt es, historisch nach Bloch, der Möglichkeit nach auch eine christliche Ontologie des Noch-nicht-Seins. Die an die Person Ernst Bloch gebundene Durchführung dieser Ontologie ist demgegenüber an die Marx'sche Philosophie gebunden. Ernst Bloch wettet auf den Heine-Operator – schon hier auf Erden sei die Seligkeit zu etablieren (Heine 1834: 135). Deshalb entwirft er seine Ontologie nicht um der philosophischen Revolutionierung von Ontologie willen, und auch nicht um der jenseitigen Seelenerlösung willen, sondern er stellt diese Ontologie in den Dienst der Veränderung der Welt. Blochs Durchführung einer Ontologie des Noch-nicht-Seins ist nur mit tiefer Verbeugung vor der 11. Marx'schen Feuerbach-These zu haben, und ist insofern auch mit einem bestimmten normativen Gehalt verknüpft.[3] Das ist ein Gewinn für den Marxismus, denn dieser hat damit Hausaufgaben bekommen, die er ohne Bloch weiter ignoriert hätte. Dennoch tritt Blochs Bezug auf den Marxismus »von außen hinzu« (Holz 1975: 11), weil seine Ontologie des Noch-nicht-Seins im Prinzip auch mit nichtmarxistischen, etwa theologischen Wetten durchführbar wäre. Aber »noch einmal: das kann nicht heißen, dass Blochs zentrale Probleme – die der Zeitstruktur, der Modalitäten, des ontologischen Status der Antizipation – nicht auch solche der

3 »Um die Verwirklichung der Verhältnisse, in denen der Mensch menschlich sein könnte, ist es Bloch immer gegangen.« (Holz 1975: 14) – »Die Kritik der Religion endet mit der Lehre, daß der *Mensch das höchste Wesen für den Menschen* sei, also mit dem *categorischen Imperativ, alle Verhältnisse umzuwerfen*, in denen der Mensch ein erniedrigtes, ein geknechtetes, ein verlassenes, ein verächtliches Wesen ist.« (Marx 1844b: 177 [= MEW 1, 385])

marxistischen Philosophie sind; ja noch mehr: daß Bloch nicht die Spezifik ihres Problemgehaltes im Zusammenhang des Marxismus herausgestellt hätte. Darin liegt vielmehr seine systematische Bedeutung für den Marxismus. Gleichwohl ist diese Bedeutung nicht von dem historischen Ort abzutrennen, an dem Bloch auftrat.« (Ebd., vgl. ebd. 17 f.)

Das Spannungsverhältnis ist damit eingebaut und leicht benannt: Das, was die zentrale Errungenschaft Blochs ist (für die Philosophie generell und für den Marxismus im Besonderen), ist zugleich die Sprengkraft. Wenn Bloch die Möglichkeit zur »vornehmsten« Modalität macht (Holz), ist es dadurch erkauft, die Modalität der Wirklichkeit unangetastet zu lassen. Die Modalität der Möglichkeit wird mit Bloch insofern vornehm, als das Wirkliche mit dem (statisch) Bestehenden identifiziert wird. Die Alternative wäre, die Modalität der Wirklichkeit dadurch vornehm zu machen, dass sie mehr meint als das Bestehende. Eine Ontologie handelte dann, in dieser Alternative, nicht vom Bestehenden und, auch noch, vom Noch-nicht-Sein, sondern vom Wirklichen, das im Werden ist. Bloch aber verabschiedet sich von einem Primat der Wirklichkeit (*deren* Möglichkeiten es zu bestimmen gelte) zugunsten eines Primats der Möglichkeit, die noch der Verwirklichung harrt. »Statt der Kategorie Wirklichkeit wird die Kategorie Möglichkeit zur Basis des Seins« (Holz 1975: 27), mit der eingebauten Folge, dass diese Philosophie »das Bestehende immer am Maßstab des utopischen Ideals mißt« (ebd. 28). Der genuin marxistische Gestus ist ein anderer: Der Maßstab der Beurteilung des Bestehenden ist *nicht* ein utopisches Ideal, sondern die »Selbstzerrissenheit und [das] Sichselbstwidersprechen dieser weltlichen Grundlage« (Marx 1845: These 4), weshalb »die Construction der Zukunft und das fertig werden für alle Zeiten nicht unsere Sache« ist, aber »desto gewisser, was wir gegenwärtig zu vollbringen haben« (Marx 1843b: 486 f. [MEW 1: 344]). – »Die Ordnung in der klassenlosen Gesellschaft kann nicht vorweg imaginiert werden, weil sie im historischen Prozeß erst noch entstehen muß.« (Holz 1975: 167)

Philosophie ist ohne innere Spannung nicht zu haben. Mit göttlichem Trick vermeintlich aus dem Nirgendwo zu sprechen, mag suggerieren, das eigene Philosophieren habe den *einen* Mittelpunkt. Situierte Ontologie dagegen hat die Ellipse zum Wappen (Feuerbach 1843b: 332), bewegt sich also um zwei Schwerpunkte. Marx ist insofern Aristoteliker geblieben, als er einen Primat der Wirklichkeit zugrunde gelegt hat, denn er wusste von Aristoteles, dass man das Bestehen der Welt nicht ohne Pfingstwunder als Übergang vom bloß Möglichen zum Wirklichen erklären kann[4] – darin ist die Gefahr angelegt, die Veränderung der Welt wahlweise als mechanistischen Automatismus oder voluntaristisch zu erklären. Holz ist von Blochs Primat der Möglichkeit fasziniert geblieben – hier droht ein Konzept von Ver-Wirklichung in schlecht-unendlicher Annäherung an ein (von einer Partei) antizipiertes irdisches *ens perfectissimum* (Holz 1975: 23 f.). Deshalb gehört das Ringen um die *Offenheit* des eigenen philosophischen Systems zur Philosophie von Holz dazu (Bartels et al. 1986). Aus Anlass von Bloch notiert, bleibt es ein dauerhafter Arbeitsauftrag und eine Kontrollfolie für das eigene Philosophieren: »Es muß also darauf ankommen, das *Novum* mit dem Bestehenden und Möglichen so zu vermitteln, daß es im Prozeß entspringen kann, ohne beliebig zu sein.« (Holz 1975: 195)

2.4 Sein und Schein

Das, was noch nicht ist, aber im Bestehenden schon vorscheint und hoffen oder bangen macht, ist nicht feststellbar. Es zeigt sich ja am Gegenwärtigen nur. Deshalb benötigt Sein-im-Werden auch andere Ausdrucksweisen als nur Ist-Feststellungen. Spekulativer Marxismus ist deshalb ohne konstitutive Rolle von Symbolik, Mythen, Metaphern, Kunst etc. nicht zu haben. Diese aus der Sache einer Ontologie des Noch-nicht-Seins heraus notwendige Unreduzierbarkeit auf Feststellbarkeiten schlägt sich nicht zuletzt im Stil des eigenen Philosophierens nieder, was im Falle Blochs ganz offenkundig ist. Holz attestiert eine »seltsame Form fabulierender Präzision« (Holz 1975: 26). Deshalb sind zwei von drei Teilen des Holz'schen Bloch-Buches der Form dieses Philosophierens und des

4 »Also war nicht eine unendliche Zeit Chaos oder Nacht, sondern immer dasselbige, entweder im Kreislauf oder auf eine andere Weise, sofern die Wirklichkeit dem Vermögen vorausgeht.« (Aristoteles, Met XII, 6: 1072a)

Verhältnisses dieser Form zu seinem Inhalt gewidmet. Auch diese Lektion hat Holz gelernt, denn auch sein eigenes Philosophieren ist ohne Bezugnahmen auf Kunst und ohne intensives Bedenken von metaphorischem Sprechen nicht zu haben. Die *Letzten Gespräche* tragen nicht von ungefähr den Titel *Die Sinnlichkeit der Vernunft* (Holz 2017b).

Diese Einsicht in die Unreduzierbarkeit auf Feststellbarkeiten knüpft zugleich in spezifischer Weise an die Ambivalenz von Kant an. Eine Dialektik mit Kant als »Logik des Scheins« zu bestimmen, ist und bleibt idealistisch, weil eine solche Logik die Unendlichkeit von Welt unverbindlich, als lediglich aufgegeben-konstruiert nimmt. Demgegenüber ist Welt in spekulativer Dialektik nicht aufgegeben, sondern sie *ist*, wenn auch im Modus des Mitgegebenen. Zugleich aber gilt für Welt in ihrer Fülle, dass sie nicht einfach nur *ist*. Sie kann gar nicht anders, als zu scheinen, als sich in Weltbildern und Weltbegriffen zu zeigen, als sich uns zu zeigen. Insofern ist ›Schein‹ gerade nicht das Gegenkonzept zu Wahrheit, »sondern einfach die Weise des Auf-uns-Zukommens von etwas« (Holz 1967: 276).

3 Spiegel und Spiegelung. Schickel – Holz – König

Metaphysische Modelle [drücken] zwar die Totalität aus, aber so, daß sie das Ausgedrückte nicht als Eindruck zuvor aufnehmen, sondern es im Ausdrücken erzeugen. Zu begreifen ist dieser Vorgang, wiederum nach Leibniz, analog dem Vorgang der Spiegelung.
Holz 2005: 143 f.

Es gibt so etwas wie eine Urszene der Philosophie von Hans Heinz Holz: der frühe Aufsatz *Die Selbstinterpretation des Seins* von 1961 mit dem Untertitel *Formale Untersuchungen zu einer aufschließenden Metapher* (Holz 1961). »Urszene« heißt selbstverständlich nicht, der zeitlich erste (einschlägige) Text zu sein. Wer einen *solchen* Aufsatz schreibt, der hat schon Vorarbeiten vorgelegt, worüber auch der Anmerkungsapparat reichlich Aufschluss gibt. Vielmehr ist der Aufsatz die systematische Basis – im mathematischen Sinne eines Erzeugendensystems – der spezifisch Holz'schen Version des Widerspiegelungstheorems. Hier kommen systematisch vier Momente zusammen: i) die Philosophie von Leibniz; ii) eine Strukturanalyse der Spiegelung, und damit das Ernst- und Strengnehmen des Wortes ›Wider*spiegelung*‹; iii) eine These zur Rolle von Metaphern (und Modellen) für spekulatives Philosophieren, und nicht zuletzt iv) die katalytische Wirkung der Texte von Josef König, dessen Text zu Leibniz (König 1946) und dessen Hinweise zur Metapher des Spiegels (in König 1937) für Holz eine Art Urerfahrung waren.

Die Werke von König und Schickel sind *die* Bezugsgrößen für Holz' Verständnis der Spiegelung. Dieser Dreiklang ist eher ein Triumvirat, eng verwoben durch die gemeinsame Bezugsgröße ›Leibniz‹. Eine Vermitteltheit dieser drei Positionen zu zeigen, heißt in dieser Miniatur eher, die für ›Vermittlung‹ notwendigen

Distanznahmen sichtbar zu machen, um den Dreiklang von einem allzu harmonisch klingenden Einklang abzusetzen.

3.1 Die politische Brisanz

Der Marxismus ist ohne das Basis-Überbau-Theorem nicht zu haben; er »steht und fällt« mit diesem Theorem (Scheier 2006: 208). Das ist für marxistische Positionen klar, die eben deshalb Marxismen sind; und das ist für alle mehr oder weniger gebildeten Verächter des Marxismus klar, die dieses Theorem für unhaltbar erachten. Das Basis-Überbau-Theorem postuliert eine (näher zu bestimmende) Asymmetrie innerhalb der Struktur der Gesellschaft, und diese Asymmetrie wird auf die Metapher der Widerspiegelung gebracht. Im Marxismus redet man so, »daß zum Beispiel die Rechtsordnung die jeweilige Gesellschaftsordnung spiegele« (Holz 1961: 62). Folglich muss es darum gehen, »die Berechtigung [dieser Rede] auszuweisen« (ebd.).

Die Wirkungsgeschichte des Basis-Überbau-Theorems ist für den Marxismus desaströs. Sowohl seitens der Verfechter als auch seitens der Verächter dieses Theorems wird mehrheitlich unterstellt, die Asymmetrie zwischen Basis und Überbau sei als Kausalitätsverhältnis zu verstehen. In dieser Wirkungsgeschichte ist unirritierbar fraglos, dass die Basis den Überbau bewirkt oder bedingt.

Diese Unterstellung ist für den Marxismus deshalb desaströs, weil sie die Basis als den Demiurgen der gesellschaftlichen Ordnung unterstellt, und das ist schlicht und ergreifend sachlich unhaltbar. Menschen leben immer schon in irgendeiner gesellschaftlichen Ordnung, und es gibt weder eine vorgesellschaftliche noch eine innergesellschaftlich ausgezeichnete Instanz, die diese gesellschaftliche Ordnung erst macht. Die Verächter des Marxismus steigen deshalb – *weil* sie jene Asymmetrie als Kausalitätsbeziehung denken – aus dem Marxismus aus; die Verfechter des Marxismus haben deshalb – *weil* sie jene Asymmetrie als Kausalitätsbeziehung denken – von Anbeginn an mit massiven sachlichen Folgeproblemen zu kämpfen. Die innermarxistische Geschichte des Basis-Überbau-Theorems ist deshalb die Geschichte der Weichspülung dessen, was dort Kausalität meinen soll. Immer ist es ein bloß vorsichtiges Bewirken – eine Kausalität interruptus sozusagen –; klar sei doch, dass es ein Hin-und-her-Wirken zwischen Basis und Überbau sei, usw. usf. Schon das frühe Gegenrudern von Engels transportiert selbst noch das Bild, gegen das es sich wendet: die Wirkung der Basis sei eine Wirkung »in letzter Instanz« (Engels 1877: 236 [= MEW 20: 25]; Engels 1884: 27; Engels 1890: 463–465). Engels selbst schwankt noch, ob die letzte Instanz eine »bestimmende« oder eine »erklärende« Größe ist. Die Wirkungsgeschichte kennt selbst dieses Schwanken nicht mehr, sondern nimmt das »Erklären« als eine Erklärung aus Determinanten.

Diese Kausalitätsunterstellung wird auch in die Metapher hineingenommen. Die Rede von Basis und Überbau indiziere eine architektonische Figur: Die Basis der Gesellschaft sei so etwas wie das Fundament, auf dem dann die gesellschaftlichen Etagen errichtet werden. Das *Historische Wörterbuch der Philosophie* hat diese Vorstellung prominent zementiert: »Die Gegenbegriffe ›Basis‹ und ›Überbau‹ entstammen der weitläufigen, noch wenig erforschten Tradition der Baumetaphorik, deren Spur sich bis in die griechische Antike und die Bibel verfolgen läßt. [...] Als marxistischer Begriff gewinnt ›Überbau‹ Prägnanz durch die ideelle Kontraposition zur ›Basis‹ bzw. zum ›Unterbau‹, die ebenfalls aus der Sprache des Bauwesens kommen.« (Konersmann 2001: 4) Innerhalb der Marxismen war die Spiegelungsmetaphorik verbreiteter als die Baumetaphorik, blieb dort aber eine laxe Redeweise. »Spiegelung« war niemals streng gemeint und konnte deshalb als Abkürzung für etwas diesen, was in der Sache wenig verstanden war: dass die Basis den Überbau bedinge, fundiere, dass der Überbau die Basis spiegele – egal. Es stellten sich deshalb an dieser Stelle keine Fragen nach der Berechtigung der Metapher des Spiegels, weshalb es auch niemals eine Gelegenheit gab, die Kausalitätsunterstellung als solche fraglich zu finden. Stattdessen wurde sie weichgespült, und die Basis galt weiterhin als Fundament der Gesellschaft, und der Überbau als das »Abbild« dieses Fundaments. Angesichts *dieser* inner- und außermarxistischen Wirkungsgeschichte hat es beinahe etwas Beruhigendes, dass man das Basis-Überbau-Theorem heute nicht mehr bei diesem Namen nennen kann, ohne sich lächerlich zu machen.

Holz hat bei Leibniz gelernt, dass die Spiegelung kein Kausalitätsverhältnis, sondern ein Ausdrucksverhältnis ist. Deshalb: Im Überbau drückt sich die Basis aus, und ein Ausdruck wäre kein Ausdruck, wenn sich in ihm nicht *etwas* ausdrückt. Folglich gibt es *im Ausdrücken* eine Asymmetrie zwischen dem, was ausgedrückt wird, und dem Ausdruck. Und auch Marx selbst hatte das gelernt, denn seine Selbstkommentierung des *Kapital* in den *Randglossen zu Wagner* sprechen hier eine sehr deutliche und deutlich antikausalistische Sprache: »Die bloße Erscheinungsform [ist] nicht ihr eigner *Inhalt.*« (Marx 1879/80: 369)

Holz ist aus jener dominanten Wirkungsgeschichte des Basis-Überbau-Theorems und aus der marxistischen Abbildtheorie ausgestiegen. Aber es gibt keine Wirkungsgeschichte dieses Ausstiegs, denn dieser Ausstieg stand selbst unter dem Bann jener Abbildtheorie. Wo »Widerspiegelung« draufsteht, hat gefälligst »Abbild« drin zu sein – was die einen zu Verächtern von Holz macht, und manch andere ehrfürchtig, weil diese ›Abbildtheorie‹ doch ach so elaboriert sei. Vermeintlich darf man jetzt, vermeintlich durch Holzens Werk gestützt, weiterhin denken, dass die Basis das Fundament einer Gesellschaft ist. Auch das ist ein Beitrag zur Selbstmarginalisierung der Deutschen Kommunistischen Partei (DKP).

Es gibt meines Wissens keine Analyse von Holz, *warum* es notorisch deterministische – also ökonomistische, technizistische, gar naturalistische – Marxismen gibt. Er hat die Abbildtheorie immer nur für ein Missverständnis gehalten, dem man eine Widerspiegelungstheorie entgegenhalten müsse. Er hat sich nie einen Reim darauf gemacht, warum selbst enge Mitgenoss*innen, geschweige all die vermeintlichen oder tatsächlichen Opportunist*innen, vulgo: Wendehälse, nicht einmal den Unterschied zwischen beiden Verwendungen der Metapher des Spiegels verstehen.

Dass Holz die Spiegelung als ein Ausdrucksverhältnis, also gerade nicht als ein Kausalitätsverhältnis, fasst, hat er in jener Urszene seiner Philosophie aufgeschrieben und öffentlich dokumentiert. Um die Relevanz dieses Aufsatzes zu würdigen, muss man ihn komplett lesen. Um zu erkennen, dass es keine Abbildtheorie ist, reicht es, den kurzen Abschnitt *Die drei Elemente der Spiegelung* zu lesen (Holz 1961: 63–65).

3.2 Physik und Metaphysik einer Metapher

2012 erschien *Der Logos des Spiegels* aus dem Nachlass von Joachim Schickel. Es ist, gemessen an der »Werkkonzeption« (Schickel 2012: 365 f.), unvollendet geblieben. Lediglich zwei von sieben Studien konnte Schickel fertig stellen, und auch die geplanten historisch exemplifizierenden und ergänzenden Korollare und Scholien (ebd. 13) sind unvollständig, zum Teil fragmentarisch. Man kann es gar nicht genug bedauern. Die vorliegenden beiden Studien dokumentieren einen einzigartigen Zu- und Umgang mit dem Thema *Struktur und Sinn einer spekulativen Metapher*, so der Untertitel des Buches. Schon das Vorliegende dokumentiert ein exorbitantes Ausmaß an Material und an Akribie und Genauigkeit in der Durchdringung und Darstellung dieses Materials; es lässt einen schwindeln, wenn man sich das für alle sieben Studien vorstellt. Jede einzelne Studie ist als Triade gebaut. Der Titel der jeweiligen Studie benennt in einem Substantiv einen zentralen Aspekt des Spiegelns – Spiegelblicke, Spiegelbilder, Spiegelschein, Spiegelzauber, Spiegelkunst, Spiegelwelten, Spiegeldenken –, um diesen Aspekt dann je in drei je analogen Kapiteln auszuführen. Das je erste Kapitel handelt von dem, worum es beim jeweiligen Aspekt geht, nämlich um ein substantiviertes Verb: das Sehen, das Zeigen, das Trügen, das Wirken, das Machen, das Kehren, das Spiegeln des Spiegels; das je zweite Kapitel handelt von den Modi des jeweiligen Aspekts; das dritte Kapitel analysiert den zentralen Begriff des jeweiligen Aspekts: Reflexion, Intuition, Illusion, Faszination, Imitation, Präsentation, Spekulation.

Schickels Buch ist von Holz herausgegeben (was nach dessen Tod vom Lektor A. Hüllinghorst zu Ende gebracht wurde). Es war von Schickel noch selbst »dem Lehrer Josef König zugedacht«, und »dem Freund Hans Heinz Holz zugeeignet« (Schickel 2012: 4; vgl. 13). Dichter könnte das Autorendreieck gar nicht zusammenkommen, dem es um die Analyse der *spekulativen* Metapher des Spiegels ging. Schickel und Holz haben sich beim »gleiche[n] Thema [im] Zentrum [ihrer] philosophischen Überlegungen« (Holz 2012: 9) gleichermaßen auf König bezogen, und »der Spiegel war der Begleiter dieser Freundschaft« zwischen Schickel und Holz (ebd. 10). Beide behandelten das Thema in unterschiedlicher, aber sich ergänzender und wechselseitig bereichernder Perspektive. Schickel näherte sich »von der physikalisch-logischen Eigentümlichkeit des Spiegels her«, Holz »von der Verfassung metaphorischen Sprechens aus« (Holz 2012: 10), wobei beide Ausgangspunkte Grundlagen und Anregungen bei König finden.

Was sich hier als Freundschaft zweier, vermittelt über das Lob eines Dritten (König), und was sich als freundschaftlich-ergiebiger Gedankenzusammenhang, vermittelt über das Lob einer dritten Sache (Spiegel), zeigt, ist in der Sache »wohl begründet« (»phaenomenon bene fundatum« [Leibniz]; vgl. Holz 2011-III: 566 ff., hier 568). Die *Struktur* des Spiegels, deren Analyse einen physikalisch-logischen Ausgangspunkt zu haben hat, und der *Sinn* des Spiegels, der mit einer »phänomenologisch-semantischen Analyse« (Holz 2012: 10) anzuheben hat, bilden zusammen »ein in sich einiges Doppeltes« (Schickel 2012: 32, gesagt mit einer Wendung Königs), nämlich den Logos des Spiegels. Das Spiegeln ist ein Vorkommnis in der physischen Welt – zum Beispiel ist es ein Reflektieren. Deshalb unterliegt das Reflektieren den Gesetzmäßigkeiten der physischen Welt – sei es der Optik von Lichtstrahlen, sei es der Rhetorik von »Erwiederungen im entgegengesetzten Sinne« (Georges, zit. n. Schickel 2012: 82), sei es der philosophischen Selbstverständigung. Insofern ist das Erste, was man zum Begriff der Reflexion festzuhalten hat: »›Reflexion‹ ist der Optik keine Metapher.« (Schickel 2012: 81) Und entsprechend: »Auch der Rhetorik ist ›reflexio‹ keine Metapher« (ebd. 82); und auch: »›Reflexion‹ ist der Philosophie keine Metapher« (ebd. 85). Letzteres freilich zunächst nur in dem Sinne nicht, dass *Reflexion* in der Philosophie etwas lediglich schmückt, was man auch nackt und schmucklos sagen könnte. Oder positiv: Reflexion ist der Philosophie ein Terminus, der in ihr selbst erst Bedeutung und Begrenzung erfährt (ebd.). In diesem Sinne wäre der philosophische Gebrauch von *Reflexion*, und insofern von *Spiegel*, keine *bloße* Metapher, sondern ein Sprachbild, das in der Philosophie als Terminus fungiert.

Zugleich gilt, dass das Spiegeln ein Phänomen ist, das in ausnehmend besonderer Weise ein Vorkommnis in der physischen Welt ist. Es ist als Vorkommnis in der physischen Welt ein sinnliches Phänomen, das zugleich sinnhaft ist, und deshalb kann es nicht darauf reduziert werden, als sinnliches Phänomen beschrieben zu werden. »*Sehen* ist nicht physiologisch, *leuchten* nicht physikalisch aufzufassen, obzwar sich das Sehen und das Leuchten in der Raum-Zeit-Welt ereignen.« (Schickel 2012: 103) Das »soundso-Wirkliche« des Sehens, des Leuchtens und des Spiegelns lässt sich »›sinnlich aufweisbar‹ (König) vorfinden«, aber das »so-Wirken des Sehens und des Leuchtens« (ebd.) und des Spiegelns lässt »das große Rätsel der *Unsinnlichkeit* dessen, was ist, gewahren« (König, zit. n. ebd.).

Ist Reflektieren als optisches Phänomen somit nicht auf eine optisch-physikalische Beschreibung reduzierbar, so ist Spekulieren als philosophische Selbstvergewisserung nicht logizistisch (im Sinne von Georg Misch, also des Lehrers des Lehrers von Schickel) zu haben. Insbesondere ist Spekulieren nicht auf Beschreibungen in rein konstruierten, gleichsam rein verständigen Termini reduzierbar, sondern benötigt Sprachbilder, die als Termini, gleichsam als sinnliche Begriffe respektive als notwendige Metaphern fungieren. In beiden Fällen »sind Sinnlichkeit und Unsinnlichkeit des Seienden *in einander verschränkt*, und wie derartiges *überhaupt* möglich sei, ist das eigentliche Rätsel« (Schickel 2012: 103).

König hatte eine Lösung nahegelegt. Ihm gelten notwenige Metaphern im Unterschied zu bloß schmückenden Metaphern als solche Sprachbilder, die wir selbst schon in Anspruch nehmen müssen, wenn wir uns ihren Sinn verständlich machen. Wir können in ihren Fällen nicht auf andere Metaphern oder auf verständige Begriffe zurückgreifen, um damit – also von außerhalb der notwendigen Metapher – den Sinn des fraglichen metaphorischen Gehalts zu erläutern. Dieser Lösungsvorschlag ist ein Aspekt des zentralen Problems von *Sein und Denken*, nämlich welchen Reim wir uns auf Formen von »Selbstinterpretationen« machen sollen (König 1937: 5. Kap.).

Das wiederum ist die zentrale Holz'sche Problemstellung, nämlich die Rolle und den Status metaphysischer Modelle klären zu wollen. In antipositivistischer Lesart sprechen die Dinge in der Welt nicht selbst zu uns; ihre noch so akribische Beschreibung ist niemals nur ein bloßes Protokollieren, sondern immer schon haben Phänomenbeschreibungen etwas investiert, was nicht aus dem »soundso-Wirklichen« dieser Phänomene herausgeklaubt ist. Oder abkürzend: Alles Erkennen und alles orientierte Handeln in der Welt ist vermittelt respektive kategorial formatiert. Insbesondere ist jedes Beschreiben von Dingen in der Welt vermittelt durch einen in dieser Beschreibung fungierenden Weltbegriff. Deshalb braucht es in allen Einzelwissenschaften eine philosophische Artikulation des dort jeweils fungierenden Weltbegriffs. Spekulatives Philosophieren kann dann gleichsam dadurch definiert werden, dass es das Folgeproblem des Anti-Positivismus nicht transzendiert. Auch die Welt spricht nicht zu uns, um uns anzuleiten, was eine korrekte und gute Artikulation ihrer selbst wäre. Auch jedes Philosophieren ist vermittelt, und wir haben schon etwas investiert, wenn wir einen bestimmten Begriff von Welt artikulieren. Bei der Beschreibung von Dingen in der Welt waren das, letztlich, zwei Paar Schuhe: In solchen Beschreibungen fungiert ein Begriff *von Welt*, und dies ist ein *anderer* Begriff als das beschriebene Phänomen. Aber wenn materialistisches Philosophieren den Begriff der Welt artikuliert, dann gibt es nichts mehr außerhalb von Welt, mittels dessen der Weltbegriff artikuliert wird. Um auf materialistische Weise Welt zu artikulieren, muss dieser Begriff von Welt schon fungieren. In materialistisch-spekulierendem Philosophieren ist Welt zugleich Gegenstand *und* kategoriales Format der Artikulation dieses Gegenstands. Diese, gleichsam produktive, Zirkularität ist wiederum nichts Mystisches, sondern begegnet auch andernorts – z.B. in Fällen notweniger Metaphern. Warum also nicht auch bei metaphysischen Modellen?

3.3 Lob des Vierten: Leibniz

Die Vermitteltheit von König, Holz und Schickel ist nicht zuletzt deshalb ein Dreiklang, weil sie sich in der hohen Wertschätzung einer vierten Position, nämlich der Philosophie von Leibniz, einig waren. Ihre (hier exemplarischen) Lobgesänge auf Leibniz können daher für sich selbst sprechen:

> »Auch scheint er [Holz] Leibniz noch entschiedener *dialektisch*-materialistisch zu interpretieren, entschiedener *materialistisch* sogar als der von Metaphysik enthaltsame Narskij, dieses logische Licht der Sowjetunion. In puncto ›Dialektik‹ jedenfalls ist Holz mit

dem russischen Marxisten einig; doch mag Lenin ihm Anregung, Naskij ihm Bestätigung geliefert haben, den eigentlichen Anstoß hat er von Josef König bekommen [...]. ›Das System von Leibniz‹, Königs Systemanalyse, urteilte Holz 1958 wie 1983, sei wohl ›die einzige in der neueren Leibniz-Literatur, die das Wesen des Leibnizschen Denkens erfaßt‹. Sie begreift dieses Denken aber an der *spekulativ* logischen Grundfigur des Systems, dem mit Hegel sogenannten ›übergreifenden Allgemeinen‹, welche die *formale* (aristotelische bzw. mathematische) Logik nicht kennt. [...] Die Leibniz-Interpreten haben sich seit jeher mit der Monade als Spiegel, zuweilen verschärft zu *lebender* Spiegel, also einem materiell aufzufassenden, schwergetan. [...] Ja, die Literatur hat sich immer begnügt, bis heute, Leibnizens *Wesens*bestimmung der Monade als ›Spiegeln‹ wie eine qualité négligeable hinzunehmen. Ich sehe nur eine einzige Ausnahme: Hans Heinz Holz. [...] Den Marxisten Holz geht, natürlich, der Sachverhalt ›Widerspiegelung‹ vorzugsweise an. Anders als neuere Franzosen (Lecourt, dem Althusser beipflichtet) sieht er in Lenins Terminus keine ›Widerspiegelung ohne Spiegel‹, keine ›reduzierte Metapher‹, vielmehr artikuliert er seit langem sein Unbehagen, daß es, wie generell der Philosophie überhaupt, speziell sowohl der Lenin- als der Leibniz-Exegese an einer Wesensbestimmung des Spiegels mangelt.« (Schickel [1985], zit. n. Schickel 2012: 148, Anm. 121)

»Ich frage: Woraus erwächst diesem System [von Leibniz] die Kraft solchen In-Eines-Wendens von klar Unterschiedenem? Und da ist die erste und in gewissem Sinne auch die letzte Antwort: Aus dem Grundgedanken, daß die Substanz Monade ist. Jede Substanz und also jede Monade ist ›wie eine Welt für sich, gleichsam ein Spiegel Gottes oder vielmehr des gesamten Universums, das sie nach ihrer Weise und Eigentümlichkeit ausdrückt, so wie etwa eine und dieselbe Stadt je nach den verschiedenen Standorten, die der Betrachter wählt, sich verschiedenartig darstellt. Auf diese Weise wird das Universum gewissermaßen so viele Male vervielfältigt, als es Substanzen gibt ...‹ (Leibniz). [...] Man hat oft gefragt, ob das System von Leibniz nicht im Grunde eklektisch sei. Man fühlt überwältigend deutlich, daß es das nicht ist, und so ist dies Bedenken für mich auch nur ein Vorwand, um etwas zu finden. [...] Ich stelle mir die Aufgabe, diese alles organisierende Grundform des Systems herauszuheben und anschaulich zu machen, wie sie im Verein mit der Konzeption der Monade der Quell seiner so unvergeßbar eigenen Physiognomie ist. [...] Noch *ein* Wort – und ein sehr wichtiges obendrein – darf ich vorausschicken. Die logische Grundfigur des Systems, von der ich sprach und sprechen werde, hat ihre Heimat nicht in der aristotelisch-scholastischen Logik, aber auch nicht in der modernen mathematischen Logik, obgleich diese doch in Leibniz mit Recht ihren vornehmsten Ahnen verehrt. Ihren Wurzeln nachzuspüren ist hier nicht der Ort; aber es muß gesagt werden, daß sie ihren bisher reifsten Ausdruck in der Logik Hegels gefunden hat [...]. Das Verhältnis derjenigen geistigen Realität, die in der modernen mathematischen Logik schon so mächtig verkörpert ist, zu jener anderen nicht minder dichten und nicht minder echten Realität, die ich hier mit Hegel spekulative Logik nenne, [...] ist bis zur Stunde völlig ungeklärt, unbegriffen, undurchdrungen. [...] Ich nenne die spekulativ logische Grundform, um die es hier geht, im Anschluß an Hegel die Form des *übergreifenden* Allgemeinen. Das Allgemeine oder die Gattung im *üblichen* Sinn *greift nicht* über das Besondere oder über die Arten *über.*« (König 1946: 29–34)

»Mit dieser Einsicht sind wir bis zum dialektischen Sinn des Spiegel-Bildes vorgestoßen. Das Seinsverhältnis der Spiegelung ist das einzig anschaulich-erfahrungsmäßige, das die logische Eigenart der Dialektik zu Bewußtsein bringt, dergemäß das Eine ein Anderes (seinen Gegensatz) als von sich Unterschiedenes und doch mit sich eins Seiendes enthält. [...] Leibniz hat diesen Doppelaspekt gesehen und herausgearbeitet. [...] Darum wird bei ihm die Monade in einem präzisen Sinne als Spiegel bezeichnet.« (Holz 1961: 80) – »[Es kommt] uns darauf an, den oben zitierten Hegel-Satz, daß ›alles, was ist, *an ihm* selbst zeigt, daß es in seiner Gleichheit mit sich ungleich und widersprechend und in seiner Verschiedenheit, in seinem Widerspruche mit sich identisch ... ist‹, als einen Ur-Topos dialektischen Denkens zu erweisen. Dieser Topos [...] hat in der Hegelschen Logik seine explizite begriffliche Entfaltung gefunden.

Josef König, der als erster und mit größtem Nachdruck auf diese logische Figur und ihre Eigentümlichkeit aufmerksam gemacht hat, schreibt dazu: ›Ich nenne die spekulativ logische Grundform, um die es hier geht, im Anschluß an Hegel die Form des *übergreifenden* Allgemeinen… Die Konzeption des übergreifenden Allgemeinen ist dadurch bestimmt, daß ein in sich einiges Doppeltes vorliegt.‹ (König) […] Den Terminus entnimmt König einer Stelle in Hegels *Wissenschaft der Logik*, wo es heißt: ›Das Allgemeine bestimmt *sich*, so ist es selbst das Besondere; die Bestimmtheit ist *sein* Unterschied; es ist nur von sich selbst unterschieden. Seine Arten sind daher nur a) das Allgemeine selbst und b) das Besondere. Das Allgemeine als der Begriff ist es selbst und sein Gegenteil, was wieder es selbst als seine gesetzte Bestimmtheit ist; es greift über dasselbe über, und ist in ihm bei sich. So ist es die Totalität und Prinzip seiner Verschiedenheit, die ganz nur durch es selber bestimmt ist.‹ (Hegel [HW 6: 281])« (Holz 1983a: 54 f.)

3.4 Nachklang

Es könnte so selbstverständlich sein, wenn nicht alle innermarxistische Geschichte und Erfahrung dagegenspräche: Marxismus ist ohne idealistische, ohne bürgerliche Positionen nicht zu haben. Dies nicht nur in dem banalen Sinne, dass die Welt-Anschauung von Marx und Engels nicht vom Himmel gefallen ist, sondern auch eine Vorgeschichte hat. Im eminenten Sinne: Nichtmarxistische Positionen können für das konstitutiv sein, was Marxismus ist.

Für Holz gilt das ganz fraglos im Allgemeinen, denn für seine Version von Marxismus sind die Werke von Leibniz und Hegel konstitutiv. Man könnte seine materialistische Dialektik gar nicht formulieren, wenn nicht als Modifikation der Leibniz-Hegel'schen Dialektik. Für Holz gilt das aber ganz entschieden auch für sein grundlegendes Theorem, nämlich das Widerspiegelungstheorem. Holz hätte es in dieser seiner Spezifik gar nicht formulieren können, wenn nicht als Modifikation der Überlegungen von König (Holz 2011-V: 567; Schürmann 2013a). Und König ist entschieden kein Marxist, sondern Vertreter einer bürgerlichen lebenslogischen

Hermeneutik. Nicht marxistisch zu philosophieren, gilt für König selbst, der jeden Ismus philosophisch scheute wie der Teufel das Weihwasser, und das gilt für die Traditionslinie, in der er beheimatet ist. König ist treuer Schüler von Georg Misch, einem philosophisch aufregenden Denker (Schürmann 2013b), der aber sicher nicht im Verdacht steht, Kommunist zu sein. Misch seinerseits war Schüler und Schwiegersohn des Bürgers Wilhelm Dilthey. Auch bürgerliche Philosophie nach Marx ist also für Holz' Werk konstitutiv – und das macht es bei Verfechtern einer Reinheit der Lehre verdächtig. Für Holz ist, umgekehrt, das Kriterium klar: Nach Hegel und Marx muss es einer materialistischen Dialektik im Kern um eine weitere Ausarbeitung der logischen Figur des Übergreifens gehen. Und da sieht er wenig Ansatzpunkte, auch nicht innermarxistisch.

> »Alle diese Werke – wie verschieden sie im einzelnen auch sein mögen – fallen prinzipiell hinter die Problemexposition nicht nur von Marx, sondern auch von Hegel zurück, insofern sie die dialektische Figur des *Übergreifens* verfehlen und so sich vergeblich mit der Kompatibilität von logisch antinomischen Widersprüchen abquälen.« (ebd. 554)

Nach diesem Kriterium sind Misch, König und (von Holz unbemerkt) Luhmann *die* Bezugsgrößen, eine materialistische Dialektik weiterzuentwickeln. Alle drei sind Bürger. Aber »das tut das tut was dazu« (Bürgerlied, gesungen etwa von Zupfgeigenhansel und Hannes Wader). Wie gesagt: Die Kontrollfrage lautet: »Ist das der Punkt – nach Gödel?« (s. o., Kap. 1.3)

Man kann es nicht oft genug sagen (ausführlicher s. u., Kap. 7): Monaden sind situiert. Ihr Unterschied und ihre Individualität sind keine Frage des Inhalts, sondern des Orts, aus dem heraus sie eine gemeinsame Welt spiegeln. Und äquivalent dazu: Parteilichkeit ist Situiertheit, und Situiertheit ist das Gegenteil von Parteinahme. Parteinahme weiß schon um die wahren Inhalte und quengelt an den ›falschen‹ herum. Das gelingt nur deshalb, weil Parteinahme die eigene Situiertheit wahrheitsmonopolistisch-imperial überspringt und deshalb zur Ideologie gerät. Parteilichkeit dagegen ist die für

Wissenschaft notwendige Distanziertheit zum Phänomen, ohne diese Distanz als Neutralität zu verbrämen, weil Parteilichkeit die Reflexion ihrer Situiertheit zwischen Analyse und Phänomen setzt. Dass es keine andere marxistische Strukturanalyse der Spiegelung gibt, und dass Holz deshalb auf bürgerliche Inhalte zurückgreifen muss und dies auch problemlos tut, wäre der Erwähnung nicht wert, wenn der Unterschied von Parteilichkeit und Parteinahme innerhalb der Marxismen selbstverständlich wäre.

4 Gegenständliche Tätigkeit. Plessner – Holz – Leont'ev

Die bloße Substituierung des Erkenntnissubjekts durch den arbeitenden Mensch leistet diesen Übergang zur materialistischen Dialektik noch nicht; denn sie läßt die Vermittlung von Subjekt und Objekt immer noch als bloß durch den Akt des Subjekts vollzogen erscheinen [Paradigma Habermas; s. die dortige Anm. 43]. Dieser Übergang gelingt erst, wenn im Begriff der gegenständlichen Tätigkeit die materiellen Verhältnisse als das tätige Subjekt übergreifend gedacht werden.
Holz 2005: 18

Wenn man keinen Keil zwischen Marx und Engels treiben kann (s. o., Kap. 1), dann ist materialistische Dialektik wesentlich auch die Verhältnisbestimmung von Naturdialektik und Dialektik der Gesellschaft. Wenn in materialistisch-dialektischer Version ›Natur‹ ein universelles Wechselwirkungssystem ist, dann sind die gesellschaftlichen Verhältnisse ein ausnehmend besonderes »ensemble« (Marx 1845: These 6) von Naturverhältnissen. Die Welt der Natur und die Welt der Gesellschaft sind ineinander verschränkt, mit der nur auf den ersten Blick paradoxen Konsequenz, dass eine Anschauung, und auch eine wissenschaftliche Idee, dieser ineinander verschränkten Welt einen minimalen Anthropomorphismus – einen ›menschlichen‹ Standpunkt (Becker 2011) – voraussetzt, um die Eigenständigkeit und Eigenbedeutsamkeit der Welt der Natur zu wahren. ›Gegenständliche Tätigkeit‹ ist mit Marx der vorläufige Name dieses gesellschaftlichen Standpunktes – also der Grundkategorie einer marxistischen Anthropologie – und damit der Titel für die kleinste Analyseeinheit eines gesellschaftlichen Verhältnisses.

Plessners Anthropologie ist für Holz neben Marx *die* Grundlage einer Dialektik der Gesellschaft. Diese Anthropologie steht für eine Strukturbestimmung der Besonderheit lebendiger Organismus-Umwelt-Verhältnisse und für eine Strukturbestimmung der ausnehmenden Besonderheit personaler Mensch-Mensch-Welt-Verhältnisse. Plessners Strukturangabe der exzentrischen Positionalität ist für Holz die Vorlage für seine eigene Formel der »Reflexion der Reflexion«. Holz lässt auch hier keinen Gegensatz zwischen Marx und Engels aufkommen, denn er liest Plessner mit den Augen von Engels. Es geht also in diesem Kapitel um die Verschränkung von Gesellschafts- und Naturdialektik anhand der Vermitteltheit von Plessner und Engels durch Holz. Dabei substituiere ich jedoch ›Engels‹ durch eine spätere, ausgearbeitetere Version von dessen Naturdialektik, nämlich durch die Tätigkeitstheorie Leont'evs. Ausgangspunkt und Grundlage dieser Miniatur sind *Dialektik und Widerspiegelung* (Holz 1983a) und das Plessner-Buch (Holz 2003a).

4.1 Naturphilosophie und Anthropologie

›Natur‹ ist mit Holz eine Welt von Verhältnissen, nicht eine Ansammlung von Dingen. Es gibt im Wesentlichen zwei Aspekte, die einen Primat der Verhältnisse vor Substanzen begründen: die Kritik an einer Ontologie des Bestehenden und die Kritik am Voluntarismus. Eine Ontologie des Noch-nicht-Seins als Gegenentwurf einer Ontologie des Bestehenden wird eine anti-atomistische Ontologie sein müssen. Wäre die Welt nämlich schlicht ein Haufen atomistisch gedachter Dinge, dann wäre Zukünftiges, und Noch-nicht-Seiendes generell, nur wundersam zu begreifen (Holz 1983a: 70 f.). Minimalbedingung des Holz'schen Marxismus ist daher, auch die Verhältnisse der Substanzen für seiend und materiell zu halten. Zum zweiten hätte ein atomistisch gedachter tätiger Mensch den Rest der Menschheit und des Kosmos einfach vor sich – sein Tätigsein wäre entweder unfrei, oder aber die Freiheit seines Tuns hätte notwendigerweise den Modus, nach eigenem Gutdünken tun und lassen zu können, was ihm beliebt. Der Rest der Welt als *factum brutum* und nicht als Sphäre, in der er lebt und die ihn etwas angeht. Auch deshalb ist der Modus des Verhältnisses des tätigen Menschen in der Welt ›gegenständliche Tätigkeit‹. Das Motiv der Gegenständlichkeit ist ein Feuerbach'sches, das Marx vorbehaltlos übernommen hat:

»Der Mensch ist *nichts ohne Gegenstand.* [...] Ein bestimmungsloses Wesen ist ein ungegenständliches Wesen, ein ungegenständliches ein nichtiges Wesen« (Feuerbach 1841: 33, 49) – »Ein ungegenständliches Wesen ist ein *Unwesen*« (Marx 1844c: 409 [MEW 40: 578]). Das Motiv der gegenständlichen *Tätigkeit* ist ein Marx'sches: »Der Hauptmangel alles bisherigen Materialismus [...] ist, daß der Gegenstand, die Wirklichkeit, Sinnlichkeit nur unter der Form des *Objekts oder der Anschauung* gefaßt wird; nicht aber als *sinnlich menschliche Tätigkeit, Praxis*; nicht subjektiv.« (Marx 1845: These 1)

Bereits diesen Formulierungen kann man mindestens drei Einsatzstellen der weiteren Entwicklung entnehmen, allesamt im Modus der theoretischen Baustelle. Zum einen sind die Formulierungen offenkundig unterbestimmt. Die Rede von gegenständlichen Wesen trifft sowohl für Tiere als auch für Menschen zu – deshalb muss die Gegenständlichkeit gesellschaftlicher Tätigkeit spezifischer bestimmt und als Gegenständlichkeit eine andere sein. Zweitens ist das Ensemble von gesellschaftlichen Verhältnissen ein Zusammenhang von (spezifischem) Verhalten: Tätigkeit. Relationen sind hier also als Prozesse, als Vollzüge realisiert. Und drittens schließlich ist eine mangelhafte Bestimmung gesellschaftlichen Verhaltens keine Frage einer falschen Inhaltsangabe, sondern eine Frage der *Form*, unter der dieses Verhalten gefasst wird. Man hat nicht nach einem (vermeintlich) spezifischen inhaltlichen Merkmal zu suchen, das personale Tätigkeit gegenüber organismischem Verhalten diskriminiert (unterscheidet), sondern nach einer Form, die gesellschaftliche Tätigkeit als gesellschaftliche Tätigkeit charakterisiert.

Das Werk von Holz ist an allen drei Momenten klar, aber an diesem dritten Moment sonnenklar: Natur ist modelliert als universelles Wechselwirkungssystem, also als ein System universeller Widerspiegelungen oder auch universeller wechselwirkender Reflexionen; gesellschaftliche Verhältnisse nehmen die Form der »Reflexion der Reflexion« an (Holz 2005: 388–399; vgl. Holz 1983a: 130 f., 133 f., 139 f.). Hier sieht man bis in die Wortwahl hinein, dass die Spezifik des Gesellschaftlichen eine Formbestimmung ist, und man sieht an dieser Wortwahl auch, dass Naturphilosophie und Anthropologie nicht losgelöst voneinander, sondern nur ineinander verschränkt zu haben sind. Sehr schematisch gesprochen: Um zu wissen, was die Spezifik des Gesellschaftlichen ausmacht (»Reflexion der Reflexion«), muss man offenkundig ein Verständnis von »(wechselwirkender) Reflexion« haben; aber dieses Verständnis der Formbestimmtheit von Naturverhältnissen kann man, genauso offenkundig, überhaupt nur haben, wenn man sich reflexiv zu solchen wechselwirkenden Reflexionen verhält, also nur von gesellschaftlichem Standpunkt aus. Es lohnt, noch einmal an die Analogie zu Luhmann zu erinnern. Was Luhmann zur Gesellschaftstheorie sagt, gilt für jede Naturphilosophie: Auch über Natur kann man sich nur naturintern verständigen. »Eine Gesellschaft, die sich selbst beschreibt, tut dies intern, aber so, als ob es von außen wäre. [...] Es gibt im Falle von Gesellschaft eben keine externe Beschreibung, an der man sich korrigieren könnte [...]. Die Tradition hatte das Interesse an einer unfehlbaren Beschreibung externalisiert und die entsprechende Position Gott genannt.« (Luhmann, s. o., Kap. 1.3). Anthropologie ist ohne Naturphilosophie nicht zu haben, aber Naturphilosophie verfügt über keinen Gottesaugen-Blick, und deshalb ist jede Naturphilosophie notwendigerweise anthropomorph, was vor das Folgeproblem stellt, nicht in einen Anthropozentrismus zu kippen (womit alle aktuellen Debatten um einen sogenannten *New Materialism* aufgerufen sind).

4.2 Plessner: Exzentrizität und Mitweltlichkeit

Die grundlegende Kategorie für Plessner ist die der Exzentrizität. Exzentrizität ist der spezifisch personale Modus dessen, was lebendige Wesen als lebendige Wesen ansprechbar macht, nämlich Positionalität.[5] Positionalität ihrerseits ist die für organische

5 Positionalität ist eine Kategorie, kein Begriff. Insofern kann sie nicht *direkt* Wesen einer biologischen Spezies bezeichnen, insbesondere kann Exzentrizität nicht *direkt* Wesen der Gattung Homo sapiens bezeichnen. Plessner charakterisiert Anthropologie im Anschluss an Scheler als »Wissenschaft von der Person« (Plessner 1928: 74), und Personalität ist ein Statusbegriff, keine Eigenschaft. *Exzentrizität* erfüllt damit die Minimalbedingung, historisch sensibel sein zu können: Sklaven waren keine Personen, aber selbst redend Menschen; sie hatten den Status lebendiger Werkzeuge, nicht den von Freien. Deshalb kann Brecht mit Brisanz die Frage stellen, wer das siebentorige Theben baute. Zur Rede vom Prinzip der »Ansprechbarkeit« vgl. Plessner (1931: 152 f.).

Materie spezifische Formbestimmtheit von ›Grenze‹, denn Lebewesen fangen nicht einfach an und hören einfach auf, sondern verhalten sich zu ihrer Grenze – sie bewirtschaften sie sozusagen in ihrem Lebensvollzug (Schürmann 2013c). In ›Positionalität‹ als Kategorie des Lebendigen aber ist ein Konflikt eingebaut. Lebendige Wesen sind in Bewegung, sie sind selbstaktiv – aber werden dadurch ansprechbar, eine bestimmte Position einzunehmen, also in einer solchen zu stehen. Bei Plessner findet man beide Aspekte mit derselben Emphase betont: »Diese Lage [von sich selbst Abstand zu nehmen] gewinnt das Ding im Werden. Es ist nicht stehend, sondern im Übergehen.« (Plessner 1928: 154) – »Daraus scheint mit zwingender Notwendigkeit der Schluß zu folgen, daß der Mensch als exzentrisches Lebewesen in zwei grundverschiedenen Beziehungen zur Außenwelt, zur Fremdwelt überhaupt steht, einer direkten ›und‹ einer indirekten. Dieser Schluß aber ist falsch. Er hat die entscheidende Prämisse vergessen, nämlich die Identität desjenigen, der in diesem Zentrum der Vermittlung *steht.*« (Ebd. 325) – Oder in kombinatorischem Zugleich: »Dieser Daseinsmodus des in seiner Gestelltheit Stehens ist nur als *Vollzug* vom Zentrum der Gestelltheit aus möglich.« (Ebd. 309)

Dieser Konflikt ist nur verständlich, weil Plessner das Lebendigsein zwar aus der Sicht des lebendigen Wesens konzipiert, aber gerade nicht auf atomistischer Grundlage. Folglich ist ›lebendig‹ keine Eigenschaft solcher Wesen, denn das setzt voraus, dass man um solche Wesen, atomistisch konzipiert, schon wüsste, um dann nach deren Eigenschaften zu fragen. Vielmehr ist Lebendigkeit die Seinsweise positionierter Wesen, genauer: deren Tätigkeitsweise. Nichtatomistische Minimalbedingung für Positionalität ist daher, dass diese Positionalität von vornherein, sprich: konstitutiv, eine Position in einem Feld ist, also eine Schnittstelle von Verhältnissen. Positionalität ist bei Plessner eine Bestimmung des Verhältnisses Positionierte/Umwelt; im Fall exzentrischer Positionalität: des Verhältnisses Person/Welt. Plessner ist eben deshalb Theoretiker der Grenze. Lebendigsein heißt, über seine Grenze als positioniertes Wesen schon hinaus zu sein, und zwar in der Weise, dass diese Grenze in spezifischer Weise zum positionierten Wesen dazu gehört (Plessner 1928: 99–105). Für Plessners Philosophie des

Lebendigen gilt damit grundlegend, was Holz eingeklagt hatte: »Die Welt ist kein ›Objekt‹, sondern das Wirkungsfeld, in das der denkende Mensch als ein Teil und Moment eingelassen ist. Er hat die Welt nicht *vor* sich, sondern *um* sich. Sie zeigt und gliedert sich ihm nicht nach Eigenschaften, sondern nach Bedeutungen.« (Holz 2005: 146 f.)

Exzentrizität ist damit keine Bestimmung von einzelnen Personen, sondern der Mitwelt, in der sie exzentrisch positionierte Personen sind. Das ist in mehrfacher Hinsicht vertrackt – vornehmlich deshalb, weil Plessner hier in sehr vorsichtiger und sehr bestimmter Weise einen Primat der Mitwelt annimmt. Selbstredend ist es nämlich zunächst einmal so, dass Personen in einer Welt leben, die man hinsichtlich von drei Aspekten strukturieren kann. Je nach Akzentsetzung leben sie in einer Außenwelt, einer Innenwelt des Bewusstseins oder in einer Mitwelt des Sozialen (vgl. dazu auch Löwith 1928). Und genauso selbstverständlich sind diese drei Aspekte »gleichursprünglich« (wie Philosophen so sagen) – und in dieser Hinsicht gibt es *keinen* Primat einer dieser drei Welten. Die Frage des Primats stellt sich dann, wenn man nach der Welt fragt, die dabei hinsichtlich jener drei Aspekte akzentuiert werden kann. Auf diese reflexive Frage ist Plessners Antwort, dass es die Mitwelt ist, die in diese drei Aspekte der Außen-, Innen- und Mitwelt akzentuiert werden kann. Man sieht also, dass dabei das Wort »Mitwelt« in doppelter Bedeutung auftaucht: als Gegenbegriff zu Außen- und Innenwelt, also als einer von drei Akzenten, aber auch als die Welt der Personen als solche. Man kann daher – in Anlehnung an Hegel (WdL-2: 37 f.), an König (1946), an Holz (2005: 186–190) – sagen, dass die Mitwelt in dem Sinne einen Primat hat, als *sie* es ist, die »übergreift« über die Außenwelt, die Innenwelt und über sich selbst als weder Außen- noch Innenwelt.

Exzentrisch positioniert zu sein heißt, in der eigenen Tätigkeit einen Blick auf diese Tätigkeit zu werfen, aber nicht als Option – also nicht, wenn man »zuweilen die Laune« hat, um eine Formulierung Heideggers zu borgen –, sondern prinzipiell. Der Ort, von dem aus man seiner Tätigkeit zusieht, ist nicht seinerseits ein ortbarer Ort, den man einnehmen könnte oder es bleiben lassen, sondern dieser »utopische Standort« macht Exzentrizität mit aus.

Deshalb kann Plessner formulieren: Exzentrizität heißt, sich mit anderen Augen zu sehen, und das wiederum kann man vermittels jenes Primats der Mitwelt so ausdrücken: sich mit den Augen der Anderen zu sehen. Der ortlose Ort exzentrisch positionierter Personen, von dem aus Personen sich sehen, ist der Ort des Man. Plessners Mitwelt erhebt gleichsam das Man zur Eigentlichkeit, um diese Spitze gegen Heidegger hier loszuwerden.

Das alles zeichnet die Mitwelt als Welt des Geistes aus – in Anknüpfung an die Rede von Geist bei Hegel, Dilthey, Simmel. In den Worten von Plessner:

> »Durch die exzentrische Positionsform seiner selbst ist dem Menschen die Realität der Mitwelt gewährleistet. […] Mitwelt ist die vom Menschen als Sphäre anderer Menschen erfaßte Form der eigenen Position. Man muß infolgedessen sagen, daß durch die exzentrische Positionsform die Mitwelt gebildet und zugleich ihre Realität gewährleistet wird.« (Plessner 1928: 302) – »Der geistige Charakter der Person [beruht] in der Wir-form des eigenen Ichs.« (Ebd. 303) – »Wir, d. h. nicht eine aus der Wirsphäre ausgesonderte Gruppe oder Gemeinschaft, die zu sich Wir sagen kann, sondern die damit bezeichnete Sphäre als solche ist das, was allein in Strenge Geist heißen darf. Denn in Reinheit gefaßt, unterscheidet sich Geist von Seele und Bewußtsein.« (Ebd.)

4.3 Theorie der Bewegungsformen

Plessner bezeichnet die Doppelheit von kategorialem Gehalt und Performativität (also nur im Vollzug das zu sein, was es ist) auch als »dynamische Form« (Plessner 1928: 136). Das ist der Punkt, der ihn mit Engels' Theorie der Bewegungsformen einerseits und Leont'evs Tätigkeitstheorie andererseits vergleichbar macht.

Leont'ev (1959) schließt an Engels an. Seine Tätigkeitstheorie ist eine Absage daran, von atomistisch konzipierten Substanzen als Analyseeinheiten auszugehen – das, was etwas ist, sei es nur in »Wechselwirkung« (ebd. 20). Jede Eigenschaft erschließt sich »aus einer bestimmten Bewegungsform der Materie« (ebd.), und nicht etwa umgekehrt. Darin gehen drei Momente ein: Erstens signalisiert die Rede von »Analyseeinheit«, dass es nicht im direkten Sinne um ontische Naturobjekte geht, sondern um *Gegenstände* der wissenschaftlichen Analyse; seine Lehre von den »Bewegungsformen« ist deshalb eine Ontologie in Blochs Sinne einer Kategorienlehre. Die Rede von »Wechselwirkung« ist (zweitens und drittens) ihrerseits ein Doppeltes von 1) nur im *Verhältnis* das zu sein, was es ist, und 2) ein dynamisches, ein Verhältnis-in-Bewegung zu sein. Punkt 1) ist eine Präzisierung von »Wechselwirkung«, denn es meint im Rahmen einer Ontologie von Bewegungsformen gerade nicht ein bloßes Hin-und-Her-Wirken, denn dann wäre das je Wirkende und Bewirkte auch außerhalb dieses Wirkens das, was es eben ist, um dann, auch noch, zu wirken. Punkt ii) ist das performative Moment, mit Plessner: nur *im Vollzug* der Wechselwirkung das zu sein, was es ist. Für solcherart ›Wechselwirkung im Vollzug‹ kann man, begriffsgeschichtlich belehrt, auch »Prozess« sagen. Wie Röttgers (1983) herausgestellt hat, ändert sich die Bedeutung von ›Prozess‹ in den wenigen Jahren von 1795 bis 1805 grundlegend. Es wird umgestellt von einem Verständnis, das Prozess mit einer Rezeptur gleichstellt – als etwas, das bewirkt und eingeleitet werden muss, um stattzufinden. Röttgers spricht spitz, aber treffend von der Vorstellung eines Prozess-Unternehmertums (vgl. ebd. 106, pass.). Nach jener begriffsgeschichtlichen Verschiebung bedeutet Prozess beinahe das direkte Gegenteil, nämlich etwas, das einfach geschieht und nicht nicht geschehen kann. Ehemalige Kräfte, die Bewegungen bewirkten, sind jetzt innere Aspekte von Prozessen, und in diesem vorsichtigen Sinne gleichsam Effekte – jedenfalls nicht den stattfindenden Prozessen in einem starken Sinne *vor*geordnet (ebd. 126). Dieses neue Verständnis von Prozess ist dann unter anderem für Hegel, Marx und Engels die selbstverständliche Voraussetzung – und im *Kapital* deutlich anwesend: »Dieser Proceß erlischt im Produkt. [...] Er [der Arbeiter] hat gesponnen und das Produkt ist ein Gespinst.« (Marx 1872: 195 [MEW 23: 195])

Die Selbstbewegtheit von Materie gilt jetzt nicht mehr als zu Erklärendes, sondern als Erklärungsgrund. Das ist gleichsam eine Wette (im Sinne von Pascal), denn dieser gleichsam letzte Erklärungsgrund kann nicht seinerseits noch einmal begründet werden – er braucht es auch nicht. Die Struktur einer Pascal'schen Wette ist die Struktur eines tragischen Konflikts ohne (zwingend) tragischen Unterton. Am Beispiel der »Grundfrage der Philosophie« (Engels 1886: 274 f.; Holz 1990b): Man kann aus guten Gründen auf die Selbstbewegtheit von Materie wetten – aber man könnte aus genauso guten Gründen auf einen der Materie transzendenten Bewegungsanstoß wetten. Was man nicht kann, ist, sich dieser Entscheidung zu entziehen. Man hat sich »immer schon« entschieden, weil man eine Welt-Anschauung beim Handeln nicht nicht in Gebrauch nehmen kann. Schon deshalb sind Entscheidungen im Modus der Pascal'schen Wette keine Dezisionen, denn man steht nicht *vor* einer Entscheidung, sondern man befindet sich *in* einer Entscheidungssituation – und zwar in einer solchen, in der man schon entschieden hatte und gegebenenfalls vor der Entscheidung steht, die schon getroffene Entscheidung zu ändern, zu bestätigen oder ihr mit Gleichgültigkeit zu begegnen. Nicht zuletzt sind solche ›tragischen‹ Entscheidungen zwar kontingent, weil sie trotz gleich guter Gegengründe getroffen sind, aber sie sind deshalb nicht beliebig, sondern haben ihre je eigenen Plausibilitäten – etwa durch Abwägung der Konsequenzen. Sandkaulen (2009) spricht daher angesichts solcher Entscheidungs- bzw. Begründungssituationen treffend von einem »Fürwahrhalten ohne Gründe«.[6]

Ein solche Wette hat Holz (2005: 124–130) am Beispiel von Leibniz herausgestellt. Leibniz hatte seine metaphysische Annahme als »Hypothese« gekennzeichnet, die zwei anderen Möglichkeiten isosthenisch gegenübersteht. Es gibt deshalb keinen Beweisgrund im engeren Sinne, dass eine dieser drei metaphysischen Hypothesen begründeter ist als die anderen. Sehr wohl gibt es aber auch dann noch Plausibilisierungen, unter diesen drei Hypothesen Leibniz' Hypothese als die beste auszuzeichnen – Fragen der Theorieästhetik und der Normativität. Es geht darum, unter diesen drei Hypothesen

6 Bei Plessner wiederum heißen solche Situationen »Unentscheidbarkeit« (Plessner 1931), in der Nachfolge der pyrrhonischen Isosthenie. Dort ist auch sehr nachdrücklich betont, dass solche Entscheidungen nicht aus einem Nullpunkt heraus getroffen werden, also keine Dezisionen sind: »Die Festlegung durch ihn trägt jedoch […] den Charakter eines Festhaltens an einer schon getroffenen Festlegung oder eines Revoltierens gegen sie, also geschichtlich relevanten Charakter.« (Ebd.: 192) Zum grundsätzlichen Unterschied von Plessner und Carl Schmitt vgl. Krockow 1958 und Richter 2005.

die »schönste und würdigste« auszuzeichnen; ein Kriterium dieser relativen »Vollkommenheit« wäre, »mit größtmöglicher Einfachheit und Klarheit eine größtmögliche Mannigfaltigkeit der Aspekte« darzustellen (ebd. 128). Deshalb sagt Leibniz, dass seine Hypothese »etwas mehr als nur eine Hypothese« sei (zit. n. ebd. 130). Holz findet jedenfalls »bemerkenswert, daß Leibniz die Hypothese der prästabilierten Harmonie als keines Beweises bedürftig bezeichnet« (ebd. 127). – Dies ist selbstredend ein vertrackter Ort der Theoriebildung. Man kann sich keinen schmaleren Grat vorstellen zwischen rationalistischen Scholastikern einerseits, die keinen Erklärungsgrund akzeptieren wollen, der nicht seinerseits begründet werden könne – und die deshalb die Welt nur verschieden anschauen, aber nicht verbessern können; und Dezisionisten im Geiste von Carl Schmitt, die voluntaristisch den anderen die eigene Borniertheit zum Maßstab der Veränderung der Welt dekretieren. Dazwischen: Die materialistische Grundannahme der Selbstbewegtheit der Materie ist nur eine Wette und kein beweisbarer Grund dieser Welt-Anschauung, aber es ist auch kein bloßes Würfelspiel, sondern »etwas mehr als nur eine Hypothese«. Althusser hatte diese Struktur einer Pascal'schen Wette bzw. pyrrhonischen Isosthenie im Blick, als er vom »Klassenkampf in der Theorie« sprach (s. u., Kap. 10.1).

Deshalb, und falls man auf Selbstbewegtheit wettet: Die Theorie der Bewegungsformen ist eine Prozess-Ontologie, nicht aber eine atomistische Substanzen-Ontologie (also keine Ding-Eigenschaften-Ontologie), und auch nicht lediglich eine Relationen-Ontologie. Da Prozesse hier aber »Wechselwirkungen« sind, gibt es Prozessualität nur als je bestimmte, als gegenständliche Formbestimmtheit. Will sagen: ›Prozessualität‹ ist kein abstraktes allgemeines Schema, welches auf Dinge erst im zweiten Schritt angewandt wird. Eine Wechselwirkung ist rein als solche eine Wechselwirkung zwischen je Bestimmtem, und folglich entspringt das Charakteristische einer solchen Wechselwirkung, das es erst und nur im Vollzug gibt, immer im wechselwirkenden Bezug zwischen derart Bestimmtem. Das ist der grundlegende Unterschied zu (poststrukturalistischen) Ereignis-Ontologien. Eine Ereignis-Ontologie geht, wie auch eine Prozess-Ontologie, über einen reinen Strukturalismus hinaus, weil sie die Bewegtheit der

Verhältnisse nicht länger als Eigenschaft von Verhältnissen (oder gar als unthematisierte Selbstverständlichkeit) behandelt, sondern intrinsisch in die Ontologie einbaut: Verhältnisse-in-Bewegung. Aber um die Unreduzierbarkeit jenes Neuen, das ausschließlich im Vollzug entspringt, zu wahren, meint eine Ereignis-Ontologie, *jeden* Rückbezug auf wechselwirkende Substanzen abschneiden zu sollen. Prozessualität gerät in einer Ereignis-Ontologie deshalb zum abstrakten allgemeinen Schema, und das Neue folglich zum Pfingstwunder, das in keiner Weise mehr Bezug zum Bestehenden hat, sondern säkularisierte Göttlichkeit ist.

Deshalb braucht es einen Zweischritt über eine Substanzen-Ontologie hinaus. Zunächst: »Kategorien der Dialektik sind nicht Formbestimmungen von Substanzen, sondern von Verhältnissen.« (Holz 2005: 304) Dies ist der Schritt, den Cassirer (1910) wirkmächtig auf ein Buch gebracht hatte und der sich als die Errungenschaft des Strukturalismus niedergeschlagen hatte. Eine materialistische Dialektik wird dann den zweiten Schritt tun, ohne den ersten zu überspringen: Kategorien der Dialektik sind zuallererst Formbestimmungen von Prozessen, und dort, wo sie Formbestimmungen von Verhältnissen sind, sind sie Formbestimmungen von geronnenen Prozessen, also von Verhältnissen von Produkten. Eine abenteuerlich-rebellische Dialektik dagegen will von Substanzen und Strukturen gar nichts mehr wissen – alteuropäischer Schnee von vorgestern –, und springt direkt zu sogenannten Ereignissen, sprich Pfingstwundern.

4.4 Leont'ev: Vergegenständlichende Tätigkeit

Holz nimmt keinen Bezug auf Leont'ev. Ihm ist die *Kulturhistorische Schule* der sowjetischen Psychologie unbekannt und fremd geblieben, nicht zuletzt deshalb, weil er sie ausschließlich als Psychologie wahrgenommen hat, nicht aber als Kritik der Psychologie im Kant-Marx'schen Sinne. Dass es Vygotskij darum ging, ein *Kapital* für die Psychologie, also eine Kritik, eine Kategorienlehre,[7] zu schreiben, ist Holz nicht präsent – weil er diese Arbeiten

7 »Die Dialektik umfaßt die Natur, das Denken, die Geschichte – sie ist die allgemeinste und eine überaus universelle Wissenschaft. Die Theorie des

als einzelwissenschaftliche, also als nichtphilosophische Arbeiten wahrnahm, und weil er Einzelwissenschaften der Verstandestätigkeit zuordnete und folglich deren Beitrag zur Kategorien- und Ideenbildung unterbelichtete.

Der Sache nach legt Leont'ev (1959) eine Kategorienlehre des Psychisch-Biotischen im direkten Anschluss an Engels' Naturdialektik vor – selbstverständlich in aller Vorläufigkeit und unterlegt durch den damaligen Stand der naturwissenschaftlichen, insbesondere der biologischen Forschung. Aber die kategorialen Grundentscheidungen sind klar und eindeutig: Es geht um eine Theorie der Bewegungsformen, das heißt um eine Theorie der kategorialen Formate gegenständlicher Wechselwirkungen in den Dimensionen des Anorganischen, des Organischen und des Personalen, einschließlich der Verhältnisse und Übergange zwischen diesen Dimensionen. Die Bezugnahme auf Engels (und Lenin) ist systematisch ernst gemeint, sie findet sich nicht lediglich im Vorwort zur Beruhigung des Politbüros der Partei. Er zitiert Engels mit der grundlegenden Annahme: »*Wechselwirkung* ist das Erste was uns entgegentritt [...]. Weiter zurück als zur Erkenntniß dieser Wechselwirkung können wir nicht, weil eben dahinter nichts zu Erkennendes liegt.« (Engels 1873–1882: 23 f./371 [MEW 20: 499]; zit. bei Leont'ev 1959: 20) Und Leont'ev bettet seine eigene Forschung zur »Entwicklung des Psychischen« entschieden in Engels' Konzept einer Naturdialektik ein: Engels »bezeichnete das Leben erstmalig als einen den Gegenständen und Erscheinungen innewohnenden, ständig wiederherstellenden und zerstörenden Widerspruch. In ihm drückt sich jene spezifische Bewegungsform der Materie aus, die eine neue Etappe in der Entwicklung der Beziehungen der materiellen Wirklichkeit einleitet.« (Leont'ev 1959: 23)

psychologischen Materialismus oder die Dialektik der Psychologie – das ist es, was ich als allgemeine Psychologie bezeichne. Um solche vermittelnden Theorien – Methodologien, allgemeine Wissenschaften – zu schaffen, muß man das Wesen des gegebenen Gebietes von Erscheinungen ergründen, die Gesetze ihrer Veränderungen, ihre qualitativen und quantitativen Charakteristika, ihre Kausalität, man muß entsprechende Kategorien und Begriffe schaffen, mit einem Wort – ein eigenes ›Kapital‹.« (Vygotskij 1927: 252)

Leont'evs Projekt ist, systematisch gesehen, das Äquivalent zu Plessners Bestimmung der Stufen des Organischen und insofern eine indirekte Bestätigung von Holz, der Plessner mit Engels liest (Holz 2003a). Leont'ev geht die Bestimmung der basalen Kategorien des Lebens eher naturgeschichtlich und sachlich-genetisch an; Plessner geht dieselbe Frage eher auf direkterem Wege sachlogisch an. Leont'ev geht es darum, die einfachste und grundlegendste Form des Psychischen zu bestimmen – zwischen den beiden abgewehrten Polen, das Psychische mit dem Privileg des menschlichen Bewusstseins zu identifizieren einerseits, und der Vorstellung der Allbeseelung der Natur andererseits. Nach Stand der »modernen wissenschaftlichen Erkenntnisse […]« müsse das Psychische an das Organische, an die Sphäre des Lebens gebunden werden: »Das Psychische kann nur Produkt der höher entwickelten lebenden Materie und damit eine Höherentwicklung des Lebens selbst sein.« (Leont'ev 1959: 8) Zugleich wehrt er damit die Vorstellung ab, dass das Psychische mit dem Lebendigen zusammenfalle und insofern das Leben gleichsam definiere. Gegen solch ›idealistische‹, berkeleyanische oder fichteanische Vorstellungen (vgl. Lenin 1909: 84 f.) – das Nicht-Ich als bloße Setzung des Ich – insistiert Leont'ev darauf, dass das Psychische materielle Wechselwirkungen lediglich widerspiegele und im gegebenen Fall steuere, aber nicht diese Wechselwirkung selbst *sei*. Deshalb unterscheidet Leont'ev zwischen ›Sensibilität‹ (*sensibilitas*) als grundlegendem Charakteristikum des Psychischen und ›Reizbarkeit‹ (*irribilitas*) als grundlegendem Charakteristikum des Organischen (Leont'ev 1959: 14, pass.), mit dem klaren Hinweis, dass die Sensibilität »nur eine sekundäre Erscheinung« gegenüber der Reizbarkeit sein könne (ebd. 9). Das ist also eine terminologische Festlegung zur Abwehr idealistischer Missverständnisse: »Widerspiegelung« ist bei Leont'ev der Titel für ein im sehr weiten Sinne *erkennendes* Ausdrücken, während »Wechselwirkung« der Titel für materielle Verhältnisse schlechthin ist. Das schließt selbstredend nicht aus, dass auch eine Wechselwirkung als solche ein (nicht-erkennendes) *Ausdrucks*verhältnis ist, und es schließt erst recht nicht aus, dass auch ›ideelle‹ erkennende Widerspiegelungen als materielle Verhältnisse angesehen werden. Ganz im Gegenteil kann man in materialistischer Sicht Psychisches und Materielles nicht dualistisch entgegensetzen (ebd. 19), und folglich geht es darum, »stets die Einheit des Psychischen und der Tätigkeit des Subjekts im Auge [zu] behalten und deren innere wechselseitige Verbindungen und Wandlungen zu erschließen [zu] trachten« (ebd. 21).

Die allgemeine Kategorie für die Sphäre des Organischen ist in Leont'evs Tätigkeitstheorie die der (gegenständlichen) *Tätigkeit*; genealogisch rückbezogen auf die Sphäre des Anorganischen und mit qualitativer Binnendifferenzierung zur Sphäre des Gesellschaftlichen respektive Personalen (vgl. Messmann & Rückriem 1978). Unklarheiten in Bezug auf das Verhältnis von Kategorien und Begriffen handelt sich Leont'ev durch sein genetisch-sachliches Vorgehen ein. Er spricht (scheinbar direkt) durchgehend von Organismen und insbesondere vom Tier-Mensch-Vergleich, wo der Sache nach kategoriale Formate angezielt sind – eben ein eigenes *Kapital* (Vygotskij). Hier kann und muss man einiges mit Plessner, und insbesondere mit dessen Grundkategorie der Exzentrizität, reformulieren. Holz macht hier einen wesentlichen Schritt, insofern er, durch Plessner belehrt, die Spezifik der ›menschlichen‹ Tätigkeit als Reflexion der Reflexion fasst. Bei Plessner ist zwar ebenfalls irritierend, dass er in der Regel vom »Menschen« redet, wo er »Person« meint, aber immerhin gibt er den Unterschied von kategorialen Gehalten und empirischen Begriffen auch explizit zu Protokoll: »Kategorien sind keine Begriffe, sondern ermöglichen sie.« (Plessner 1928: 116) Was Leont'ev aber durch die Wahl des Ausgangspunktes in Wechselwirkungen und weiter dann durch die Unterscheidung von Sensibilität und Reizbarkeit entschieden wahrt, ist das Erbe Feuerbachs. Feuerbach hatte geltend gemacht, dass eine materialistische Philosophie durch ein passives Prinzip mitkonstituiert sein muss, weil sonst die Welt – berkeleyanisch oder fichteanisch – zum bloßen Effekt der Setzung eines Ich oder Wir gerät.[8] Im engeren Kontext der Psychologie heißt das, dass

8 »Eine Philosophie, welche kein *passives Prinzip* in sich hat, […] – eine solche Philosophie, wie die des Absoluten überhaupt, hat, als eine durchaus *einseitige*, *notwendig* die Empirie zu ihrem Gegensatz.« (Feuerbach 1843a: 253) – »Der Pantheist sagt dasselbe, was der Idealist, nur spricht jener objektiv oder realistisch aus, was dieser subjektiv oder idealistisch. Jener hat

die Tätigkeitstheorie, ohne selbst eine psychoanalytische Theorie zu sein, das *Problem* von Freud gewahrt hat, nämlich die grundstürzende Einsicht, dass das Ich nicht Herr im eigenen Hause ist (Freud 1917). Dieses Moment findet sich der Sache nach auch bei Plessner, wenn auch nicht ganz explizit, wenn er die Spezifik lebendiger Wesen durch Positionalität bestimmt, also durch ein Gestelltsein. Insbesondere exzentrisch positionierte Personen stellen dieses Gestelltsein nicht her, sondern leben ihr Leben aus ihrer jeweiligen Positionalität heraus. Ein passives Prinzip sichert, dass personale Vernunft über die »einmalige Gabe« verfügt, »belästigt werden zu können« (Meyer-Drawe 2018: 18).

Man kann im Anschluss an Leont'ev das kategoriale Format des Personalen daher terminologisch als ›vergegenständlichende Tätigkeit‹ bezeichnen. Als qualitative Besonderheit und Spezifik des Personalen gegenüber lediglich organismischer gegenständlicher Tätigkeit muss man dabei zwei Momente hervorheben: zum einen das, durch den exzentrischen Blick auf sich generierte, reflexive Verhältnis – die gegenüber gegenständlicher Tätigkeit in vergegenständlichender Tätigkeit praktizierte »Reflexion der Reflexion« (Holz 1983a: 108–117; Holz 2005: 388–399; ebd. 598); zum anderen, dass personale Tätigkeit an sich selbst bedingt ist, was die Freiheit der vergegenständlichenden Tätigkeit als Gestaltung, und nicht als Creatio qualifiziert.

Holz überschreitet Plessner (und Leont'ev) durch eine konsequentere Einbettung der Dialektik des Lebendigen in eine umfassendere Dialektik der Natur. Er stößt sich, im Anschluss an Engels, an einer Plessner'schen Unterbestimmung der Verortung des Organischen in Naturverhältnissen generell, also an einer unklar bleibenden Einbettung des Organischen ins Anorganische. Holz' Frage daran ist auch hier nicht die nach einer naturwissenschaftlich rekonstruierbaren Genese, sondern nach dem kategorialen Verhältnis. Er macht geltend, dass »Wechselwirkung« (Engels) ein

seinen *Idealismus* im *Gegenstande* – außer der Substanz, außer Gott ist nichts, alle Dinge sind nur Bestimmungen Gottes –, dieser hat seinen *Pantheismus* im *Ich* – außer dem Ich ist nichts, alle Dinge sind nur Objekte des Ich.« (Feuerbach 1843b: § 17, S. 290) allgemeines naturdialektisches Prinzip ist, das sich in gegenständlicher und auch in vergegenständlichender Tätigkeit lediglich in je besonderer Weise manifestiert. Zu klären bleibt dann die spezifische Manifestation anorganischer Bewegung *und* der kategoriale Gehalt der übergreifenden Allgemeinheit ›Wechselwirkung‹, der sich in diesen Besonderheiten manifestiert. Das gilt insbesondere dann, wenn man unter »Widerspiegelung« zunächst ein Erkenntnisverhältnis versteht, oder noch enger ein Erkenntnisverhältnis, das an einen Bewusstseinsakt gebunden ist. Holz erweitert das mit Verweis auf Todor Pawlow in doppelter Hinsicht: Das Erkennen sei nur ein Sonderfall eines allgemeineren Widerspiegelungsverhältnisses zwischen Seienden, und dieses allgemeine Verhältnis sei nicht eingeschränkt auf einen spezifischen Bereich – etwa das Lebendige –, sondern ein generelles Verhältnis zwischen Seienden überhaupt.

> »Die Widerspiegelung durch Bewußtseinsakte und Erkenntnis ist nur ein Sonderfall des Ausdrückens als eines allgemeinen ontologischen Prinzips, das sowohl logisch – als Konstruktion zwischen vielen Elementen im Denken – wie auch realphilosophisch – als materieller Funktions- und Gesetzeszusammenhang der Elemente in der Wirklichkeit – konstitutiv ist.« (Holz 2005: 100; vgl. ebd. Anm. 137; ebd. 567, Anm. 57)

Er versucht also, sowohl das durch *Reizbarkeit* bestimmte Verhältnis Organismus-Umwelt als auch Wechselwirkungen generell ausdrucks- und widerspiegelungstheoretisch zu fassen. Holz stellt damit über den Punkt der »Universalisierung der Widerspiegelung« (Holz 1990a) sehr betont eine Linie der Naturdialektik von Engels über Lenin und Pawlow zu seinem eigenen Konzept von Widerspiegelung her. Holz zitiert Lenins Kommentar zu der These, dass es »unlogisch« sei, »zu behaupten, daß die ganze Materie bewußt sei«, nämlich: »[E]s ist aber logisch«, so Lenin zu dieser These, »anzunehmen, daß die ganze Materie eine Eigenschaft besitzt, die dem Wesen nach der Empfindung verwandt ist, die Eigenschaft der Widerspiegelung« (Lenin 1909: 85; zit. bei Pawlow 1973: 71 f.; zit. bei Holz 1990a: 245). Holz zitiert Pawlow, der sich seinerseits auf die zitierte Leninstelle und dann auf Engels bezieht:

»Zugleich aber unterstrich Engels stets, daß alle einzelnen Gegenstände und Prozesse nur Teile oder Spezialfälle, Bestandteile, Seiten, Äußerungen *einer in ihrer Vielheit einheitlichen, dialektisch* sich selbst entwickelnden Natur oder materiellen Wirklichkeit sind und daß folglich jede einzelne Wirkung und jede einzelne Wechselwirkung, wenn man die Dinge tiefer betrachtet, *nur eine Erscheinungsform einer einheitlichen, allgemeinen Selbstentwicklung des Naturganzen ist.*« (Pawlow 1973: 76; zit. bei Holz 1990a: 247)

Holz zieht die Konsequenz für ein philosophisches Widerspiegelungskonzept:

»Indem Pawlow das Programm Lenins aufnimmt und das Widerspiegelungskonzept zu einem allgemeinen Modell der Relationen von Seiendem auf den verschiedenen Organisationsstufen der Materie ausbaut, macht er einen entscheidenden Schritt zur systematischen Entfaltung des dialektischen Materialismus in jenen Problembereichen, die in der klassischen Metaphysik von den Teildisziplinen Ontologie und Kosmologie besetzt werden.« (Holz 1990a: 247)

Dass vergegenständlichende Tätigkeit an sich selbst bedingt sei, ist bei Holz nicht *explizit* kategorial formuliert. Für ihn ist *klar*, dass personale Tätigkeit immer nur unter konkreten historischen Bedingungen stattfindet, und deshalb ist für ihn auch klar, dass er jeden Voluntarismus entschieden ablehnt und politisch bekämpft. Aber notorisch deterministische Interpretationen des Marxismus machen ihn philosophisch nicht schlaflos, sondern er hält sie lediglich für Missverständnisse und Fehlinterpretationen. Nun gibt es aber eingefleischte Voluntarismen, die gar nicht bezweifeln, dass personale Tätigkeit prinzipiell *unter Bedingungen* stattfindet. Solche Konzepte können trotzdem als Voluntarismen qualifiziert werden, weil sie unterstellen, das tätige Subjekt könne nach eigenen Setzungen mit diesen Bedingungen umspringen. Genau deshalb benötigt es eine kategoriale Unterscheidung zwischen ›Tätigkeit unter Bedingungen‹ und ›an sich selbst bedingter Tätigkeit‹. Das alleinige Zugeständnis von Tätigkeit unter Bedingungen lässt eine deterministische Interpretation zu beziehungsweise ist letztlich von einer solchen nicht unterscheidbar. Eine kategoriale Bestimmung von ›an sich selbst bedingter Tätigkeit‹ gibt es bei Holz nicht explizit (vgl. Holz 2005: 594–600). Doch es dürfte kein Zufall sein, dass es gerade in dem Plessner-Buch von Holz unter dem Titel *Landvermessung im Unbewussten* einen Anhang zur Psychoanalyse von Freud gibt (Holz 2003a: 171–179). Allerdings betont Holz auch dort nicht den Punkt, dass das Ich durch das Unbewusste in seiner Allmacht(sphantasie) außer Kraft gesetzt ist, sondern er betont die beiden ebenso zentralen Punkte des spontanen Materialismus Freuds und der unverlierbaren Errungenschaft Freuds, das Irrationale der wissenschaftlich-rationalen Analyse zugänglich gemacht zu haben.

Die Nicht-Explizitheit eines passiven Prinzips in Bezug auf personale Tätigkeit ist zum einen einem Abwehrimpuls geschuldet. An *dieser* Stelle lässt Holz sich nicht ernsthaft auf Feuerbach ein, sondern wähnt ihn mit den Marx'schen Feuerbach-Thesen schon hinter sich (Holz 2005: 595). Hinzu kommt zweifellos, dass die Rede von einem passiven Prinzip und von an sich selbst bedingter Tätigkeit nur schwer von einem Fatalismus abgrenzbar ist. Zweitens aber kennt Holz das Moment von Passivität sehr wohl, denn er hat das spezifische Verhältnis des (verbalgrammatischen) Mediums zwischen reiner Aktivität und reiner Passivität als konstitutives Moment der Spiegelung aufgewiesen (vgl. ebd. 216–222). Und drittens schließlich geht Holz einfach einen anderen Weg, um den Voluntarismus philosophisch außer Kraft zu setzen. Gegen jede »idealistisch verabsolutierte[...] Subjektivität« gelte es, diese Subjektivität in eine *Totalität* von Bedingungen einzubetten, wobei die Einheit dieser Totalität »in der Materialität begründet« werden müsse, sodass folglich der »materielle[...] Ursprung der Subjektivität, die Bedingungen der Möglichkeit der Freiheit und mithin Freiheit als ein[...] Modus der Notwendigkeit« aufgezeigt werden muss und kann (ebd. 595). Gerade an dieser Stelle bewährt sich dann, dass Verhältnisse iterierbar sind, sich also aufeinander beziehen können. In exzentrischer »Reflexion der Reflexion« bündelt sich daher das zentrale philosophische Anliegen von Holz:

> »Das Modell indessen, das das Verhältnis von universellem Bedingungszusammenhang alles Seienden und Aktivität des Einzelnen

konstruiert, stellt erst die Widerspiegelungstheorie dar. Sie macht deutlich, daß der Grund des freien Verhaltens von Subjekten zu ihrer Umwelt darin liegt, daß diese Umwelt sich als Subjekt-Objekt-Relation in dem Bewußtsein der Subjekte ideell reproduziert, so daß sie zum Gegenstand von Handlungen (und Betrachtungen) und damit zum Inhalt von Zwecken werden kann und folglich die Subjekte auf die Umwelteinflüsse nicht nur reagieren, sondern ›geregelt und kontrolliert‹ antworten.« (Ebd. 596)

5 Spekulation, was sonst? Hegel – Holz – Lenin

> *Wer metaphysische Fragen nicht einfach als ›Scheinprobleme‹ aus der Welt schaffen will, ist also auf eine andere Denkstruktur als die des progressus in infinitum angewiesen.*
>
> Holz 2005: 51

Das Wissen darum, dass ›Spekulation‹ eine Form philosophischen Wissens ist, ist heutzutage geradezu ausgestorben. Die Bedeutung ist okkupiert durch Börsengeschäfte, und die daneben noch existierende Alltagsbedeutung fixiert Spekulation auf bloß ausdenkende oder gar ratende Prognosen, reserviert für Situationen, in denen das Erfahrungswissen scheitert. Dort, wo es noch eine Ahnung gibt, dass Hegel das Wort in positiver Absicht zur Charakterisierung seiner eigenen Philosophie nutzte, ist es gewöhnlich nur eine letzte Bestätigung der Grundüberzeugung, dass diese Philosophie obsolet sei. »Spekulative Philosophie« ist dann einfach die Abkürzung für fatales Systemdenken einerseits, Überschreiten jedes Erfahrungswissens andererseits. Für Holz dagegen ist das Festhalten an der spekulativen Form philosophischen Wissens sowohl selbstverständlich als auch unhintergehbar, denn Spekulation ist ein Titel für das philosophische Problem, wie sich Erfahrungswissen von Sachverhalten *in* einer Welt in ein Wissen von Welt im Ganzen einbettet. Spekulation ist insofern *ein* mögliches Format der Artikulation von Welt-Ideen neben anderen – mindestens neben der positivistischen Möglichkeit, eine Welt-Idee für obsolet zu erklären, und neben der im engeren Sinne transzendentalphilosophischen Möglichkeit, eine Welt-Idee als eine nötige, eigens zu leistende Aufgabe zu begreifen.

Lenin steht dann für zwei Aspekte. Zum einen für das vor den Kopf stoßende Faktum, dass sich da ein Hauptbeteiligter einer Revolution mitten in einer revolutionären Situation an den

Schreibtisch setzt, Hegel liest und Philosophie betreibt. Zum anderen für die im Marxismus notorische Problemstellung, dass eine materialistische Dialektik nicht hinter die Hegelsche Spekulation zurückkann, diese aber gleichwohl vom Kopf auf die Füße zu stellen sich anschickt. Ausgangspunkt und Grundlage dieser Miniatur ist daher ein Text von Holz zu Lenins Auseinandersetzung mit der Hegel'schen *Logik*, herkommend aus einer Marx-Engels'schen Programmatik: *Hegel – vom Kopf auf die Füße gestellt* (Holz 1981a).

5.1 Spekulative Transzendentalphilosophie

Spekulative Philosophie teilt ihren schlechten Leumund zunächst mit der Transzendentalphilosophie. Markenkern der Transzendentalphilosophie ist die Unterscheidung von apriorischem und aposteriorischem Wissen, oder präziser: die Unterscheidung von aposteriorischen Erfahrungsgehalten und apriorischen Bedingungen der Möglichkeit dieser Erfahrungsgehalte. *Jedes* Wissen sei ein Doppeltes aus Erfahrungsgehalt und transzendentalem Format dieses Gehalts.

Die im weiten Sinn positivistische Antwort auf diese Position besteht darin, diesen Markenkern für Unsinn und ein Scheinproblem zu erklären: Wissen bestehe darin, Erfahrungsgehalte möglichst genau und methodisch kontrolliert zu protokollieren, fertig. Die im weiten Sinne aprioristische Antwort auf jenen Markenkern besteht darin, das »apriorisch« wortwörtlich zu übersetzen, um dadurch scheinlegitimiert Bedingungen der Möglichkeit von Erfahrungsgehalten *vor*, also außerhalb der Erfahrung zu verorten. Der positivistischen Antwort ist die aprioristische Antwort ein letzter Beleg für den Unverstand *der* Transzendentalphilosophie – der aprioristischen Antwort ist das wiederum die Bestätigung für das Unphilosophische des Positivismus. So verhalten sich beide Antworten zueinander wie »ein Gezänke eigensinniger Jungen, deren einer A sagt, wenn der andere B, und wieder B, wenn der andere A, und die sich durch den Widerspruch *mit sich selbst* die Freude erkauffen, *miteinander* im Widerspruche zu bleiben« (Hegel PhG: 121). Deshalb kann und sollte man aus diesem Gezänk aussteigen – exemplarisch vorgeführt von Plessner (1931: 151–165). »Apriorisch« meint gerade nicht vor aller Erfahrung, sondern: mit jeder Erfahrung mitgegeben. Nicolai Hartmann hatte das, sichtlich von jenem Gezänk entnervt, angemerkt, ohne jedoch das Gezänk damit unterbinden zu können.[9]

Die im weiten Sinne genealogische Weiterführung des transzendentalphilosophischen Markenkerns spricht von einem »historischen Apriori« (Foucault 1971: 24). Das meint, dass die einem Erfahrungsgehalt A mitgegebenen apriorischen kategorialen Gehalte ihrerseits historisch wandelbar und folglich selbst ein je eigener Erfahrungsgehalt B (mit deren eigenem mitgegebenem kategorialen Gehalt) sind oder zu einem solchen gemacht werden können. Die nachdrückliche Betonung, dass auch apriorisches Wissen geworden und (auf einer Metaebene) erfahrbar ist, steht sachlich und rezeptionsgeschichtlich in der Gefahr, die prinzipielle Differenz zwischen aposteriorischem Erfahrungsgehalt und dessen apriorischem Format zu verschleifen. Die historische Gewordenheit eines kategorialen Gehalts setzt aber nicht außer Kraft, dass dieses Apriori *seine* Erfahrungsgehalte notwendig bedingt. Ein *historisches* Apriori ist geworden und erfahrbar – ein historisches *Apriori* ist (in Bezug auf die durch es formatierten Erfahrungsgehalte) im Status »bedingter Notwendigkeit« (exemplarisch Tengelyi 2014: 189). Auch hier gilt die wechselseitige Unreduzierbarkeit von Genese und

9 »Darüber muß man sich von Anbeginn klar sein: es gibt keinen Apriorismus der Kategorienerkenntnis. Alles, was wir über Kategorie wissen, ist direkt oder indirekt den konkreten Gegenstandsgebieten abgewonnen, manches denen der natürlichen Alltagserkenntnis, das zweite und wichtigste denen der Wissenschaft. Das gilt auch gerade von den eigentlichen Erkenntniskategorien: diese sind zwar Prinzipien apriorischer Einsicht, werden dabei aber selbst nicht erkannt, sondern bleiben gemeinhin vollkommen verborgen hinter der Gegenstandserkenntnis, deren apriorischen Einschlag sie tragen. Erst die philosophisch-erkenntnistheoretische Besinnung macht sie nachträglich bewußt. Aber auch sie erfaßt die Erkenntniskategorien nicht a priori, sondern auf dem Umweg über den Tatsachenbereich der Erfahrung, nämlich im Rückschluß von den Gegenständen jeweilig vorliegender Erfahrung. […] Man vergißt dieses nur zu leicht über der Beschäftigung mit den Einzelheiten, nicht weil diese dazu verführten, sondern weil die Transzendentalphilosophie alter und neuer Zeit uns hartnäckig eines anderen hat belehren wollen und fast alle einschlägigen Begriffe mit ihren Intentionen infiziert hat. Sobald man es aber vergißt, ist man der größten Verwirrung ausgesetzt.« (Hartmann 1950: 1 f.)

Geltung. Der inflationär gebrauchte Titel »Diskurs« zeigt plakativ, dass und wie sehr diese Differenz im Anschluss an Foucault antitranszendentalphilosophisch weggemeint wurde. Die Profilierung des Titels *Dispositiv* und Butlers Konzept von »Rastern« (Butler 2010) sind Versuche, den kategorial-formatierenden Aspekt historischer Apriori in der Traditionslinie der genealogischen Antwort präsent zu halten.

Die im weiten Sinne dialektische Antwort ist die genealogische Antwort, die sich nicht selbst als antihegelianisch missversteht. Sie insistiert darauf, dass auch historische Apriori eben Apriori sind und deshalb nicht auf deren Genese reduziert werden können. Des Weiteren insistiert die dialektische Antwort darauf, dass die spekulative Philosophie Hegels die bis dato am weitesten entwickelte Ausarbeitung des transzendentalphilosophischen Markenkerns ist, hinter die man nicht zurückfallen sollte. Sie ist freilich, auch und gerade gegenüber der genealogischen Antwort, mit einer Zuspitzung konfrontiert, die das Erbe der Transzendentalphilosophie ist und bleibt. Kant nämlich hatte *logische* Bedingungen der Möglichkeit von Erfahrung thematisiert, also die Ermöglichungsstruktur von Erfahrung *überhaupt*. Es ging der klassischen Transzendentalphilosophie nicht um fragliche kategoriale Formate von bestimmter Erfahrung – also von der Erfahrung von diesem oder jenem Erfahrungsgehalt –, sondern darum, was die Ermöglichungsstruktur von Erfahrung ganz generell sei, also unabhängig von dem ebenfalls generellen Umstand, gerade die Erfahrung von etwas Bestimmtem zu sein. Dieses Erbe macht zwei Baustellen auf, nämlich die Frage, ob es kategoriale Formate *bestimmter* Erfahrung gibt, und jene nach Status und Spezifik *logischer* kategorialer Formate von Erfahrung schlechthin.

Zum einen also wirft das transzendentalphilosophische Erbe die Frage nach kategorialen Gehalten bestimmter Erfahrungen auf. Dies ist die Frage, ob die Erfahrung von etwas Bestimmtem nur durch die logische Ermöglichungsstruktur von Erfahrung überhaupt formatiert ist oder nicht generell immer auch durch einen kategorialen Gehalt, der der Erfahrung gerade dieses Bestimmtem geschuldet ist. Die üblichen Anschlüsse an die klassische Transzendentalphilosophie gehen wie selbstverständlich davon aus, dass *alles*, was der Erfahrung gerade dieses Bestimmtem geschuldet ist, ein aposteriorischer Wissensgehalt ist. Plessner ist hier die große Ausnahme, der sehr entschieden auch kategoriale Formate von bestimmter Erfahrung kennt und einklagt, von ihm »materiale Apriori« (oder auch »Modale« oder »Vitalkategorien«) genannt (Plessner 1928: 65, 79, 119; XX, 107; 66). Am Beispiel der Kritik der Sinne hat Plessner das exemplarisch ein- und vorgeführt: dass das Sehen als Sehen, das Hören als Hören, das Riechen als Riechen usw. auf je eigene Weise kategorial formatiert ist (Plessner 1923). Die genealogische Antwort nimmt den Grundsatz von apriorischen Bedingungen der Möglichkeit je bestimmter Erfahrungen bereits als eine Art Selbstverständlichkeit – bis hin dazu, gespeist durch anti-transzendentalphilosophische Selbstmissverständnisse, die zweite aufgeworfene Baustelle der Frage nach der logischen Ermöglichungsstruktur unkenntlich zu machen. So oder so: Die Titel *Dispositiv* und *Raster* sind klarerweise zunächst einmal Titel für materiale Apriori, nicht für logische Apriori von Erfahrung überhaupt.

Zum zweiten ist die Frage aufgeworfen, wie die genealogische und die dialektische Antwort mit der von der klassischen Transzendentalphilosophie postulierten logischen Ermöglichungsstruktur umgehen. Es könnte sein und scheint sogar naheliegend – die genealogische Antwort scheint es sogar als Selbstverständlichkeit anzusehen –, dass der Schwenk von logischen zu materialen Apriori die Frage nach einer Ermöglichungsstruktur von Erfahrung überhaupt obsolet gemacht hat. Es könnte sein, dass *jeder* kategoriale Gehalt einer bestimmten Erfahrung allein und ausschließlich der Erfahrung eben dieses Bestimmten geschuldet ist, und dass damit jeder kategoriale Gehalt einer ominösen Erfahrung überhaupt außer Kraft gesetzt ist. Das wäre die Diagnose, dass die klassische Transzendentalphilosophie nicht nur in falscher Weise *schematisch* war – bloße Anwendung einer logischen Ermöglichungsstruktur auf beliebige Erfahrungsgehalte, die je in Gänze als aposteriorische Gehalte unterstellt wurden –, sondern dass sie auch in falscher Weise *universalistisch* war, nämlich in der Unterstellung, man könne ein Moment eines kategorialen Gehalts dingfest machen, das *nicht* durch die besondere Bestimmtheit der Erfahrung bestimmt ist.

Diese Diagnose ist auch von der anderen Richtung her naheliegend. Würde man nämlich an einer logischen Ermöglichungsstruktur von Erfahrung überhaupt festhalten, scheint das gleichbedeutend damit zu sein, dass diese logischen Apriori ahistorische Konstanten sein müssen, weil sie angeben wollen, was die minimalen Bedingungen der Möglichkeit von Erfahrungen ganz generell ausmacht. Das scheint einzuschließen, dass sich das Verständnis von ›Erfahrung‹ nicht ändert und ändern kann. Es mag und wird so sein, dass im antiken Griechenland andere Erfahrungen gemacht wurden als heutzutage; aber will man wirklich sagen, dass im antiken Griechenland in einem anderen Sinne von ›Erfahrung‹ Erfahrungen gemacht wurden, dass sie *als Erfahrungen* andere waren? Wäre das nicht gerade der Beleg, dass es *nicht* kategoriale Gehalte von Erfahrung überhaupt, sondern doch wieder nur solche von besonderen Erfahrungen sind? Aber eben deshalb: Wäre der sachlogische Zwang, logische Apriori für ahistorische Konstanten halten zu müssen, nicht der letzte Beleg dafür, dass moderne Gesellschaften keine logische Ermöglichungsstruktur von Erfahrung überhaupt mehr kennen können?

Holz gibt an dieser Stelle, also an der zweiten Theoriebaustelle des transzendentalphilosophischen Erbes, eine robuste Antwort. Er nimmt es als ausgemacht, dass logische Apriori ahistorische Konstanten wären (vgl. auch unten, Kap. 11), aber er ist überzeugt, dass man sie aus Gründen der Sache gleichwohl nicht allein deshalb für obsolet erklären kann. Ein Verzicht auf *jede* Bestimmung von logischen Bedingungen der Möglichkeit von Erfahrung überhaupt bleibe die Antwort auf die Frage schuldig, was denn die vielen besonderen Erfahrungen als eben Erfahrungen miteinander zusammenhängend sein lässt, was also die vielen besonderen Erfahrungen zu *einem*, in sich vielfach differenzierten, Erfahrungszusammenhang macht. Deshalb scheut er sich nicht, die Frage nach Konstanten im Prozess des Erfahrens gleichsam bei den Hörnern zu packen:

> »Nicht der Wandel ist verwunderlich; eher ist es erstaunlich, daß es begriffliche Konstanten gibt, die der Veränderung in der Zeit nicht ausgesetzt sind. Identität und Anderssein, Affirmation und Negation, Bedingung und Bedingtes besagen zu allen Zeiten das-

selbe. Herrschaft und Knechtschaft dagegen drücken sich in verschiedenen Zeiten auf verschiedene Weisen aus. Der Unterschied ist leicht erkennbar. Bei Identität und Anderssein (usw.) handelt es sich um *rein* formale Bestimmungen, die auf jede Beziehung angewandt werden können; Herrschaft und Knechtschaft sind dagegen Formbestimmungen einer Beziehung, die *inhaltlich* bestimmt ist, also durch einen materialen Sachgehalt erfüllt wird. In beiden Fällen sprechen wir von *Kategorien*. […] Daraus entsteht eine Verwirrung im Gebrauch des Terminus *Kategorie*, die sich durch die ganze Philosophiegeschichte hindurchzieht.« (Holz 2005: 148)

Die Frage bleibt, ob der Preis nicht zu hoch ist, derart vorbehaltlos ahistorische kategoriale Gehalte zu akzeptieren. Ist es denn so klar, dass Identität und Anderssein (usw.) bei Hegel *dasselbe* besagen wie bei Aristoteles? Hätte das nicht die Konsequenz, behaupten zu müssen, dass es eine Fortschritts- (oder auch Verfalls-) geschichte des Erkennens einer solchen vermeintlich selbigen Bedeutung gibt? Will man das als moderne*r Citoyen*ne? Will man das als materialistische*r Dialektiker*in? Warum sollte es nicht so sein, dass Erfahrungen auch *als Erfahrungen* historisch verschieden sein können (vgl. König 1953 ff.: insbes. 79–81)?

So oder so: Beide Baustellen des transzendentalphilosophischen Erbes scheinen auf Sand gebaut zu sein. Sowohl die genealogische als auch die dialektische Weiterführung des transzendentalphilosophischen Markenkerns machen geltend, dass auch kategoriale Gehalte erfahrbar sind. Will man dem überhaupt Raum geben, dann setzt das Differenzierungen im Erfahrungsbegriff voraus. Kategoriale Gehalte sind ganz offensichtlich nicht sinnliche, und auch nicht sinnlich verankerte Gehalte. Ein sensualistischer Erfahrungsbegriff würde hier also, je nach Position, entweder scheitern oder aber ein vernichtender Einwand sein. Wer die positivistische und die aprioristische Antwort auf den transzendentalphilosophischen Markenkern nicht geben will, ist damit genötigt, den Erfahrungsbegriff auch gegenüber solchen Gehalten zuzulassen, die »das große Rätsel der *Unsinnlichkeit*« aufwerfen (König 1937: 1). Beispielsweise sind dann *Wahrnehmung* und *Anschauung* zwei verschiedene Modi, aber zwei verschiedene Modi des Erfahrens.

Unsinnliche Erfahrungsgehalte sind vor allem Bedeutungsunterschiede, und insbesondere Unterschiede in logischen und normativen Bestimmungen, die dann als unsinnlich, gleichwohl als erfahrbar behauptet werden. Vermittelt durch die Sinne können wir, zweifellos, die Härte von Laternenpfählen, die Schrillheit eines Geräusches, die Bläue des Himmels, die Süße von Honig und anderes erfahren. Wetteinsatz der dialektischen Antwort ist darüber hinaus, dass wir auch die (Un-)Gerechtigkeit eines Gerichtsurteils, die (Un-)Freundlichkeit unseres Nachbarn, den Bedeutungsunterschied von Wut und Zorn und dergleichen mehr *erfahren*. Das meint dann insbesondere, dass ›erfahren‹ etwas anderes bedeutet, als lediglich darum zu wissen, denn Erfahrung hat ein passives Moment, da man von Erfahrungen betroffen ist. Das darf man nicht zu selbstverständlich nehmen. Es könnte sein und es ist naheliegend, dass die Rede von der Erfahrbarkeit von Bedeutungsunterschieden lediglich eine abkürzende Redeweise ist. Es könnte sein, dass wir lediglich die Bedingungen erfahren, unter denen ein Gerichtsurteil erfolgt, um dann darauf zu *schließen*, dass es einen Bedeutungsunterschied von gerecht und ungerecht gibt. Dann würden wir diesen Bedeutungsunterschied *nicht* als einen solchen erfahren, sondern gewisse erfahrene Unterschiede in Bedingungsgefügen so *interpretieren*. Das macht die Härte des Wetteinsatzes kenntlich: Im Rahmen der dialektischen Antwort auf den transzendentalphilosophischen Markenkern ist das Verstehen von Bedeutungsunterschieden ein Erfahren, kein bloß sekundäres Interpretieren.

Bis zu diesem Punkt gibt es noch keinen Anlass und Grund, zwischen einer kantischen Transzendentalphilosophie im engeren Sinne und einer spekulativen Transzendentalphilosophie zu unterscheiden. Ein solcher Unterschied entspringt (erst) dort, wo das Verhältnis der vielen besonderen Erfahrungen zu der Einen Welt der Erfahrung, in der diese vielen Erfahrungen stattfinden, thematisiert wird. Die klassische Transzendentalphilosophie setzte, wie gesagt, darauf, dass es darum gehen müsse, *logische* Bedingungen der Möglichkeit von Erfahrung überhaupt zu artikulieren. Ohne einen solchen »Weltbegriff« (Kant KrV: B 447 f., vgl. Holz 2005: 304, Holz 2011-IV: 314–321) sei eben die Antwort auf die Frage verweigert, was die vielen Erfahrungen als Erfahrungen zusammenhalte. Kant und Hegel sind hier einig, aber der entscheidende Unterschied von Transzendentalphilosophie im engeren Sinn und spekulativer Transzendentalphilosophie entspringt gleichwohl ebenfalls hier. Für Kant ist ein solcher Weltbegriff nötig und aufgegeben, also *ein Ergebnis* der Auswertung der Vielheit von bestimmten Erfahrungen, auf das wir nicht verzichten sollten; für Hegel dagegen ist ein Weltbegriff bedeutungslogisch notwendig und mitgegeben. Weil die Welt der Erfahrungen nicht ihrerseits in einer Erfahrung gegeben sein kann, folgert Kant, dass ein Weltbegriff ausschließlich als Ergebnis der Analyse des induktiven Durchlaufens von Erfahrungen oder qua Analogie in dieser Erfahrungswelt zu haben ist. Demgegenüber macht Hegel geltend, dass schon die allererste Erfahrung eines solchen induktiven Durchlaufens nur dann *als Erfahrung* ansprechbar ist, wenn es ein Vorkommnis in der Welt der Erfahrung ist. Ein Weltbegriff sei mit jeder einzelnen besonderen Erfahrung mitgegeben und *insofern* auch seinerseits ein Erfahrungsgehalt. In diesem Sinne ist die logische Ermöglichungsstruktur von Erfahrung gerade nicht bloß aufgegeben, sondern ganz gegenwärtig in jeder einzelnen Erfahrung, sofern sie eben eine *Erfahrung* ist. Auf diese Erfahrung des Mitgegebenseins stoßen wir, sobald wir entdecken, dass uns »die Denkbestimmungen, von denen wir allenthalben Gebrauch machen«, bei »jedem Satze, den wir sprechen, zum Munde herausgehen« (Hegel WdL-1: 12). Mitgegebenes ist deshalb »*bekannt*«, aber »darum [noch] nicht *erkannt*« (ebd.). Hegel hatte diesen prinzipiellen Unterschied zwischen einem aufgegebenen und einem mitgegebenen Weltbegriff als Entgegensetzung von »schlechter« und »wahrer Unendlichkeit« herausgestellt.

Exakt hier ist das Programm von Holz spekulativ, nicht aber transzendentalphilosophisch im engeren Sinn:

> »Dialektik als Form- und Bewegungsgesetz gegenständlicher Verhältnisse kann hinter die transzendentalphilosophische Wende nicht zurückgehen. […] Um sich nicht in dieser Falle zu verfangen, ist eine Transformation des Begriffs der Transzendentalität erforderlich, die zu einem nicht-subjektiven Verständnis dessen, was Aus-

> drücken ist, führt. […] *Welt* ist ein transempirischer Begriff, von dem wir doch immer Gebrauch machen, wenn wir unsere eigene Existenz und unser Verhalten bedenken; und wir machen so von ihm Gebrauch, als ob *Welt* ein uns selbstverständlicher Erfahrungsgegenstand sei. […] und daß es neben dem kantianischen Zweig der Moderne doch immer auch den metaphysisch-dialektischen gegeben hat, d. h. die Linie Leibniz – Hegel – Marx aufgenommen und fortgesetzt wurde. […] Denn die Intention metaphysischen Denkens, zu einem Begriff des Ganzen (also zu einem Begriff von ›Welt‹) zu kommen, der sich nicht in der ›schlechten Unendlichkeit‹ einer sich immer weiter fortsetzenden Reihe der Seienden (der *series rerum*) verliert […], ist also auf eine andere Denkstruktur als die des *progressus in infinitum* angewiesen. Metaphysik wird zur Konstitution und Konstitutionslehre von Welt-Begriffen […] ohne die Perspektivität jedes Bildes der Totalität zu vergessen. In diesem Zusammenhang deutete Ernst Bloch die Perspektive eines ›spekulativen Materialismus‹ an […]. Friedrich Engels' Programm der Dialektik als ›Wissenschaft des Gesamtzusammenhangs‹ ist kaum anders als in einem solchen Horizont zu entwickeln.« (Holz 2005: 43, 44, 45, 48, 50 f., 52 f., 55)

Und eben deshalb: Die »Formbestimmtheiten von Sein und Denken« (Holz 1982) sind, mit Hegel und gegen Kant, ganz gegenwärtig – alltäglich bekannt, aber deshalb noch nicht erkannt: »Es gibt Formbestimmtheiten unserer Erfahrung, einschließlich der reflexiven Selbsterfahrung des Denkens, die in jeder einzelnen Erfahrung schon vorliegen und nicht erst in ihr oder durch sie gebildet werden.« (Holz 2005: 249)

Hier geht eine weitere Erweiterung des Erfahrungsbegriffs ein. War Dialektik schon darauf angewiesen, auch Unsinnliches *erfahren* zu können (s. o.), so kommt hier ins Spiel, dass das Anschauen *mit sich*, das Denken *mit sich*, das Tätigsein *mit sich* Erfahrungen machen kann. Zum Beispiel ist die Diagnose der pyrrhonischen Skepsis, dass bis dato alle vorgelegten Begründungen entweder in einem infiniten Regress *oder* in einem dogmatischen Abbruch *oder* in einem vitiösen Zirkel mündeten, eine *Erfahrung*, die das Denken mit sich macht.

5.2 Spekulative Erfahrung zwischen Spiegel und Warte

Wort- und begriffsgeschichtlich kommen in Hegels Konzept spekulativen Wissens zwei Linien zusammen, nämlich die etymologisch verbürgte Bedeutung des ›von einer Warte aus ins Auge fassen‹ (*speculari*) und die etymologisch falsche, aber sachlich gewollte Bedeutung des ›Spiegel-Sehens‹ (von *speculum*). Beide Bedeutungen zusammenzuführen, ist kein Gewaltstreich, denn *Spekulation* war eine Übersetzung des griechischen *theoria* mit einem durchaus weiten Metaphernfeld unterschiedlichen Sehens. Hegels Bezug auf den Spiegel nimmt der Spekulation das Moment des bloßen Schauens, und sein Bezug auf *speculari* modifiziert das Spiegel-Sehen zum (praktisch) *orientierenden* Sehen, zum Ausschauhalten. Holz stellt dieses Ineinander beider Bedeutungslinien heraus:

> »Das Wort [*theoria* bzw. Spekulation] leitet sich vom Verbum *theôrein* her, das die Grundbedeutung hat: einer Schaustellung zusehen (besonders auch im Theater) – *theôria* ist die zugehörige Substantivform, *theôros* ist der Zuschauer, *theôrêma* das Schauspiel. Von daher kann *theôrein* zuweilen auch heißen: im Spiegel erblicken. [...] *Speculatio* als Übersetzung von *theoria* verschiebt die Bedeutung von ›Zuschauen‹ zu ›Hinschauen‹ im Sinne von ›Erspähen‹ – *specula* ist der Hügel oder die Warte, wovon der Wächter ins Land späht, *speculari* heißt ›ins Auge fassen‹, was sichtbar (*speculabilis*) ist. [...]; die Beziehung zu *species* – Aussehen und *speculum* – Spiegel ist nur eine entfernte Verwandtschaft und keine direkte etymologische Deszendenz. Wenn Hegel dann doch, der falschen Etymologie bewußt, Spekulation mit *speculum* und also mit Widerspiegelung verknüpft, so hat das einen systematischen, nicht einen philologischen Sinn. Die mittelalterliche Philosophie folgt dem Wegweiser des Boethius [...]. So bemerkt Thomas von Aquino, unter Berufung auf Augustinus, man spreche von spekulativ Denkenden abgeleitet vom Spiegel, nicht von der Warte (a specolo, non a specula). [...] Hier wird der Widerspiegelungscharakter der Spekulation deutlich ausgesprochen, Hegel bezieht sich mithin auf ein traditionelles metaphysisches Konzept«, dort freilich noch um den Preis des bloßen Schauens: »Spekulation ist [bei Boethius] der Modus der *vita contemplativa*.« (Holz 2005: 229–231)

Spekulieren wird damit als eine Art des Sehens begriffen, wenn auch des Spiegel-Sehens. Macht man jene etymologische Verschiebung mit, dann kann man daran festhalten, dass man Ideen zwar nicht direkt sinnlich wahrnehmen, sie aber der Möglichkeit nach indirekt, im Spiegel, ›sehen‹ kann. Das hat die wichtige Konsequenz, dass Ideen, und insbesondere Welt-Ideen, nicht beliebig konstruierbar wären. Ihre Konstruktion wäre vielmehr methodisch kontrollierbar, weil man sich ihrer – auf sehr besondere Weise – vergewissern, sie sich vergegenwärtigen kann, denn für das Spiegel-Sehen ist die Anwesenheit des Bespiegelten, im Unterschied zu einem Porträt etwa, konstitutiv. Dennoch ersetzt Hegel durch diese Bindung an das Spiegel-Sehen die Bindung von *spekulieren* an *spähen* nicht ersatzlos. Der Bezug zum *Spähen* ist freilich etwas verdeckt.

Das Logische habe, so Hegel, der Form nach drei Seiten: i) die abstrakte oder verständige, ii) die dialektische oder negativ-vernünftige, iii) die spekulative oder positiv-vernünftige (Hegel Enc.: § 79, S. 118). Das sind selbstredend nicht drei Teile, sondern drei Momente des Logischen (ebd.). Im negativ-dialektischen Moment des Logischen nun ist jenes Moment von *Spähen* weiter aufbewahrt, denn dieses negativ-vernüftigen Moment wird von Hegel als das skeptische Moment der Dialektik bestimmt. Diese Bezugnahme auf die philosophische Skepsis ist nun keineswegs nur so daher gesagt – Skepsis *ist* Moment spekulierender Dialektik. Die pyrrhonische Skepsis wiederum ist, wie Hegel nicht müde wird zu betonen, keine *Zweifels*lehre, und vor allem kein Skeptizismus in dem Sinne, die Wahrheit von Wissen prinzipiell bestreiten zu wollen. Hegel nimmt insofern nur sehr ernst, was bereits Sextus Empiricus angemahnt hatte:

> »Die einen [haben] behauptet, sie hätten das Wahre gefunden, während die anderen erklärten, es ließe sich nicht erkennen, und die dritten noch suchen. […] Die Skeptiker aber suchen noch. […] Die skeptische Schule wird auch die ›suchende‹ genannt nach ihrer Tätigkeit im Suchen und Spähen. […] Diejenigen, die behaupten, die Skeptiker höben die Erscheinungen auf, scheinen mir nie gehört zu haben, was bei uns gesagt wird.« (Sextus Empiricus PH: §§ 1–19, S. 93–98)

Der in *Spekulieren* steckende doppelte metaphorische Gehalt macht damit zwei Punkte stark, die es als ein Erfahren ausweisen. Spiegel-Sehen mit dessen konstitutiver Bindung an die Präsenz des Bespiegelten ist zwar ein sehr besonderes, aber immerhin ein Sehen; und das Spähen von einer Warte aus ist ein Sinnbild für Offenheit, für Vorsicht, für Irritierbarkeit durch das, was überraschend passieren kann. Von einer Warte aus hat man eine Art Überblick, aber dieser Blick kommt nicht von außerhalb der Situation, geschweige aus dem Nirgendwo. Das Spähen von einer Warte ist ein situierter Blick, im Geschehen selbst verankert. Anders als in einer Loge oder, mit Abstrichen, auf einem Hochsitz kann man es sich auf einer Warte nicht gemütlich machen, weil man sich mitten im Geschehen befindet. Situiertes Spekulieren ist kein bloßes Schauen.

5.3 Eine notwendige Abgrenzung

In der Sache ist der schlechte Leumund spekulativen Philosophierens daher unangemessen; oder schärfer: Die Aufrechterhaltung dieses schlechten Leumunds ist herrschaftstechnisch interessiert. Aber selbstverständlich ist das keine Frage bloßer Versicherungen oder schöner Worte. Der Unterschied zwischen ›von einer Warte aus spähen‹ und ›vom Hochsitz aus zuschauen‹ ist, man kann es mit Hegel wissen, *logisch* verankert. Im pyrrhonischen Sinne zu suchen, ist die Antwort auf eine Situation von Isosthenie, das heißt einer Situation gleicher Gültigkeit verschiedener sich ausschließender Perspektiven. Auf eine Warte kommt man dialektisch dann und dadurch, dass ein Widerspruch in seinen Grund zurückgegangen und insofern zugrunde gegangen ist (vgl. Wolff 1986). Der Unterschied zwischen spekulierendem Ausschauhalten und scholastischem, phantomgöttlichen Zuschauen muss daher erfahrbar sein. Solange dieser Unterschied nur versichert wird, ist spekulierendes Spähen nicht von einer »Feldherrenhügel-Wahrnehmungsweise« (Loick/Redecker) unterscheidbar.

Folgt man Redecker (2020: 39), dann ist diese »Feldherrenhügel-Wahrnehmungsweise« – ein Ausdruck, den sie von Daniel Loick borgt – durch ein bestimmtes modernes Verständnis von Eigentum unterlegt, von ihr als »Sachherrschaft« charakterisiert, was seinerseits die Inkarnation von Willkür-Freiheit ist. Analog zu einem Phantomschmerz kann solche Sachherrschaft auch fortbestehen, wenn »das rechtlich gesicherte Eigentum an anderen Menschen [abgeschafft]« ist (ebd. 34) – dann »macht sich ›Phantombesitz‹ breit« (ebd.). Analog dazu habe ich oben von »phantomgöttlich« gesprochen: Auch dort, wo moderne Gesellschaften ein ihnen transzendentes Erklärungsprinzip abgeschafft haben (»Gott ist tot!«), gibt es unzählige Versionen, eine gesellschaftsinterne Position zum archimedischen Punkt aller Erklärungen zu machen: der »göttliche Trick« (Haraway) des phantomgöttlichen Kontingenzexorzismus. Dieser Weg ist mit Feuerbach eigentlich verbaut, aber der wiederum war ja als toter Hund behandelt worden. Feuerbachs Absage an eine theologische Metaphysik war nicht die Ansage, den Menschen auf Gottes Thron zu setzen. Feuerbachs Anthropologie ist die Wette auf die Immanenz des Transzendenten: Begreifbar ist Welt nur in einem innerweltlichen Blick, und ein solcher Blick ist *deshalb* kein göttlicher Blick aus dem Nirgendwo, sondern notwendig Welt-bedingt. Hier »geht es nicht um Einblicke und Draufblicke, sondern um eine ganz neue Binnenperspektive. Verwobenheits-Seismographie. Weltinnenraum-Umsicht.« (Redecker 2020: 123) Die Warte des situiert-spekulierenden Blicks ist nicht einmal »eine Warft, auf die man sich bei Sturmflutgefahr zurückziehen kann«, denn das ist eine »kleine Erhebung«, die »auszureichen [scheint], um unsere Gleichgültigkeit zu wahren« (ebd. 84). Wie gesagt: Von einer Warte aus Ausschau zu halten, ist eingebunden in einen Kampf um Hegemonie angesichts mehrerer gleichermaßen gültiger Perspektiven. Oder auch: Im phantomgöttlichen Kontingenzexorzismus »[droht] die Welt zur bloßen Kulisse zu werden. Unsere Vernunft verliert ihre einmalige Gabe, belästigt werden zu können.« (Meyer-Drawe 2018: 18) In entschieden demselben Geist hält Redecker nachdrücklich fest: »Der enttäuschte Mensch muss mehr tun, als sich selbst als Sonne zu setzen.« (Redecker 2020: 104) Der Lackmustest auf diesen Unterschied ist das Verständnis von Souveränität: »Die Verheißung des modernen Eigentums schafft eine heikle Souveränität. Will sie sich ihrer selbst vergewissern, kann sie das nur im Exzess.« (ebd. 32) Demgegenüber ist eine pyrrhonisch verstandene Souveränität eine Art Treue zu sich – wenn man noch ernsthaft sucht, aber orientierter als Buridans Esel.

Auch und gerade feine Unterschiede muss man daher, bei emanzipatorischem Interesse, markieren. Willkür-Freiheit ist keine Freiheit, sondern Sachherrschaft. Und es ist schon zu viel des Zugeständnisses zu sagen, dass solche Sachherrschaft eine heikle Form von »Souveränität« schafft. Die durch Sachherrschaft geschaffene Verfügungsgewalt ist keine Souveränität, sondern Patronat. Pseudo-Souveränität ist sie nur mit zu viel Zugeständnissen an ein zutiefst von Carl Schmitt und Giorgio Agamben infiziertes Verständnis, das man stattdessen bei seinem deutschen Namen nennen kann und muss: Überlegenheit. Souveränität dagegen ist jene Lebensform, die der Situation der »Unentscheidbarkeit von Macht und Ohnmacht des Menschen« (Plessner 1931) Ausdruck gibt.

> »Wer es aber ertragen kann, wer es innerlich wirklich realisieren kann, absolut zu leben […] und trotzdem das Gelebte als relativ zu bewerten, der wird in seinem Gefühl dem nahe stehen, was gewisse Denker damals gerne Ironie nannten.« (König 1926: 212)

5.4 Der logische Kern: Die Figur des Übergreifens

Die Wette darauf, dass kategoriale Gehalte ihrerseits erfahrbar sind, ist nun ihrerseits mit einem drohenden Regress konfrontiert. Wenn man nämlich annimmt, dass sie erfahrbar sind, dann ist damit mitgesagt, dass es dafür eine Bedingung der Möglichkeit, also einen eigenen kategorialen Gehalt gibt, der solchen Gehalt erfahrbar gemacht hat. Wenn dieser kategoriale Gehalt zweiter Stufe dann seinerseits erfahren wird, bedarf es eines kategorialen Gehalts dritter Stufe – und vermeintlich und so weiter. Auch hier droht das bekannte Trilemma: entweder Regress oder vitiöser Zirkel oder dogmatische Schau.

Wenn man dann, der Tradition folgend, kategoriale Gehalte in sich differenziert nach Anschauungsformen, Verstandeskategorien, Vernunftideen, Praxisformen, dann wird man zunächst dem Zirkel noch ausweichen können. Man muss jedenfalls nicht behaupten, dass die Erfahrbarkeit von Anschauungsformen ihrerseits die Form der Anschauung hat – sie könnten, und werden wohl, im verständigen Denken erfahrbar sein. Analoges gilt für Kategorien. Auch hier kann man durch Stufung dem Zirkel entgehen, wenn man die Kategorien nicht verständig, sondern vernünftig erfahrbar sein lässt. Aber im nächsten (oder übernächsten) Schritt ist diese Stufenlösung nicht mehr möglich. Welt-Ideen sind transempirische Ideen und deshalb nicht in der Erfahrung gegeben. Aber auch dann, wenn sie trotzdem als mitgegebene Gehalte erfahrbar wären, könnte der kategoriale Gehalt, der Bedingung der Möglichkeit dieser Erfahrung ist, nicht außerhalb der Welt der Erfahrung liegen. Welt-Ideen wären daher entweder doch Gehalte, die *vor* aller Erfahrung liegen, oder aber Gehalte, die Bedingung der Möglichkeit der Erfahrung ihrer selbst sind. Will man an diesem Ort nicht zu schnell vor der aprioristischen Option kapitulieren, sondern weiter auf die Erfahrbarkeit mitgegebener Welt-Ideen wetten, handelt man sich also mindestens zwei Besonderheiten ein.

Zum einen ist spekulatives Wissen, soviel dürfte mit und seit Hegel gesichert sein, nicht als re-präsentisches Wissen zu haben. Lässt man sich überhaupt auf die Zirkularität ein, dass Welt-Ideen zugleich Erfahrungsgehalt und kategoriales Format ihrer Erfahrung sind, dann ist spekulatives Wissen kein Wissen-Dass, sondern ein Wissen, das sich zeigt. Wenn es also überhaupt Erfahrungswissen ist, dann wird es fungierend-präsentisches Wissen sein. Hier lohnt eine nochmalige Lektüre des Kapitels *Die absolute Idee* (Hegel WdL-2: 236 ff.).

Zum anderen kann man auf eine Denkerfahrung zurückgreifen, nämlich diejenige, die das Denken mit den mengentheoretischen und semantischen Antinomien gemacht hat (exemplarisch Blau 1985, Blau 1986). Diese Denkerfahrung konfrontiert mit Selbstbezüglichkeiten, die zuletzt dann doch nicht vermeidbar sind und deshalb nur in ihrem antinomischen Charakter akzeptiert werden können. Diese logische Situation ist durch das Lügner-Paradox populär geworden. Wenn ein Kreter sagt, dass alle Kreter lügen, und man dann die Frage stellt, ob das eine Lüge ist oder nicht, dann produziert man die bekannte Antinomie: Dieser Kreter lügt genau dann, wenn er die Wahrheit sagt. Dieter Wandschneider (1995: Kap. 2) hat darauf aufmerksam gemacht, dass eine solche

Antinomie nicht lediglich paradox oder irgendwie komisch-widersprüchlich ist, sondern eine klar angebbare Struktur hat, die einen *antinomischen* Charakter charakterisiert: Aus der Position A folgt die Position Nicht-A, und aus der Position Nicht-A folgt die Position A. Deshalb sind die sogenannten kantischen ›Antinomien‹ der Vernunft *nicht* von antinomischem Charakter. Dort ist ›lediglich‹ aufgezeigt, dass es sowohl gute Gründe für die Endlichkeit der Welt als auch für ihre Unendlichkeit gibt (was sich in der Tat widerspricht), aber Kant hat nicht gezeigt, dass aus der (Annahme der) Endlichkeit der Welt ihre Unendlichkeit folgt und umgekehrt. – Zur klassisch gewordenen Denkerfahrung des Umgangs mit Antinomien gehört auch, dass sie sich zunächst sehr einfach auflösen lassen: Man muss nur den Selbsteinschluss verhindern. Man lässt halt jemanden aus Kreta keine Sätze über *alle* Kreter sagen, oder man schiebt diesen Satz jemandem vom griechischen Festland in den Mund – und schon ist die Antinomie beseitigt. Man kann sich auch toleranter geben und nicht den Sprachpolizisten gegenüber jemandem aus Kreta spielen; aber dann weiß man, dass dessen Satz über alle Kreter wohlweislich kein Satz der »Objektsprache« der Leute aus Kreta ist, sondern ein Satz der »Metasprache«, in der man sich über so etwas verständigt. Auch dann ist alles wieder gutgemacht, denn auch dann ist die Antinomie beseitigt.

Doch kein Geringerer als Wittgenstein hatte bereits sanft darauf aufmerksam gemacht, dass diese Beseitigungsstrategie von Antinomien keine allgemein mögliche oder auch nur allgemein sinnvolle sein kann. Wir würden schließlich das Buchstabieren des Wortes ›buchstabieren‹ nicht als Buchstabieren zweiter Stufe bezeichnen und behandeln (Wittgenstein 1939: 14 f.). Aber auch Wittgenstein hat nichts am Siegeszug der verschiedenen Sorten von (Sprach-)Stufungen (Russel, Tarski) geändert, mit denen das Auftreten von Antinomien verhindert werden sollte. Das ist lokal ganz nett und funktioniert einigermaßen – bis dann Putnam (1991) die Frage stellt, in welcher Sprache man denn die Unterteilungen in Sprachstufen vornehmen will oder kann. Und siehe da: Die Antinomie ist wieder da.

Nimmt man diese Denkerfahrung ernst, und nimmt man die lange Tradition dialektischen Philosophierens ernst, ein äußerst entspanntes Verhältnis zum Widerspruch zu haben (dazu immer noch einschlägig Wolff 1981), dann ist zwar das Verhältnis zwischen Antinomien und dialektischen Widersprüchen noch nicht geklärt, aber immerhin gibt es dann eine Art Analogie, mit der auch schon Hegels Kant-Diagnose spielte.

> »Dieser Gedanke, daß der Widerspruch, der am Vernünftigen durch die Verstandesbestimmungen gesetzt wird, *wesentlich* und *nothwendig* ist, ist für einen der wichtigsten und tiefsten Fortschritte der Philosophie neuerer Zeit zu achten. So tief dieser Gesichtspunkt ist, so trivial ist die Auflösung; sie besteht nur in einer Zärtlichkeit für die weltlichen Dinge. [...] Die Hauptsache, die zu bemerken ist, ist, daß nicht nur in den vier besondern aus der Kosmologie genommenen Gegenständen die Antinomie sich befindet, sondern vielmehr in *allen* Gegenständen aller Gattungen, in *allen* Vorstellungen, Begriffen und Ideen.« (Hegel Enc.: § 48, S. 84 f.)

In der *Logik*, wo Hegel diese Einsicht auf die logischen Kategorien oder allgemeinsten Denkbestimmungen bezieht, kennt er mindestens zwei Strategien im Umgang mit Widersprüchen. Beide sind dadurch charakterisiert, den Widerspruch *nicht* beseitigen zu wollen, weil dieser schließlich die Bewegungskraft der Logik sei. Vielmehr geht es darum, den jeweiligen Widerspruch in dessen Bewegung, also in der Fortentwicklung der Denkbestimmungen, aufzuzeigen.

> »So sind alle als fest angenommenen Gegensätze, wie z. B. Endliches und Unendliches, Einzelnes und Allgemeines, nicht etwa durch eine äusserliche Verknüpfung in Widerspruch, sondern, sind, wie die Betrachtung ihrer Natur gezeigt, vielmehr an und für sich selbst das Uebergehen.« (Hegel WdL-2: 244)

Dieses Aufweisen nun kennt (mindestens) zwei Situationen. Der (eher) Normalfall liegt darin, dass »Widersprüche zu Grunde gehen« (Hegel WdL-1: #287). Am Verhältnis der Denkbestimmung A und deren bestimmter Negation zeigt sich, dass diese Polarität nicht schlechthin zwischen A und Nicht-A besteht (dann wäre bereits die Rede von *bestimmter* Negation obsolet), sondern als Polarität und als diese bestimmte Polarität nur innerhalb eines Dritten besteht. Etwas plakativ an einem Beispiel: Das Verhältnis von Quantität und Qualität benötigt das Maß als maßstäbliches Drittes, um innerhalb dieses Dritten wohlbestimmt zu sein. Der ›Normalfall‹ des Zu-Grunde-Gehens von Widersprüchen ist also ein mediales Verhältnis, bei dem das Dritte/das Medium/das Lebenselement, in dem ein polares Verhältnis lebt, seinerseits tatsächlich ein drittes C gegenüber den Polaritäten A und bestimmter Negation B ist (vgl. auch Wolff 1986).

Der (eher) Ausnahmefall liegt dann vor, wenn das Dritte gerade nicht eine eigene dritte Bestimmung ist, sondern einer der beiden Pole zugleich die Rolle des Mediums übernimmt, in dem er seiner bestimmten Negation polar entgegengesetzt ist. Dann »übergreift« dieser Pol (als Medium) sich selbst (als Pol) und sein bestimmtes Anderes (als Gegenpol). Hegel hatte es am Übergreifen des Allgemeinen (das kein noch Allgemeineres außer sich haben kann) über sich und sein Gegenteil, das Besondere, vorgeführt. Josef König hat die Bedeutsamkeit dieser Figur für eine spekulative Logik nachdrücklich herausgestellt (König 1946), und er selbst hat vergleichbare logische Situationen als Figur des Selbstunterschieds analysiert (etwa König 1937: 3).

Für Holz ist die Figur des Übergreifens in doppelter Hinsicht zentral für sein eigenes Anliegen (Holz 1983a: 51–62; Holz 2005: 186–190). Zum einen kann diese Figur mit Rückgriff auf König nur durch den strengen Gebrauch der Metapher des Spiegels erläutert werden, »und nur in einem solchen Gebrauch kann mit philosophischer Strenge von Widerspiegelung gesprochen werden« (Holz 2005: 189 f.). Zum anderen ist das übergreifende Allgemeine *die* logische Gegeninstanz gegen ein klassifikatorisch gewonnenes Allgemeines und damit die Minimalbedingung für das angezielte Konzept der »Materialität des Real-Allgemeinen« (ebd. 55).

> »Im Gegenteil zur Subsumption im Klassifikationsverfahren, das den allgemeinen Gattungsbegriff durch Abstraktion von den Besonderheiten der ihm zugehörigen Arten gewinnt, wird beim Übergreifen

also der Gattungsbegriff nicht von den besonderen Bestimmungen seiner Arten entleert, sondern jede Bestimmung als Bestimmung des Allgemeinen selbst an und in diesem festgehalten; das Besondere ist nichts anderes als das sich bestimmende Allgemeine und mithin zwar das Gegenteil seiner und doch eine Art Allgemeines.« (Holz 1983a: 55)

5.5 Das Programm der Umkehrung Hegels

In der Geschichte des Marxismus ist es nicht möglich, dass sich materialistische Dialektik bruchlos und umstandslos auf Hegel bezieht. Irgendetwas, man weiß nicht so recht, was, macht die Hegel'sche Philosophie verdächtig. Man mag sie preisen oder kritisieren, hochloben oder verdammen, aber es gilt im Marxismus als ausgemacht, dass es sich bei ihr um idealistische Dialektik handelt und sie deshalb materialistisch zu kritisieren sei. Marx und Engels haben hier die Vorgabe gemacht: Hegels Dialektik stehe »auf dem Kopf« und man müsse sie »umstülpen« (Marx 1872: 709 [MEW 23: 27]), und sie hätten »die Hegelsche Dialektik auf den Kopf, oder vielmehr vom Kopf, auf dem sie stand, wieder auf die Füße gestellt« (Engels 1886: 293). Holz hat den Spielraum, den ein Marxist der Hegel'schen Dialektik an Zugeständnissen machen kann, wohl maximal ausgereizt (vgl. auch Holz 2011-V: 220–249). Holz hat kein Problem damit, dass es sich um spekulative Philosophie handelt – ganz im Gegenteil; Holz hat auch kein Problem damit, dass Welt-Ideen notwendig im Elemente des Denkens zu (re)konstruieren und insofern unhintergehbar ideell sind – im Gegenteil hält er diese Einsicht für eine unhintergehbare Errungenschaft der durch Hegel produktiv gewendeten transzendentalphilosophischen Wende. Nicht zuletzt hat Holz Hegel die Treue gehalten, weil dieser der Französischen Revolution die Treue gehalten hatte (Holz 1989, Holz 1993, Holz 2008, Holz 2010: 68–80). Vielen seiner Mitphilosoph*innen, emanzipatorischen Mitstreiter*innen, Mitgenoss*innen ging dieses Ausmaß an Hegelianismus bereits zu weit, erst recht denjenigen, die es eher mit Kant hielten. Holz aber hat durchgehend und unbeeindruckt auf die große Wertschätzung verwiesen, die Marx und Engels, vor allem aber auch Lenin (Lenin 1914),[10] Hegel entgegenbrachten.

Dabei ist alles andere als klar, wo die Achse verläuft, um die die Hegel'sche Philosophie gedreht werden muss, oder – wem dieses Bild zu starr ist – welche (Handschuh-)Seite der Hegel'schen Philosophie nach außen gestülpt werden muss. Bereits manche Formulierungen bei Marx und Engels legen eine Lesart dieses Programms nahe, die sich in der Geschichte des Marxismus als desaströs herausgestellt hat. Das Desaster beginnt bereits bei Feuerbach. Schon Feuerbach (1839: 20, vgl. 28) nämlich hielt Hegel für einen »spekulativen Dalailama«, der die Möglichkeit einer »absoluten Inkarnation der Gattung in einer bestimmten Individualität« unterstelle. Wer aber tatsächlich glaubt, der Idealismus Hegels bestehe darin, dass seine *Logik* in einem wörtlichen (oder auch nur unbestimmten) Sinne die Gedanken Gottes vor der Erschaffung der Welt formuliert, und wer dann in diesem Sinn (nach-)redet, dass für Hegel »der Denkproceß, den er sogar unter dem Namen Idee in ein selbständiges Subjekt verwandelt, der Demiurg des Wirklichen« sei (Marx 1872: 709 [MEW 23: 27]), den müsste »man sich selbst überlassen« (Hegel WdL-2: 243). Leider ist das nicht recht möglich, denn diese Lesart der Marx-Engels'schen Hegelkritik war mehr oder weniger die Standardlesart – mit mehr oder weniger Vorbehalten, aber oft ›noch weitaus schlichter als schon eine wortwörtliche Lesart der biblischen Schöpfungsgeschichte‹ (vgl. Engels 1886: 275). Das Problem ist selbstverständlich nicht die Schlichtheit als solche, sondern die notwendige gedankliche Konsequenz dieser Lesart. Wenn man die Figur eines göttlichen Demiurgen der Welt ›vom Kopf auf die Füße stellt‹, dann wäre im Marxismus zwingend, dass die ökonomische Basis der Demiurg der Welt ist. In dieser Standardlesart der Hegelkritik wurzelt der notorische ökonomistische (oder produktivkrafttechnologizistische) Determinismus, der die Geschichte des Marxismus verfolgt wie der Schatten einen Körper. Der von Holz geschätzte Pawlow be-

10 »Und noch eins: In diesem *idealistischsten* Werk Hegels [der *Logik*] ist *am wenigsten* Idealismus, *am meisten* Materialismus. ›Widersprechend‹, aber Tatsache!« (Lenin 1914: 226)

harrt nicht zuletzt deshalb darauf, dass der Mensch nicht im Sinne eines göttlichen Demiurgen »schafft«. Wenn Marx davon rede, »daß die Idee, wenn sie die Massen ergreift, eine große materielle, aktiv wirkende Kraft darstellt«, und wenn Lenin postuliert, »daß der Mensch *die ihn umgebende Welt nicht nur erkennt, sondern auch verändert*, umgestaltet, vermenschlicht, sich anpaßt oder, wie Lenin sich ausdrückte: sie schafft«, so hat doch »dieses Schaffen nichts mit einer religiösen Erschaffung der Welt und des Menschen aus dem Logos, dem göttlichen Gedanken gemein« (Pawlow 1973: 41).

Hegel hat eine materialistische Kritik an ihm wahrlich nicht leicht gemacht. Dass seine Philosophie eine bloße *theoria*, ein bloß kontemplatives Schauen sei, die es deshalb aus sich heraus niemals zu einem Orientierungswissen in praktischen Angelegenheiten bringen könne, ist schlicht nicht zutreffend. Die absolute Idee ist bereits »die Identität der theoretischen und der praktischen« (Hegel WdL-2: 236), und ganz allgemein hatte Hegel bereits umgestellt von einer Vernunftphilosophie auf eine Philosophie des Geistes – das heißt, Hegel selbst hat das vernünftig Allgemeine bereits eingebettet sein gelassen in das Gemeine, also in das Leben der Gemeinde (so viele Formulierungen in der *Phänomenologie des Geistes*, die mit den Bedeutungsübergängen von Allgemeines, Allmende, Gemein(d)e spielen). Feuerbachs, in der Sache unhintergehbare, Aufforderung, eine Kritik der unreinen Vernunft vorzulegen (Feuerbach 1840), zielt also bereits an Hegel vorbei.

Dennoch bleibt das materialistische Unbehagen an Hegel. Das eine ist, ein unergründliches Verhältnis von theoretischer und praktischer Philosophie zu konzipieren – in dieser Hinsicht dürfte Hegels Philosophie nicht (leicht) überbietbar sein. Aber das andere ist, dass man die Philosophie rein als solche und als Einheit von theoretischer und praktischer Philosophie praktisch bedingt sein lässt, also in einem zu klärenden Sinn aus der Philosophie gleichsam aussteigt, um nicht nur die Philosophie zu ändern und um nicht nur die Welt verschieden zu interpretieren, sondern um die mittels der spekulativen Dialektik begriffene Welt zu verändern. Hier wurzelt das materialistische Unbehagen: Es mag logisch noch so überzeugend und unhintergehbar sein, dass das geistig Allgemeine *übergreift* über sich und sein Gegenteil – aber wie unterläuft Hegel, dass die *Logik* übergriffig wird über die Welt und insbesondere über die mitweltliche Praxis der Gestaltung der personalen Welt? Feuerbach hat *dieses* Unbehagen auf die Parole gebracht hat: Die Philosophie habe nicht mit sich, sondern mit der Nicht-Philosophie zu beginnen (Feuerbach 1843a: 254).

Weltanschauend gesehen ist diese Parole für den Marxismus die Leitschnur, aber philosophisch gesehen ist sie fatal, denn *wie* sollte man weltanschauend-philosophisch mit der Nicht-Philosophie beginnen können, wenn man zur Nicht-Philosophie nur einen weltanschauenden Zugang hat? In dem Nichtwahrhabenwollen, dass man weltanschauend *nicht* mit der Nicht-Philosophie beginnen kann, wurzeln alle marxistischen Philosophieabneigungen und -feindschaften, und folglich alle politischen Voluntarismen, gleichsam in guter Absicht, aber mit fatalen Folgen in Bezug auf die tatsächliche Gestaltung der Welt.

Holz verhält sich in und zu dieser Konstellation recht klar: »Der Marxismus ist ganz und gar eine Philosophie, und dies nur, indem er zugleich mehr als bloß eine Philosophie ist.« (Holz 2011-V: 323) Oder als Programmskizze: Der materialistische Impuls besagt, dass die Welt auch dann existiert, wenn sie von niemandem angeschaut oder gar begriffen wird. Aus dieser Unabhängigkeit der Welt von jeder Welt-Anschauung versucht ein nicht-spekulativer Materialismus insofern Kapital zu schlagen, als er versucht, die vom Anschauen unabhängige Welt als solche zum Wahrheitskriterium von Welt-Anschauungen zu machen. Doch dieser Schachzug ist seit Kant und mit Hegel obsolet, um nicht zu sagen Unfug; insbesondere Hegel hat darauf insistiert, dass Welt für unsereins nicht außerhalb unserer Darstellungen zu haben ist.[11] Nun kann man aus diesem Befund die idealistische Konsequenz der Identität von Welt und Welt-Idee ziehen – Holz sieht dies mehr in der Hegel-Interpretation von Hans Friedrich Fulda als bei Hegel selbst realisiert –, oder aber – so der Holz'sche Vorschlag –, man zieht aus

11 »Von zentraler Bedeutung ist dabei Hegels Einsicht, daß sich der Wahrheits- und Wirklichkeitsbegriff […] nicht von den jeweiligen *Darstellungsformen* ablösen läßt. Jede abstrakte Gegenüberstellung ›unserer Überzeugungen‹ auf der einen Seite und einer Wirklichkeit an sich auf der anderen Seite ist selbst schon logisch verwirrt.« (Stekeler-Weithofer 2009: 108)

demselben Befund die Konsequenz, das Verhältnis von Welt und Welt-Idee nicht als Identität, *sondern* als Widerspiegelungsverhältnis zu modellieren.

> »Mir scheint es nur akzeptabel, Hegels ›Monismus der Idee‹ [...] aufrechtzuerhalten, wenn das *Verhältnis* dieses Systems zur Lebenspraxis und den in ihr gemachten gegenständlichen Erfahrungen so bestimmt wird, dass die Lebenspraxis nicht einfach in der Idee, zu der sich die Begriffe als zu ihrer Wirklichkeit entwickeln, verschwindet. Auch meine ich, in Hegels Werk selbst finden sich zahlreiche Hinweise und Indizien, dass dem System der Gedankentotalität etwas vom Gedanken Unterschiedenes entspreche.« (Holz 2011-V: 221)

Der Unterschied zwischen idealistischer und materialistischer Spekulation ist dann kein innerphilosophischer Unterschied im engeren Sinne. Es ist vielmehr der Unterschied, *wie* das Verhältnis zwischen Philosophie und (selbstbewegter) Natur, vermittelt über das Verhältnis von Philosophie und der Sphäre personaler Praxis begriffen wird. Dabei kann sowohl bei idealistischer als auch bei materialistischer Version in keinerlei Sinn von einem göttlichen Demiurgen die Rede sein, weil, spekulativ begriffen, das Verhältnis von Philosophie und Welt kein Verhältnis zwischen zwei für sich bestehenden Entitäten, sondern ein innerweltliches Verhältnis einer für sich bestehenden Natur ist.

Hier ist exakt der Ort, an dem das Widerspiegelungstheorem für Holz entscheidend und grundlegend ist – bei allen anderen Bedeutungen und bei allen anderen innerphilosophischen systematischen Orten, die dieses Theorem auch darüber hinaus an- und einnehmen mag. Genau deshalb wiederum ist für den philosophischen Marxisten Holz die Bezugnahme auf Engels' Dialektik der Natur als Theorie der Bewegungsformen (exemplarisch: Holz 2011-V: 323–471, insbes. 408–411) und auf Lenins Insistieren auf dem Widerspiegelungstheorem, das Hegel ›vom Kopf auf die Füße‹ stelle (exemplarisch ebd. 472–549), konstitutiv. Besonders bemerkenswert ist, dass Holz auf dem entscheidenden Unterschied von idealistischer und materialistischer Spekulation gerade nicht aus rein innerphilosophischen Gründen beharrt (und beharren kann); vielmehr gibt es einen philosophischen Unterschied, der als solcher gleichsam normativ aufgeladen ist, weil er praktisch relevant ist, nämlich die Rolle des einzelnen Naturseienden und folglich auch der einzelnen Person. Hier ist Holz bis in die Haarspitzen hinein Leibnizianer, und ganz im selben Sinne des Festhaltens an der Substantialität des Einzelnen bescheinigt er Marx, immer Aristoteliker geblieben zu sein. Ausgehend von Marxens Kritik an Hegels Staatsrecht (Holz 2011-V: 324 f., 339 ff.) stellt sich das Verhältnis von Philosophie und Natur, gemessen an dieser Substantialität des Einzelnen, wie folgt dar:

> »Die Idealität jeder Theorie des Allgemeinen gerät gegenüber der Realität des Einzelnen ins Unrecht, die bloße Vorstellung von der Realität des Einzelnen bleibt aber ohne Theorie des Allgemeinen am Schein begriffsloser Wahrnehmung haften. Marx hat von der Kritik an Hegel das Motiv aufgenommen, den Seinsprimat und die eigentliche Wirklichkeit des Einzelnen nicht preiszugeben, und daran hat er, als an einer Grundlage jedes Materialismus, Zeit seines Lebens festgehalten. Anders jedoch als die Bewusstseinsphilosophen, die ihr Rüstzeug aus dem Arsenal Fichtes holten, anders auch als die irrationalistischen Willens- und Existenzphilosophen, wie der späte Schelling und Kierkegaard, blieb Marx Aristotoleliker: Die reale Einzelheit ist das Dieses-da (*tode ti*) der ›ersten Substanzen‹ (Aristoteles), diese sind logisch wie ontisch das Erste, das Fundament, von dem keine Begriffsontologie absehen darf, will sie sich nicht in den luftigen Gespinsten eines bloß ideellen Seins verfangen. Es war der einhellige Vorwurf der nachhegelschen Generation, dass Hegel dieser Gefahr nicht entgangen sei.« (Ebd. 325 f.)

6 Sich-Ausdrücken, auch metaphorisch streng. Kleist – Holz – König

Metaphysiken erweisen sich als Modellentwürfe, die im Entwurf ihren Gegenstand erst erzeugen – und zwar nicht in seinem gegenständlichen Sein, wohl aber in seiner begrifflichen Gestalt, nicht in seinem Dasein, aber in seinem Sosein. Metaphysiken sind Theorien, deren Gegenstand – der bestimmte Zusammenhang von Phänomenen – erst durch sich selbst hervorgebracht wird. Das macht sie zweideutig, ja dubios. […] Bezeichnet ein Empirist es als eine Fiktion, so kann dieser Einwand nicht durch Hinweis auf die Sache selbst widerlegt werden.
Holz 2005: 145

Falls auch Noch-nicht-Seiendes wirklich ist – also ist, obwohl es noch nicht als Gegebenes besteht (s. o., Kap. 2.3) –, dann muss es anders zum Ausdruck kommen als wirklich Gegebenes. Gegebenes kann auf Ist-Feststellungen gebracht werden, aber Noch-nicht-Seiendes kann sich nur (an Gegebenem) zeigen. Wer neben Ist-Feststellungen keine anderen wahrheitsdefiniten Ausdrucksweisen kennt oder deren Existenz nicht wahrhaben will, der kann auch kein Noch-nicht-Sein kennen. Und umgekehrt: Wer Noch-nicht-Seiendes anerkennt, der nimmt in Kauf, dass Ausdrucksweisen, in denen sich etwas zeigt, in anderer Weise wahr oder falsch sein müssen, als Ist-Feststellungen es sind. Gewöhnliche Ist-Feststellungen kommen dann an ihre Grenze – und es stellt sich die Frage von *Macht und Ohnmacht der Sprache*, so der Titel des Buches von Holz zu Kleist (Holz 1962).

Am Fall der Metaphorik kann sich eine Ontologie des Noch-nicht-Seins bewähren. In der Standardversion handelt es sich bei Metaphorik um uneigentliche Rede. Im besseren Fall schmückt sie eine eigentliche Rede – so oder so könne man das eigentlich zu

Sagende aber auch schmucklos sagen. Eine Ontologie des Noch-nicht-Seins wird der Vermutung nachgehen, dass Metaphorik darin nicht aufgeht, sondern in eigener Weise wahrheitsdefinit ist. Holz hat das Thema daher von Bloch geerbt (Holz 1955), aber durch Überlegungen von König zur Rolle von Metaphern und durch dessen konkrete Analysen am Beispiel der Spiegel-Metapher wesentlich geschärft (Holz 2005: Kap. 10–12).

6.1 Die Eigenbedeutsamkeit der Darstellung

Einmal angenommen, man mache die folgenden beiden Prämissen mit, nämlich: 1.: Es gibt für uns keinen unvermittelten Zugang zu dem, was wahlweise Ontisches, Physisches, Natur, Gegebenes, Welt heißt, sodass sich jede ausschließende Entgegensetzung von unseren Überzeugungen einerseits und der Wirklichkeit andererseits als »logisch verwirrt« erweist (Stekeler-Weithofer; s. o., Kap. 5, Anm. 3), oder auch: Welt und Dinge in der Welt, und auch deren (Un-)Wahrheit, sind uns je nur in deren Darstellung gegeben. 2.: Der Marxismus ist eine wissenschaftliche Anschauung von Welt. Dann, also unter Voraussetzung dieser beiden Prämissen, ist die Darstellung einer Sache kein unschuldiges bloßes Transportmittel sachgemäßer Erfahrung, sondern ein eigenbedeutsames Moment welthaltiger Erfahrung. Wissenschaft hat dann auf drei Momente zu reflektieren: i) auf die Wirklichkeitstreue der dargestellten Erfahrung (»Objektivität«), ii) auf die methodisch abgesicherte Distanziertheit der Darstellung vom Darstellenden (»Unparteilichkeit«) und iii) auf die dem Gegenstand angemessene Form der Darstellung. Beispielsweise ist es kein Zufall, sondern seinerseits eine wissenschaftliche Einsicht, dass die Physik als messende Wissenschaft angemessen in der Sprache der Mathematik dargestellt wird und darzustellen ist.

Während es (innerwissenschaftlich) im Hinblick auf die ersten beiden Momente im Wesentlichen keinen Streit gibt (sondern sehr unterschiedliche Auffassungen, was das genau heißen soll), scheiden sich am dritten Moment nach wie vor die Geister. Hier blühen immer noch Reduktionismen aller Art. Den einen gilt Wissenschaft nur dann als wissenschaftlich, wenn sie in eine mathematische Darstellungsform gebracht ist – und folglich gilt dort auch die wissenschaftliche Interpretation eines Gedichts, die offenkundig nicht mathematisch dargestellt sein kann, als »Dichtung«, nicht aber als Wissenschaft. Daraus schließen andere, dass Wissenschaft zunächst einmal die Form der Alltagssprache anzunehmen habe – in einer programmatisch rein mathematischen Darstellung verberge sich recht eigentlich die Leugnung der lebensweltlichen Fundierung einer solchen Wissenschaft zugunsten eines Herrschaftsimpulses über ihren Gegenstand. Wiederum anderen werden solche Debatten wahlweise zu anstrengend oder zu bunt, sie tun tolerant und geben sich damit zufrieden, dass jede Wissenschaftssubkultur selber entscheiden könne, wie sie ihren Gegenstand darstellt, und können deshalb die Frage der Angemessenheit der Darstellung nicht mehr stellen, geschweige ihrerseits wissenschaftlich beantworten wollen.

Holz steigt aus solchen Reduktionismen aus, indem er (am Fall des spekulativen Sprechens) auf der Eigenbedeutsamkeit der Darstellung insistiert. Sein Argument ist schlicht: Es gibt Fälle, bekannt auch lange vor Austin, von Performativa, in denen der Gegenstand erst im Darstellen entspringt: »Ich taufe dich auf den Namen *Titanic*«. In diesen Fällen ist sozusagen doppelt klar, dass es keinen Gegenstand vor aller Darstellung gibt. Im allgemeinen Fall (unter Voraussetzung jener beiden Prämissen) kann man immerhin noch auf ein ontisches Gegebensein verweisen, also auf ein bestehendes Etwas, das in der Darstellung zum Ausdruck komme. Welthaltigkeit ist in diesen Fällen (immerhin) durch ein Gegebenes gesichert. Es ist dies die Wette auf ein in jeder Erfahrung wirksames Ontisches, was die Darstellung einer Erfahrung kontingent, aber nicht willkürlich macht. In den Fällen von Performativa entfällt aber endgültig die Möglichkeit, dass der Verweis auf ontisch Gegebenes ein Wahrmacher einer einzig angemessenen Darstellung sein könnte. Denn dann, wenn der Gegenstand erst im Darstellen ist, geht der Hinweis auf ein Gegebenes ins Leere. Das macht Performativa (und alles Noch-nicht-Sein, das wirklich, aber nicht bestehend ist) »dubios«, denn die Angemessenheit von deren Darstellung kann sich (endgültig) nur zeigen, aber nicht in Ist-Aussagen festgestellt werden. Hier verbietet sich auch (endgültig) die Vorstellung, man könne die Angemessenheit einer Darstellung durch eine asymptotische Annäherung ans ›Wirkliche‹ begreifen. Solche Darstellungen sind im gelungenen Fall »treffend« oder institutionell normiert.

Hier scheiden sich dann tatsächlich, und bis heute, die Geister, und dies auch oft sehr unscheinbar. Hier gibt es ein klares Entweder-Oder. Entweder man nimmt die Darstellung einer Erfahrung als ein nötiges Vehikel der Mitteilung von Erfahrungen – oder man nimmt die Darstellung als das notwendige Medium, in dem Erfahrungen gemacht werden (können). Dass dieses Entweder-Oder unscheinbar daherkommen kann, sieht man bereits an dem feinen logischen Unterschied von nötig und notwendig (s. o., Kap. 5). Niemand kann und wird bestreiten, dass es nötig ist, unseren Erfahrungen einen Ausdruck zu geben, um uns selbst und anderen diese Erfahrungen mitzuteilen. Das ist tatsächlich eine Trivialität, und nur einige Stilblüten der Neuen Phänomenologie kennen heute noch Fälle einer ›ganz in echt authentischen‹ Erfahrung, die angeblich durch jeden Ausdruck verfälscht würde. Wenn man aber nur diese Trivialität betont, und diese sogar für ein Argument hält, dann sagt man nichts weiter als: Die eigentliche Erfahrung ist nackt (oder roh oder rein), und sie bedarf eines Kleides, in das man sie hüllen muss, um sie mitteilbar zu machen. Der historische Ort dieser Position ist der Nominalismus von Hobbes.[12] Es ist demgegenüber ein Unterschied ums Ganze, wenn man die Darstellung ein notwendiges Moment der Erfahrung selbst sein lässt. Dann kann man nicht mehr durch die Darstellung (im mathematischen Sinn) kürzen, um (»idealerweise«, wie man dann gerne sagt) eine nicht dargestellte Erfahrung selbst zum Maßstab der Angemessenheit ihrer Darstellung zu machen. Der historische Ort dieser Position ist das Organon-Modell der Sprache, von Platon über Vico und Humboldt zu Cassirer und vielen anderen. Der Unterschied zwischen einem Nominalismus und einem Organon-Modell der Sprache kann so fein sein, dass selbst die Vertreter*innen des Or-

12 »Die Natur des *Namens* besteht daher in erster Linie darin, daß er ein zum Zwecke der Erinnerung verwendetes Merkzeichen ist; dazu kommt aber nebenher, daß er auch zur Anzeige und Bekanntmachung dessen gegenüber anderen dient, was wir in der Erinnerung festhalten.« (Hobbes 1655: 28)

ganon-Modells ihn nicht begreifen: Wenn nämlich die Darstellung lediglich nötig ist, dann ist, zum Beispiel, erst die Mitteilung der Erfahrung ein soziales, ein mitweltliches Phänomen; wenn die Darstellung aber notwendiges Moment einer Erfahrung ist, dann ist die Erfahrung selbst ein soziales, ein mitweltliches Phänomen, denn es gibt keine Darstellung, die nicht irgendeine miteinander geteilte ›Sprache‹ in Gebrauch nimmt. Selbst Debatten zur sogenannten Wir-Intentionalität können an diesem Punkt noch vorbeiargumentieren, wenn sie (lediglich) aufzeigen wollen, dass wir uns unsere Erfahrungen immer nur gegenseitig mitteilen können (vgl. dagegen Moll & Stekeler-Weithofer 2021). Wie gesagt: Das Organon-Modell insistiert darauf, dass es außerhalb von Darstellungen keine (sinnvolle Rede von) Erfahrungen gibt, weshalb es eben nur dargestellte Erfahrungen gibt, die also rein als solche, und nicht erst im Akt des Mitteilens, mitweltliche Phänomene sind. Für das Organon-Modell verbietet sich jeder methodische Individualismus in Bezug darauf, was eine Erfahrung zu einer Erfahrung macht. In diesem Modell ist eine Erfahrung nicht zuerst die Erfahrung des Erfahrenden, die man dann, logisch sekundär, zu einer Man-Erfahrung verallgemeinern könnte; sondern umgekehrt: Der unaufhebbare Eigen-Sinn einer individuellen Erfahrung ist hier überhaupt nur denkbar als Modifikation von Man-Erfahrungen.

Dass sich hier die Geister scheiden, nimmt gelegentlich verstörende Formen an. Selbst zwischen Holz und Hacks lauert hier ein Abgrund, über den sie sich maximal respektvoll und stilvoll verständigen (vgl. Hacks & Holz 2007), den sie aber nicht beseitigen konnten. Verstörend ist das deshalb – und nicht einfach ein Fall der Selbstverständlichkeit von unterschiedlichen Positionierungen –, weil man gerade Peter Hacks nun wahrlich nicht darüber belehren muss, welche fundamentale Rolle die (Form der) Darstellung spielt. Dennoch ist Hacks gelegentlich nicht bereit, diese Eigenbedeutsamkeit der Darstellung auch für ein eigenbedeutsames Moment der Wahrheit zu nehmen. In manchen Fällen – das Paradebeispiel: Romantiker – ist Hacks nicht bereit, ein gutes Haar an der Darstellung zu lassen, weil er das Dargestellte verachtet. In seiner Sicht können Romantiker nicht emanzipatorisch darstellen, ganz egal wie und in welcher (vermeintlichen) Güte sie darstellen, weil deren Dargestelltes ein Beitrag zur Vernebelung sei. Und hier macht Hacks einen Punkt als Ende der Debatte und lässt nicht weiter mit sich reden. Demgegenüber insistiert Holz darauf, dass man auch beim Romantiker Kleist in emanzipatorischer Absicht etwas lernen kann, ja muss. Die Darstellung »ist alsdann keine Fessel, etwa wie ein Hemmschuh an dem Rade des Geistes, sondern wie ein zweites, mit ihm parallel fortlaufendes, Rad an seiner Achse« (Kleist 1805/06: 322; zit. bei Holz 1962: 47).

6.2 Kleist: Die allmähliche Verfertigung von etwas im Vollzug

> »Aber weil ich doch irgend eine dunkle Vorstellung habe, die mit dem, was ich suche, von fern her in einiger Verbindung steht, so prägt, wenn ich nur dreist damit den Anfang mache, das Gemüt, während die Rede fortschreitet, in der Notwendigkeit, dem Anfang nun auch ein Ende zu finden, jene verworrene Vorstellung zur völligen Deutlichkeit aus, dergestalt, daß die Erkenntnis, zu meinem Erstaunen, mit der Periode fertig ist.« (Kleist 1805/06: 319 f.; zit. bei Holz 1962: 46)

»Etwas ganz anderes ist es wenn der Geist schon, vor aller Rede, mit dem Gedanken fertig ist.« (Kleist 1805/06: 322) Holz betont *nicht*, dass hier von *dunklen* Vorstellungen die Rede ist, sondern er sieht es so:

> »In seinem Aufsatz *Über die allmähliche Verfertigung der Gedanken beim Reden* stellt Kleist zwei Möglichkeiten des Sprechens einander gegenüber: die Rede als ein Mittel, den Gedanken auszubilden, und als die Aussage eines bereits fertigen Gedankens. Der erste Aspekt ist der ungewohnte und wird darum breiter ausgeführt. Denn daß man reden könne, ohne bereits etwas gedacht zu haben, scheint in der Tat unerhört. […] Kleists Beispiel, die ›Donnerkeil-Rede‹ Mirabeaus in der Nationalversammlung vom 23. Juni 1789, zeigt, wie der Gedanke sich von Wort zu Wort assoziativ bedeutungsvoll aufschwingt: […]. Jedoch nicht nur der theatralische Anlaß der hochpolitischen Haupt- und Staatsaktion läßt die Rede in drama-

> turgischer Bewegung aufgipfeln. Jedes Sprechen, in dem die Gedanken erst zu sich selbst kommen, hat eine ähnliche Struktur.« (Holz 1962: 45 f.)

Der Bloch-Schüler einer Ontologie des Noch-nicht-Seins muss hier fasziniert sein. Das Dunkle der Vorstellung steht hier nicht stellvertretend für irrationale Vorstellungen, sondern für die wirkliche und wirksame, wenn auch nicht schon bestehende Möglichkeit des Ausdrucks: Dass eine Rede nicht beginnen könne, wenn sie nicht schon in etwa, also der Möglichkeit nach, weiß, was sie sagen will, um sich dann und dadurch aber selbst überraschen zu können. Denn nach der Rede ist die dann auch bestehende Rede zu sich selbst gekommen, denn nun ist wirklich gesagt, was vorher schon im Modus der Antizipation bestimmt, aber der Rede selbst noch unbekannt, gesagt sein wollte. Das Erstaunliche liegt darin, dass eine solche Rede nicht lediglich ein Klärungsprozess ist – solche Rede bringt nicht nur einfach Licht ins Dunkle und belässt das, was gesagt sein will, bei dem, was es auch schon vorher war. Der Vollzug solcher Rede ist vielmehr ein Prozess, der die Bedeutung des Gesagten modifiziert und reicher macht. – »Etwas ganz anderes ist es wenn der Geist schon, vor aller Rede, mit dem Gedanken fertig ist.«

Und geradezu vergnüglich und philosophisch-systematisch entzückend daran ist, dass Kleist das selbst vorführt, was er behaupten will: »Kleist hat den Beweis seiner These geliefert, indem er sie formuliert.« (Holz 1962: 47) Das Unerhörte, etwas sagen zu können, ohne es vorher zu Ende gedacht zu haben, wird als angemessenes Verständnis der Rolle von Sprache dadurch aufgezeigt, dass die These von der allmählichen Verfertigung der Gedanken beim Reden Schritt für Schritt formuliert wird:

> »Aber weil ich doch irgend eine dunkle Vorstellung habe, die mit dem, was ich suche, von fern her in einiger Verbindung steht, so prägt, wenn ich nur dreist damit den Anfang mache, das Gemüt, während die Rede fortschreitet, in der Notwendigkeit, dem Anfang nun auch ein Ende zu finden, jene verworrene Vorstellung zur völ-

ligen Deutlichkeit aus, dergestalt, daß die Erkenntnis, zu meinem Erstaunen, mit der Periode fertig ist.«

6.3 König: Der Vollzugscharakter des Logos

Die Texte von Josef König muten hermetisch an. Sie wollen ausschließlich zur Sache reden, sie verwischen daher, offenkundig absichtsvoll, einen Großteil der Spuren, die erklärlich machen, warum sie gerade so, und nicht anders, zur jeweiligen Sache reden. Aber auch König ist kein atomistischer Einzeldenker. Er hat teil an einem Projekt, dass man eine hermeneutische Lebenslogik nennen kann (vgl. Bollnow 1964, 1983). Um nur drei der Spuren explizit zu machen: König war Schüler von Georg Misch; es gab enge Bezugnahmen auf Bruno Snell (etwa auf Snell 1946, 1952), für den seinerseits unter anderem Heraklit eine zentrale Bezugsgröße war, dokumentiert in einer eigenen Übersetzung (Heraklit 1926); nicht zuletzt gab es freundschaftliche und sachliche Deckungen mit Plessners Projekt einer Philosophischen Anthropologie (König & Plessner 1994). Gerade an den Themen Logos, Logik, Sprache, Anthropologie nimmt Holz solche Spuren auf, dokumentiert etwa in seinen Arbeiten zu Heraklit (Holz 1971; Holz 2011-I: 206–226), in der Wertschätzung gegenüber Snell und dem Respekt gegenüber Bollnow, in dem Buch zu Plessner (Holz 2003a).

Die Möglichkeit, den sachlichen Zusammenhang König-Misch zu sehen, ist 1994 durch eine Veröffentlichung aus dem Nachlass von Misch auf eine vollkommen andere Basis gestellt worden (Misch 1994; zuvor vgl. aber König 1967). Die Reichhaltigkeit dieser *Göttinger Vorlesungen* kann hier nicht ausgeschöpft, geschweige auf einen Merkvers gebracht werden. Es geht stattdessen um eine Skizze des Projekts einer hermeneutischen Lebenslogik als Basis und Ausgangspunkt auch der Arbeiten von König.

Das zentrale Anliegen von Misch liegt darin, eine Engführung des Programms von Dilthey zu verhindern. Es könne einer Hermeneutik als einem Programm des Verstehens von Ausdrucksgestalten nicht nur – so eine übliche Lesart des Anliegens von Dilthey – um eine geisteswissenschaftliche Ergänzung einer vermeintlich bereits geleisteten Grundlegung der Naturwissenschaften gehen. »Die eigentliche Intention muß tiefer liegen.« (Misch 1923: XIX, vgl. ebd. XXII) Deshalb habe die Hermeneutik nicht bloß den speziellen Sinn einer »Theorie der Auslegungskunst« als »Methodenlehre der Geisteswissenschaften«, sondern primär »einen umfassenden Sinn, in dem wir sie gleichsam hier in dem grundlegenden Teil der Logik antreffen, wo sie zur Bedeutungslehre gehört« (Misch 1994: 567). Das grundlegende Prinzip einer solchen Logik ausgedrückter Bedeutungen ist das der Verbindlichkeit der Unergründlichkeit (Misch 1929/30: 50 f.). Dieses Prinzip setzt zwei Akzente: i) Unergründlichkeit: Nicht alles Wissen ist in den Zeilen, letztlich in formaler Sprache feststellbar und direkt übertragbar, sondern Wissen kann einen über Feststellbarkeiten hinausgehenden ›Überschuss‹ haben, der zwischen den Zeilen steht, ii) Verbindlichkeit: Solches Wissen von Unergründlichem ist kein Beleg für die »Kraftlosigkeit des Wortes« (Misch 1994: 81) oder für eine im engeren Sinne »Ohnmacht der Sprache«, denn auch Unergründliches kommt zum Ausdruck, wenngleich zwischen den Zeilen. Misch wendet sich damit gegen »alle die Philosophen, die von der Mystik irgendwie berührt sind« (ebd. 80), um ihnen entgegenzuhalten:

> »Wir müssen hier scheiden zwischen Unaussprechlichkeit und Unaussagbarkeit [...]. Es muß doch der, der so [vom Unaussprechlichen] spricht, dasjenige in Sicht haben, im geistigen Blick haben, wovon er erklärt: es auszusagen, reichen die Worte der Sprache nicht aus. Eben damit, daß er es als unaussagbar bezeichnet, fixiert er es doch, deutet hin auf es [...]. Es handelt sich da um ein Wissen, das nur nicht direkt übertragbar ist wie ein pädagogisch zurechtgemachter Lehrsatz. Realisierung ist erfordert, aber die Worte können hinführen zu ihr. [...] Das Unaussagbare bezeichnet nur die äußerste Grenze des Aussprechbaren und nicht einen Gegensatz desselben. [...] Aber auch noch an dieser äußersten Grenze des sprachlichen Ausdrucks bleibt erhalten und tut sich uns auf das, was wesensmäßig zum Ausdruck überhaupt dazugehört: das ist nichts anderes als: Sinn und Bedeutung.« (Ebd. 81 f.)

Folglich unterscheidet Misch generell innerhalb des Ausdrückbaren zwischen dem direkt (= im engeren Sinne) Ausdrückbaren und dem damit mitgegebenen Ausgedrückten, das sich am Ausdruck zeigt und (nur) zeigen kann. So unterscheidet Misch innerhalb der diskursiven Rede die im engeren Sinne diskursive von der evozierenden Rede (ebd. 421 ff.). In die Triftigkeit und Konsistenz dieser Unterscheidung gehen zwei zentrale Annahmen ein. Zum einen ist der Grundbegriff dieser Lebenslogik der des Ausdrucks, nicht der des Erlebens. Misch macht damit stark, dass eine »Theorie des Wissens« mit Bedeutungen zu tun hat, und dass uns Bedeutungen öffentlich und mitweltlich im Ausdruck gegeben sind. Bedeutungen entstehen also, so Misch, nicht in einer Innenwelt erlebender Personen, um dann sekundär erst noch einen Ausdruck zu suchen. Misch stellt um von einer Erlebnis-Hermeneutik auf eine Ausdruckshermeneutik. »Kurz: wir bewegen uns in einer Ausdruckswelt und nicht in einer Erlebniswelt.« (Ebd. 78) Zum anderen gibt es eine zwar sehr leise, aber doch fulminante Umstellung auf den Vollzugscharakter des Logos (ebd. 106–123). Misch beruft sich auf Heraklit und wendet dessen Verständnis des Vollzugscharakters selbst noch gegen Heidegger. Der Vollzugscharakter des Logos liege gerade nicht nur »im *Vernehmenlassen* des Seienden«, so Heidegger, also nicht nur darin, etwas (wieder) hörbar zu machen, was schon fix gegeben ist (ebd. 120). Vielmehr kann es sein, dass im Vollzugscharakter des Logos Bedeutungen erst zu sich kommen und in solchem Vollzug reicher werden. »Deshalb ist die sprachliche Ableitung, die Heidegger gibt, metaphysisch verfehlt.« (Ebd.) Diese grundsätzlich verschiedenen Verständnisse von ›Vollzug‹ können mit Misch und König auch als Unterschied von geschichtlicher und linearer (oder organischer) Kontinuität bestimmt werden (vgl. König 1967: 164–174). Insofern wird man dem Grundansatz von Misch nur gerecht, wenn man mitlaufen lässt, dass dort nicht eigentlich von Ausdruck, sondern vom Vollzug des Ausdrückens, vom Sprechen, vom Reden, und zwar je im Sinne einer geschichtlichen Kontinuität, die Rede ist.

Der Zusammenhang zur Diskussion zwischen Hacks und Holz könnte expliziter gar nicht sein. Das Programm von Misch ist ein Programm *gegen* die Romantiker:

> »Man könnte an dieser Universalität der Ausdrucksmöglichkeit des Innern nur irre werden, wenn die Romantiker recht hätten, die von dem gestaltlosen, bild- und wortlosen menschlichen Innenleben als einer formlosen und strukturlosen rein intensiven gärenden und strömenden Lebendigkeit sprechen, die durch jeden Ausdruck festgemacht, verfestigt und damit verfälscht werde. Aber das ist eine romantische Theorie, die den mystischen ekstatischen religiösen Erlebnissen entnommen ist und zwar einer bestimmten Auslegung dieser Erlebnisse, von einem vorgefaßten Begriff des religiösen Lebens aus, wonach das religiöse Erlebnis etwas rein Subjektives in einem isolierten Binnenleben des Ichs ohne ursprünglichen Bezug zur Gemeinschaft wäre. Aber so gefaßt wäre es dann auch nichts universal Geistiges mehr. Das ist ein unhaltbarer Begriff von Leben, da zum Leben als Geistigem wesentlich gehört die Beziehung von Tun und Wissen um den Sinn dieses Tuns.« (Ebd. 79)

Aber dazu wiederholt und bestätigt dieses Programm Kleists Grundgedanken einer allmählichen Verfertigung im Vollzug:

> »Es ist nicht so, daß man beim Reden erst den Gedanken hätte und ihm dann den sprachlichen Ausdruck wie ein Gewand überzöge, sondern der werdende Gedanke gestaltet sich in und mit dem sprachlichen Ausdruck, klärt sich selber erst in der Verkörperung durch den Ausdruck auf. Das Finden des rechten Ausdrucks, des eigentlich bezeichnenden Ausdrucks, ist zugleich ein Sichfinden des Gedankens selber, ein Bestandteil der produktiven Denkbewegung.« (Ebd. 136)

Die Wette, die Misch eingeht, ist also die auf den Vollzugscharakter des Logos, verstanden als Ausdruck der Performativität einer bestimmten Idee des Lebens – deshalb eben Lebenslogik. ›Leben‹ ist dort das topologische Äquivalent dessen, was im Marxismus die Idee ›Praxis‹ ist:

> »Dem Leben selber ist eine innere Bewegung eigen, die über das theoretische, bloß zuschauende Verhalten hinausreicht und dieses erst aus sich entläßt, eine Bewegtheit, in der die Dinge uns be-

glücken und auf uns drücken […] [was] zu den Umständen unseres Daseins gehört, in denen wir leben, denen gegenüber wir nicht bloß Zuschauer sind. […] Überall die Lebensbezüge, und wo ein Gegenstand in einem Lebensbezug steht, hat er seine Bedeutsamkeit.« (Ebd. 577 f.)

König spitzt nun dieses Prinzip der Verbindlichkeit der Unergründlichkeit in einem wichtigen Aspekt zu. Misch kann man, wenn auch mit sehr vielen Vorbehalten, so verstehen, dass die Unterscheidung zwischen im engeren Sinn diskursiver und evozierender Rede noch eine Bereichsunterscheidung ist, geschuldet verschiedenen Sorten von Gegenständen. Diese Möglichkeit, Misch zu verstehen, würde darauf abzielen, dass es eine Spezifik bestimmter Gegenstände, der von Misch so genannten »hermeneutischen Gestaltungen« (ebd. 502 f., 511), ist, die letztlich den Unterschied zwischen diskursiven Feststellungen und evozierenden Ausdrücken bedingt. Das wäre zugleich eine Absage an eine Ontologie des Noch-nicht-Seins und ein Selbstwiderspruch zur Wette auf geschichtliche Kontinuitäten. Dem Ausdruck vorgelagerte Gegenstände können nicht im Ausdrücken erst werden. König nimmt deshalb und dagegen den Grundgedanken von Misch ernst, dass die innerdiskursive Polarität von Diskursivem im engeren Sinn und Evozierendem zum logischen Grund jedes Ausdrückens gehört. Wenn dem so wäre, müsste sich jene Polarität auch innerhalb der im engeren Sinn diskursiven Rede zeigen – und um genau diesen Aufweis bemüht sich König in *Sein und Denken* (König 1937). Er trifft dort eine Binnenunterscheidung von Prädikationen, nämlich die von determinierenden und modifizierenden Prädikationen. Um dieses Verhältnis bestimmen zu können, benötigt er eine Logik der Dreiheit, denn eine polare Dualität ist nur im Medium einer dritten Bestimmung überhaupt eine wohlbestimmte Unterscheidung (und, z. B., kein Dualismus). Wesentlich für eine solche Logik der Dreiheit aber ist, dass die je dritte Bestimmung – also das Medium, in dem die duale Polarität lebt – nicht substantialisierbar ist: Diese dritte Bestimmung ist gegenüber den beiden Bestimmungen der Polarität eigenbedeutsam, aber nicht eigenständig. Man kann hier von einer medialen Logik sprechen oder aufgrund der von König in seinem Leibniz-Aufsatz (König 1948) vorgenommenen eigenen Verortung auch von einer spekulativen Logik. Die Hegel'sche Figur des Übergreifens ist genau von dieser Logik: Die Polarität von Allgemeinem und Besonderem ist eine solche innerhalb eines Dritten, hier des Allgemeinen selbst. Die Besonderheit des Übergreifens liegt also darin, dass die Möglichkeit der Eigenständigkeit dieses Dritten ausgeschlossen und zugleich dessen Eigenbedeutsamkeit gewährleistet ist dadurch, dass einer der beiden Pole zwei verschiedene Rollen spielt: die Rolle des Gegenpols und die Rolle des übergreifenden Mediums.

6.4 Prototypische Ausdrücke

Will man nun eine solche Logik der Dreiheit plausibel machen, steckt man in einer ersichtlich zirkulären Begründungsstruktur: Die Eigenbedeutsamkeit des Mediums ist eine logische Mitte, denn sie ist weder reduzierbar auf die Bedeutungen der beiden Pole, noch ist sie eine eigenständige, außer und neben den beiden polaren Bedeutungen gegebene zusätzliche Bedeutung. Die eigene Bedeutung des Mediums entspringt sozusagen im Vollzug der Logik des polaren Verhältnisses. Zirkulär ist diese Begründungsstruktur insofern, als man an eine solch logische Mitte appellieren muss, um sie aufzuzeigen. Das ist, gemeinhin, ein klassischer Kandidat für einen Fehlschluss, für eine schlechte Zirkularität. König findet eine Lösung – also eine erkenntniserweiternde Zirkularität – in Situationen der »Selbstinterpretation« (König 1937: Kap. 5; vgl. Misch 1994: 562–565). König sucht und findet Ausdrücke, die die je fragliche logische Struktur nicht nur veranschaulichen – also nicht nur schmücken –, sondern diese fragliche Struktur selbst aufweisen. So zeigt er, dass die Metapher des Spiegels nicht nur einen Selbstunterschied sprachbebildert, sondern der Prototyp eines Selbstunterschieds ist, und insofern selbst ein Selbstunterschied *als veranschaulichter* ist. Das rechtfertigt die Rede von einer notwendigen Metapher. Wer die Metapher des Spiegels als metaphorischen Ausdruck eines Selbstunterschieds nutzt, kann aus Gründen der Sache nicht auf einen ganz anderen Ausdruck zurückgreifen, um zu sagen, was einen Selbstunterschied ausmacht. Um die gedankliche *Forderung*, die einen Selbstunterschied ausmachen möge, auszudrücken, kann man möglicherweise auch auf andere Metaphern zurückgreifen und auch auf unmetaphorische Rede. Aber wenn man begründen will, dass ein Selbstunterschied eine logische Wirklichkeit ist, und nicht bloß eine gedankliche Forderung, bedarf es eines Ausdrucks, der ein Selbstunterschied als ausgedrückter ist – in diesem Fall in Form der notwendigen Metapher ›Spiegel‹. König kennt darüber hinaus die Metapher des Weckens als notwendige Metapher einer geschichtlichen, statt bloß linearen, Kontinuität (s. o.), und er kennt den Ausdruck ›Geist (einer Gemeinde)‹ als notwendige Idee des logischen Sachverhalts medialer Vermitteltheit.

Notwendige Metaphern und Ideen in diesem König'schen Verständnis, und auch metaphysische Modelle im Sinne von Holz, können als Prototypen charakterisiert werden. Prototypen sind eine ausnehmend besondere Form von Beispielen. Sie sind, in Königs Terminologie, »mehr als bloß« Beispiele. Jedes Beispiel, und so auch ein Prototyp, ist ein Doppeltes, nämlich ein konkret und bestimmt Beispielhaftes, das als Beispiel zugleich ein Allgemeines mitsagen muss, nämlich das, wofür es ein Beispiel ist. »Ein Apfel« ist als solches noch kein Beispiel – ein Beispiel ist diese Rede nur, wenn klar ist, dass sie beispielhaft für etwas, etwa für Obst, steht. Bei Prototypen nun ist dieses Doppelte in einer besonderen Weise realisiert. Prototypen sind nicht arbiträr austauschbare Beispiele – so, wie »eine Birne« einfach ein anderes Beispiel für Obst ist. Prototypen sind vorbildliche Beispiele; sie machen in irgendeinem Sinne geltend, in einem ausgezeichneten Sinne beispielhaft für das in ihnen verkörperte Allgemeine zu stehen. Sie machen ein Prinzip sichtbar, sie stiften ein Beispielhaftes und zugleich einen Maßstab für eine gewisse Güte der Struktur dessen, wofür es als Beispiel steht. Ein Prototyp dessen, was *Prototyp* hier meint, ist das, was man unter dem Namen »Prototyp« auf Automobilausstellungen zu sehen bekommt. Solche Prototypen verkörpern ein Paradigma, ein Muster dessen, worum es geht. Ein solcher Prototyp ist nicht gut im Sinne der Straßentauglichkeit, und in *dieser* Hinsicht wird man alle späteren PKWs, die nach diesem Muster hergestellt werden, gleichsam nicht wiedererkennen. Ein solcher Prototyp ist vielmehr dann gut, wenn er eine Grundidee veranschaulicht. Er leuchtet dann ein und ist evident – sei es evident dafür, eine gute Idee zu sein, oder dafür, dass es so ›gar nicht geht‹. Karikaturen verfahren ähnlich: Sie stellen bestimmte Züge des Karikierten evident heraus.

Als Formel gesagt: Prototypen stiften in der Angabe eines Beispiels ein Maß für das Beispielhafte. Die ganze Schwierigkeit dieser Formel liegt darin, dass sie ihr appellatives Moment nicht loswird, und deshalb die konkrete Analyse eines Prototyps nicht ersetzen kann. In einem gewissen Sinne sind nämlich alle Beispiele schon Prototypen: Weil Beispiele mitsagen, wofür sie Beispiele sind, ist damit ein Maß gegeben, das andere Beispiele einhalten müssen, um Beispiele für dasselbe zu sein. Aber man möchte nicht sagen, dass ein Apfel zugleich das Maß für Obst stiftet, denn dann wäre zu sehr suggeriert, dass Obst rund ist. Wäre »ein Apfel« nicht nur arbiträr austauschbares Beispiel, sondern tatsächlich als Prototyp für Obst etabliert, hätte »eine Banane« es schwer, als Beispiel für Obst durchzugehen. Die sachlich korrekte Unterscheidung von Äpfeln und Bananen als verschiedene Obstsorten wäre aller Wahrscheinlichkeit nach tatsächlich eine Diskriminierung von Bananen. Deshalb sind Prototypen nicht einfach arbiträr austauschbare Beispiele, sondern sie müssen vorbildliche Beispiele sein – und man muss konkret angeben können, inwiefern prototypische Beispiele ein Vorbild für das sind, wofür sie Beispiele sind. Das heißt umgekehrt nicht, dass es nur einen einzigen Prototypen für ein bestimmtes Allgemeines gibt. Ein Prototyp ist kein arbiträr austauschbares Beispiel, aber daraus folgt nicht, dass er seine Kontingenz los ist. Karikaturen machen das besonders sinnfällig, denn es kann sehr verschiedene evidente Karikaturen derselben Person geben.

Diese Analyse von Prototypen im direkten Anschluss an König findet sich so bei Holz nicht. Aber sie kommt seinem Verständnis von notwendigen Metaphern und metaphysischen Modellen sehr nahe. Dies sei an einem Beispiel dokumentiert. Dort benutzt er sogar das Wort »Prototyp« in einem sehr verwandten Sinne:

> »Diese weiteren Bestimmungen sind in der Folge von zwei philosophischen Positionen aus geliefert worden: Einmal durch Kant […], zum anderen durch Spinoza, Leibniz und Hegel […]. Beide Ansätze führen zu unterschiedlichen Konzeptionen des aller Erfahrung als sie begründend Vorausliegenden […]. Man kann diese

> Varianten als Prototypen von Problemlösungen im Rahmen des gemeinsamen, durch Descartes angegebenen Paradigmas betrachten.« (Holz 2005, 249 f.)

Beide Varianten sind insofern Beispiele für die Lösung des durch Descartes aufgeworfenen Problems, und beide Lösungen sind typische Lösungen, weil sie ein Maß stiften: »Kant erkenntnistheoretisch, Spinoza, Leibniz und Hegel ontologisch.« (Ebd.) Damit ist mitgesagt, dass es auch andere Lösungen gab, die aber nicht als Vorbild einer Lösung wirkmächtig wurden: die (zu Recht oder zu Unrecht) vergessenen oder als epigonenhaft beurteilten Philosophien. Damit blitzt zugleich auch die Möglichkeit auf, die Geschichte gegen den Strich zu bürsten. Es könnte doch sein – und Birgit Sandkaulen tut sehr viel dafür, es aufzuzeigen –, dass mit Jacobi (oder wem sonst auch immer) ein dritter Prototyp einer Lösung der cartesischen Problemlage vorliegt.

›Natur als universelles Wechselwirkungssystem‹ ist das von Holz konzipierte metaphysische Modell des Gesamtzusammenhangs des Kosmos. Es ist nur als Performativ zu begreifen, weshalb eine Theorie des Gesamtzusammenhangs auf einen Prototypen – in diesem Fall: auf ein metaphysisches Modell – angewiesen ist. »Metaphysiken erweisen sich als Modellentwürfe, die im Entwurf ihren Gegenstand erst erzeugen […].« (Holz, s. o.)

Ein metaphysisches Modell kann nur ein kategorialer Gehalt sein. Im positivistischen Verständnis ist ein Modell des Gesamtzusammenhangs überflüssig, denn dort ist das Totum nichts weiter als die Aufsammlung aller Erfahrungsgehalte alles Erfahrbaren. Antipositivistisch dagegen ist ein metaphysisches Modell die Bedingung der Möglichkeit von Erfahrung überhaupt. Im Modell von Holz ist darüber hinaus – gegen ein aprioristisches Verständnis kategorialer Gehalte – markiert, dass dieses Modell allen Erfahrungen mitgegeben ist, denn Natur ist als Wechsel*wirkungs*system konzipiert. Kategoriale Gehalte sind, rein als solche, formale Gehalte, und folglich können sie rein als solche keine Wirkungen sein, denn Wirkungen sind keine Formen. Die Kategorie ›Wechselwirkung‹ markiert daher, dass sie mehr ist als bloße Kategorie, nämlich ein kategorialer Gehalt, der die Erfahrung von Wechselwirkungen ermöglicht. Ohne die Kategorie ›Wechselwirkung‹ wäre die Erfahrung eines universellen Wirkungszusammenhangs durchaus auch als Hin-und-Her-Wirken zwischen Seienden erfahrbar. Insofern ist nicht nur dieses metaphysische Modell, sondern auch dessen Kategorie ›Wechselwirkung‹ ein Prototyp: ein kategorialer Gehalt als erfahrbarer. Oder mit Bloch: Kategorien als Daseinsformen. Deshalb kann Holz sein metaphysisches Modell auch äquivalent formulieren: Natur als universelles Widerspiegelungssystem. Der Spiegel ist ein Doppeltes von physischem Verhältnis und Ausdrucksverhältnis – damit erfüllt er die Voraussetzung, sich als notwendige Metapher für Wechselwirkungen erweisen zu können.

> »Wenn die Tatsache der Erfahrung und ihrer Struktur nicht wiederum ableitbar, sondern originär gegeben ist, dann kann Erfahrung selbst nicht anders als in einem Modell ausgedrückt werden, gleichsam einer Metapher der *intuitio originaria*. Eine solche Metapher ist die Spiegel-Metapher, die in logischer Strenge die Formbestimmtheiten des Erkenntnisverhältnisses als Seinsverhältnis ausdrückt.« (Holz 2005: 258)

7 Perspektivität und Individualität. Leibniz – Holz – Feuerbach

Ich habe ferner bemerkt, daß vermöge der unmerklichen Verschiedenheiten zwei Einzeldinge nicht vollkommen gleich sein können und stets in mehr als nur der Zahl unterschieden sein müssen.
Leibniz 1765, Tlbd. 1: XXIX; zit. bei Holz 1983b: 76

Materialistischer spekulativer Marxismus »kann nicht einfach die Fülle der Singularitäten im Totum verschwinden lassen. Das jeweils Besondere behält sein Recht und wehrt sich gegen die Konstruktion aus einem Prinzip; gerade das künstlerisch-ästhetische Moment an Blochs Denken widersteht der abstrakten Allgemeinheit des bloß Prinzipiellen.« (Holz 1975: 203) Was Holz hier zu Bloch sagt, könnte ihn selbst nicht treffender charakterisieren. Sein zentraler Impetus ist, dass ein Marxismus ohne eine Idee von Welt im Ganzen nicht zu haben ist – doch dieses »Totum« (Holz) muss philosophisch so gebaut sein, dass darin die konkrete Individualität, die »Fülle der Singularitäten« in deren je ausnehmender Besonderheit, die unaustauschbare Einmaligkeit des Individuellen, nicht verloren geht oder gar erdrückt wird. Das Totum darf konkrete Individualität weder vergleichgültigen, geschweige unterdrücken. Als Formel: Das Totum darf nicht schematisch, schon gar nicht totalitär geraten. Dies gilt bei Holz für die Welt der Natur, hat seine zentrale Bewährungsinstanz aber im Hinblick auf die Würde der einzelnen Person, und diese Würde wiederum ist außerhalb des Ganzen der Gesellschaft nicht zu haben. Die Würde der einzelnen Person ist zweifellos vielfach, und vor allem nichtphilosophisch gefährdet, aber sie steht auch auf dem Spiel, wenn die Idee von Gesellschaft philosophisch ›totalitär‹ gerät. Der politische Liberalismus meint deshalb, das Individuum atomistisch konzipieren zu sollen, um dieser Gefahr vermeintlich zu entgehen – im plakativen Fall unter explizitem Verzicht auf jede Idee eines Totum: »There is no such thing as society!« (Thatcher)

Eben deshalb – wegen des Postulats der Notwendigkeit eines (spannungsvollen) Zugleich von Totalität und Singularität – ist Holz durch und durch Leibnizianer. In letzter Instanz ist sein metaphysisches Modell der Natur als universelles Widerspiegelungssystem eine Modifikation der Leibniz'schen Monadologie – und die Monade ist individuelle Substanz. Leibniz erhebt – unerhört in der Sache und einzigartig in der Philosophiegeschichte – das Individuelle zum Substantiellen, und zwar gerade nicht qua Inhalt, sondern qua Ort, von dem aus Individuelles die Welt spiegelt. Individualität ist also, monadologisch gedacht, Perspektivität. So weit, so unhintergehbar. Aber ist das hinreichend? Ist Holzens Marxismus nichts weiter als eine beeindruckend lange Reihe von ›Fußnoten zu Leibniz‹?

Feuerbach hat eine Monographie zu Leibniz geschrieben (Feuerbach 1837). Dieses Buch ist geradezu hymnisch in der Würdigung des monadologischen Modells von Perspektivität. Aber es konstatiert auch einen »Hauptmangel«: Die Individualität der Monaden bleibe bei Leibniz (noch) schematisch. Monaden seien konzipiert als bloß zuschauende Seelchen, aber Leibniz habe sie nicht so konzipiert, dass sie mit Haut und Haaren, also leiblich in der Welt verankert sind. Wenn man, wie es Marxist*innen typischerweise tun, unterstellt, dass Feuerbach in der Marx'schen materialistischen Dialektik bereits »aufgehoben« ist, dann kann es leicht passieren, dass man diesen Einwand von Feuerbach gegen Leibniz einfach liegen lässt. Ausgangspunkt und Grundlage dieser Miniatur ist Holz' Würdigung von *Feuerbachs Leibniz-Bild* (Holz 1986b).

7.1 Was auf dem Spiel steht

Das Verhältnis von »Totum und Singularia« (Holz 1975: 202) ist das Lebensthema von Holz. Das als solches ist nicht einzigartig und wäre nicht bemerkenswert. Im Gegenteil. Auch noch atomistisch-nominalistische Philosophie thematisiert das Verhältnis von, dort atomistisch konzipierten, Einzelnen (Singularia) zum Ganzen (Totum), indem sie das Ganze bestreitet oder zu einem bloßen

Namen macht. Aufregend ist das (in der Geschichte des Marxismus) deshalb, weil Holz als spekulativer Philosoph und als kommunistischer Marxist der Würde des Individuellen, um nicht zu sagen: der Kantigkeit des Einzigartigen, der ›Exzentrik‹ des exzentrisch Positionierten die Treue gehalten hat. Das oft spannungsvolle, ja aporetische Spannungsverhältnis von systematisch-verallgemeinerndem, strengem, eingreifendem Denken und Handeln einerseits und Detailschärfe, Wohlwollen, Unbeugsamkeit gegenüber der Würde des Einzelnen andererseits ist bei und mit Holz nicht einfach verschwunden. Diese Spannung wird nicht einseitig aufgelöst, sondern wird, im Gegenteil, klar adressiert: Die »Materialität des Real-Allgemeinen« besetzt »in neuer Formulierung« die »Probleme des Universalienstreits« (Holz 2005: 55); und unter dem Leibniz'schen Namen »Kompossibilität« wird dessen Lösungsvorschlag reflektiert (ebd. 457 ff.). Nicht einseitig aufgelöst zu werden, heißt nicht zwingend, die Spannung gelöst zu haben, aber heißt immer auch, als Aporie noch anwesend, spürbar und wirksam zu sein. Beispielsweise ist es zweifellos ein Spannungsverhältnis, engagiert und entschieden für eine eigene Sache einzutreten – ohne dadurch über eine andere Position übergriffig zu werden. Hier als Aporie noch wirksam zu sein, heißt, nicht dogmatisch zu sein. Das steht auf dem Spiel.

Holz konnte im Philosophieren ›Parteisoldat‹ sein. Gerade gegenüber marxistischen Positionen hatte er wenig Mühe, von »Abweichungen« zu reden, und seine Texte konnten ungnädig sein, etwa gegen Marcuse (Holz 1976: 189–247) oder gegen Haug (Holz 1984). Aber das geschieht mit Gründen, durch die Würdigung dieser Texte hindurch, nie als Einwürfe des vermeintlichen Besserwissens rein von außen. Gleichwohl gilt dann auch für ihn, was er selbst an Hacks hervorhebt: »[E]r konnte auch ungerecht sein«. Kleist zum Beispiel war ihm, Hacks, »verhaßt [...]. Da konnte er nicht zugeben, daß Kleist einer der größten deutschen Sprachgestalter war.« (Holz, in Hacks & Holz 2007: 15) Aber das gilt eben auch für Holz. Pascal – zum Beispiel – war ihm, Holz, der Inbegriff des Beginns des Irrationalismus (vgl. Holz 2011-IV: 159 ff.) – da konnte er nicht sehen, dass die Struktur der Wette des Mathematikers Pascal eine der klarsten Formulierungen einer antinomischen Struktur der Philosophiegeschichte ist.[13] Solcherart Ungerechtigkeit »kommt nicht nur immer wieder vor, sondern ist fast eine Notwendigkeit der Selbsterhaltung des Eigenen gegenüber Andersartigem« (Holz, in Hacks & Holz 2007: 15). Man mag daher solch punktuelle Ungerechtigkeiten für harmlos halten, jedenfalls nicht zwingend für einen Ausweis von Dogmatismus. Aber nicht alle ›ungerechten‹ Urteile sind von solcher Harmlosigkeit.

Es gibt bei Holz auch krasse Formen, in denen das Aporetische des Verhältnisses von Totalität und Individualität wirksam blieb – und die ihm den Vorwurf des Dogmatismus einhandelten. Stalin zum Beispiel steht bei Holz für diejenige Sowjetunion, die die Welt von Hitler und vom Nationalsozialismus befreit hat – da hat selbst die offen mechanistische Pseudo-Dialektik des *Kleinen Lehrgangs* (Stalin 1938) ihre Funktion und vermeintliche Berechtigung (Holz 2011a: 205–216). Holz konnte und wollte über die Opfer der stalinistischen Verbrechen an den eigenen Genossen nicht öffentlich trauern, »weil jede Stellungnahme gegen die Sowjetunion die Front der Faschisten gestärkt hätte« (Holz 1975: 13; dort zu Bloch). Dass er diese Verbrechen für Verbrechen gehalten hat, hat er öffentlich bekundet:

> »Selbstverständlich sind Verbrechen, die begangen wurden, zu verurteilen. Selbstverständlich darf es keine Gulags mehr geben. [...] Auch ein Schuldeingeständnis gegenüber den unschuldigen Opfern (und ich füge hinzu: und den uns besonders nahestehenden unschuldig verurteilten Genossen) und ›angemessene Reue‹ ist am Platz« (Holz 2011a: 205).

13 »Damit ist der Krieg zwischen den Menschen ausgebrochen, in ihm muss jeder Partei nehmen und sich notwendig einreihen, sei es bei den Dogmatikern, sei es bei den Skeptikern. Denn wer meint, er könne neutral bleiben, der ist Skeptiker par excellence [...] Keine der Sekten könnt ihr meiden, noch in einer bestehen. Erkenne also, Hochmütiger, was für ein Widerspruch du dir selbst bist. Demütige dich, unmächtige Vernunft, schweige still, törichte Natur, begreife: der Mensch übersteigt unendlich den Menschen.« (Pascal 1937: § 434, S. 201/202)

Was den Verdacht erregt, ist sein »aber«, das in der Sache berechtigt ist, ihn aber auf dem äußerst schmalen Grat zwischen historischer Erklärung und Relativierung des Geschehens wandeln lässt:

> »Als Kommunist will ich wissen, ob ich die Vergangenheit der kommunistischen Bewegung als Ballast abwerfen muß oder mich in die Kontinuität einer Linie stellen kann, die von Marx und Engels über Lenin und Luxemburg und Gramsci und eben auch über Stalin und Mao bis in die Gegenwart reicht. Ich kann aus der Geschichte nicht die Rosinen eines heldenhaften, opferbereiten Kampfes [gegen den Faschismus] herauspicken und die dunklen Seiten, die faktisch auch dazu gehören, ausblenden; dann würde ich letzten Endes die ganze Geschichte preisgeben. Als historischer Materialist will ich wissen, wie es in einer Bewegung, die angetreten ist, das Menschenrecht zu erkämpfen, dazu kommen konnte, daß dieser Maßstab verletzt wurde.« (ebd.)

Diese Rede von Opfern, die historische Kämpfe nun einmal kosten können, und die der Kampf gegen den Faschismus tatsächlich gekostet habe, bewegt sich nahe am Zynismus, ist aber nicht zynisch, weil Holz verweigert, solcherart Verbrechen *moralisch* zu be- oder zu verurteilen. Dieser Unterschied ist entfernt vergleichbar mit den Opfern, die die Sowjetunion gebracht hat, um den explodierten Atommeiler von Tschernobyl unter einen Betonsarg zu bringen – das zu tun, war in höchstem Maße tragisch, aber kein Ausdruck von Zynismus. Wer zynisch ist, ist nicht nur ungnädig, sondern gnadenlos. Das ist ein Unterschied. Man kann mit Holz auch einig sein, dass eine bloß moralische Verurteilung, anstelle einer politisch-historischen, ein Fall von Rosinenpickerei ist, nahe an »kleinbürgerlichen Jammertiraden« (ebd. 206). Aber dennoch: Die entschiedene Selbstverortung eines Kommunisten in jener »Kontinuität einer Linie« kann keine Selbstverortung in einer Linie sein, die als eine solche als Linie des Kommunismus schlicht besteht und gegeben ist. Es ist politisch-historisch umkämpft, ob Stalin in diese Linie gehört – so wie man, vermutlich auch mit Holz, darüber streiten kann, ob Trotzki, Tito, Hoxha, Chruschtschow in diese Linie gehören. Eher umgekehrt: Gehört

Stalin nicht etwa auch zu den klaren Fällen, die aus der Linie des Kommunismus herausfallen – so wie Ceausescu oder die Roten Khmer? Holzens Selbstverortung in einer gleichsam vorgegebenen Linie des Kommunismus ist auch bei ihm ein wirksamer Restbestand des Gestus, die unaustauschbare Individualität jedes einzelnen Opfers des Stalinismus unter der »abstrakten Allgemeinheit des Prinzipiellen« zu subsumieren.

Ein zweites, ebenfalls wahrlich nicht harmloses Beispiel: Holz hat beiläufig einmal bemerkt und in Gesprächen bekräftigt, »Parteidisziplin« für eine erkenntnistheoretische Kategorie zu halten. Das schreit geradezu danach, »daß ihm sozusagen schon im Aussprechen das Worte im Munde herumgedreht und die Rede auf den Kopf gestellt wird« (Holz 1975: 15). Wer Parteidisziplin – also öffentliches individuelles Sich-Binden an allgemeine Beschlüsse einer Partei – für organisationssoziologisch und politisch nötig erachtet, der handelt sich schon Probleme genug ein; wer Parteidisziplin darüber hinaus erkenntnistheoretisch auch noch zu einem Ort der Wahrheitsbildung macht, der scheint die Würde der einzelnen, im Einzelfall auch abweichenden Position endgültig aufgegeben zu haben. Gleichwohl bewahrt Holz hier noch im Wort das Aporetische der Spannung von Individuellem und Überindividuellem. Der deutliche Akzent von ›Parteidisziplin‹ liegt darauf, sehr entschieden das notwendig Überindividuelle, das Systematische und Strenge eines eingreifenden Denkens und Handelns zu betonen. Holz konnte angesichts voluntaristischer politischer Programmatik geradezu unleidlich werden und sah darin nichts weiter als »abenteuerliche Rebellion[en]« (Holz 1976). Vor solchem ›linken‹ Putschismus schütze gerade nicht, wenn man nur im Denken systematisch und folgerichtig-streng sein mag, diesen Aspekt aber für das politische Handeln verweigert. *Deshalb* sei konsequentes materialistisches Philosophieren nur als organisiertes politisches Handeln zu haben. Damit ist philosophisch ernst genommen, und nicht nur als pseudo-empirische Bemerkung belächelt, dass Engels die Arbeiter*innenbewegung zur Erbin der Philosophie gemacht hatte (Engels 1886: 307). – Ohne Zweifel aber setzt das Wort Parteidisziplin nicht genauso deutlich einen Akzent auf die unverlierbaren eigenen Nuancen der Individuen eines solchen organisierten politischen Handelns. Im Gegenteil. Vielfältige politische Erfahrung belehrt uns, dass es seine Berechtigung hat, dieses Wort schon beim Aussprechen im Munde zu verdrehen. Diese Erfahrung nämlich belehrt uns, dass dieses Wort lediglich verdeckt, dass Parteimitglieder als ausführende Organe einer vorgegebenen umzusetzenden Parteilinie traktiert werden (sollen). Gegenüber dieser Erfahrung sind Worte dann in der Tat auch Schall und Rauch – dennoch bewahrt das Wort im Munde von Holz noch seine Aporie, weil Holz eben sehr betont Parteidisziplin, und nicht etwa Parteigehorsam, sagt. Das ist ein Nebengeräusch und ein Knirschen im Aussprechen des Wortes Parteidisziplin, das heutzutage nicht mehr gehört wird, geschweige sich verständlich machen kann. Aber dieses Nebengeräusch macht die Aporie noch kenntlich – im Unterschied zu ihrer heute üblichen Auflösung, die die Bedeutung von Parteidisziplin nur noch in der, tatsächlich ja auch real existierenden und zu Recht diskreditierten, Bedeutung kennt, die alle möglichen sogenannten ML-Parteien im Namen von Marx und Lenin propagierten (s. u., Kap. 8.1). Holz will auch hier nicht dogmatisch sein, sondern das Aporetische im Begriff der Parteidisziplin wirksam sein lassen; deshalb sein Vorschlag: Parteidisziplin ist im Marxismus-Leninismus kein empirischer Begriff (also Titel einer notorischen Disziplinartechnik), sondern zunächst einmal ein kategoriales Format, das empirische Analyse möglich macht.

7.2 Leibniz als Bastion

Holz nimmt die Philosophie von Leibniz als *die* philosophische Vorlage, die das Zugleich von Totum und Singularia auf ein metaphysisches Modell gebracht hat. »Dagegen hat Leibniz im Monadenpluralismus an der Substantialität der Einzelnen festgehalten und die Einheit der Mannigfaltigkeit in der Struktur des Zusammenhangs begründet.« (Holz 2005: 251) – »Die Leibnizsche Monadologie entwirft das Modell oder die Struktur dieser Einheit der Vielen.« (ebd. 254)

Diese ausgezeichnete Besonderheit der Monadologie kann nun nicht nur am Thema und nicht nur an einer Programmatik liegen. Es gibt wahrlich viele Philosophien, die das Thema von

Einheit und Vielheit verhandeln – prominent schon Platons *Parmenides* –, und es gibt auch andere Philosophien, die sich dem programmatischen antidualistischen Grundsatz einer Einheit von Einheit und Vielheit verpflichten. Das Alleinstellungsmerkmal der Leibniz'schen Philosophie muss etwas mit der spezifischen Durchführung dieses programmatischen Grundsatzes zu tun haben. Dieses Alleinstellungsmerkmal ist sozusagen ein eigener programmatischer Grundsatz, nämlich der der *Substantialität* des Einzelnen. Dieser Grundsatz stellt die Bedeutung des Begriffs der Substanz auf den Kopf, denn traditionell konnte Einzelnes gerade nicht substantiell sein (und in der Folge konnte es keine Wissenschaft vom Einzelfall geben). Substantiell war vielmehr das, was sich im Wandel eines Einzelnen als Durchgehendes erwies, oder das, was sich als Gemeinsames vieler Einzelner erwies. Dieses traditionelle Verständnis von Substanz ist das Einfallstor, die Eigenbedeutsamkeit des Individuellen »der abstrakten Allgemeinheit des bloß Prinzipiellen« zu opfern. Deshalb und dagegen hat sich der Grundsatz der Substantialität des Einzelnen zu bewähren – programmatische Versicherungen allein helfen da nicht.

Holz liest Leibniz in dieser Hinsicht nun so, dass Leibniz dieses spezifische Verhältnis von Totum und Singularia schon im Grundansatz des monadologischen Modells einbaut und absichert. Leibniz nämlich zeichne unter allen möglichen Prinzipien zwei Prinzipien als Axiome aus (die nicht ihrerseits bewiesen werden können und von deren Geltung alle anderen Prinzipien abhängen). Es handele sich um ein/das Prinzip der Vernunft, dass Identisches wahr und Widersprüchliches falsch sei, und um ein/das Prinzip der Erfahrung, dass Mannigfaltiges von jemandem wahrgenommen wird (Holz 2005: 254). Daran ist nicht nur der Umstand bemerkenswert, dass Leibniz hier zwei Grundprinzipien identifiziert – ein vordergründiger Monismus würde dies als Mangel bekritteln; bemerkenswert ist vor allem, dass die beiden Prinzipien in zwei verschiedenen Feldern – Vernunft *und* Erfahrung – verortet werden und sie deshalb nicht auseinander ableitbar, sondern wechselseitig unreduzierbar sind. Holz hält das ausdrücklich fest: Mit der Identifizierung *dieser* beiden Prinzipien postuliere Leibniz nicht einfach ein bloß logisches Verhältnis von Einheit und Vielheit, sondern »Leibniz legt Wert auf die Pluralität der Erfahrungsinhalte« (ebd.). Schon in den Grundaufbau der Monadologie zieht Leibniz also eine gleichsam architektonische Verschiebung ein – hin zu zwei eigenständigen Prinzipien, die zudem der Vielheit der Erfahrungsgehalte ein eigenes prinzipielles Gewicht geben. – Der Sache nach greift Feuerbach das wieder auf, wenn er aus Anlass der Thematisierung des Verhältnisses von Sinnlichkeit und formaler Identität das Leitemblem der Philosophie wechselt: vom Kreis mit einem Mittelpunkt zur Ellipse mit zwei Brennpunkten. »Der *Kreis* ist das Symbol, das Wappen [...] des nur *auf sich selbst sich* stützenden Denkens [...]; die *Ellipse* dagegen ist das Symbol, das Wappen der *sinnlichen* Philosophie, des auf die *Anschauung* sich stützenden Denkens.« (Feuerbach 1843b: 332) Die Anschauung ist hier die Vertretung der Eigenheit des Gegenstandes, also der Abweichung vom abstrakt Allgemeinen des bloß Prinzipiellen: das »durch die *Anomalie* der Anschauung *unterbrochene* Denken« (ebd.). Ohne Leibniz zu nennen, ist Feuerbach hier ganz bei dessen Thema, denn der soeben zitierte Paragraph 49 beginnt wie folgt: »Das *Wirkliche* ist im *Denken nicht in ganzen Zahlen*, sondern nur in *Brüchen darstellbar*. Diese Differenz ist eine *normale* – sie beruht auf der Natur des Denkens, dessen Wesen die Allgemeinheit ist, im Unterschiede von der Wirklichkeit, dessen Wesen die Individualität.« (Ebd. 330)

Die weitere Entfaltung der Monadologie bestätigt dann die so im Grundansatz schon verankerte Substantialität des Einzelnen: Monaden sind individuelle Substanzen, unverwechselbar und einmalig. Dies aber nicht durch einen ausgezeichneten Inhalt – ganz im Gegenteil: Jede einzelne Monade ist Spiegel der ganzen Welt, also inhaltlich ununterscheidbar. Aber sie sind individuiert durch den Ort, durch den Topos, von dem aus eine Monade die Welt spiegelt. Dies ist die dezidierte Leibniz-Interpretation von Holz (vgl. u. a. Holz 1983b, Holz 1992a, Holz 2013a). Individualität ist Perspektivität bei gemeinsamem, miteinander geteiltem Inhalt. Chladenius (1742: § 308) hatte die Konsequenz ausgeplaudert: In zwei gleichermaßen wahren Geschichten (die über dasselbe Phänomen erzählt werden) kann sich trotzdem ein Unterschied befinden, abhängig vom »Sehe-Punkt«. Wir kennen das, analog, von tragischen Konflikten, die keine tragischen Konflikte wären, hätten nicht beide Seiten auf ihre Weise recht. Und wir kennen es vom Widerspruch und ihrer Lehre, der Dialektik: »In ein und demselben Augenblick sind beide Seiten eines Gegenteils stimmig.« (Holz 2003c: 174)

7.3 Feuerbach liest Leibniz, gelesen von Holz

Rezeptionsgeschichten sind eigentümlich. Wissenschaftstheoretische Melancholie würde sich wünschen, dass sie einfacher wären – ein klein wenig wie im Märchen mit besserer Sortierfunktion zwischen Töpfchen und Kröpfchen. Echte Einsichten sollten doch bewahrt werden, sich möglichst kumulieren – vieles andere könnte man zurecht vergessen. Doch dem ist nicht so. Rezeptionsgeschichten sind in der jeweiligen Gegenwart verankert, also gebunden an je jetztzeitige Debattenlagen und Debattenzustände. Gelegentlich ist »die Größe seines Verlustes« daran zu ermessen, »woran dem Geiste genügt« (Hegel PhG: 13). Kritisches Philosophieren wird schon deshalb gut daran tun, sich philosophiegeschichtlich zu vergewissern und alte Einsichten zu wahren. Gelegentlich wird man solches Philosophieren daran erkennen, dass es antizyklisch verfährt: kritische Kühle in Zeiten heißer Euphorie und emphatische Würdigung, wenn Autor*innen als tote Hunde behandelt werden.[14]

Feuerbach gehört zu jenen Autor*innen, die nicht durch wirkmächtige Präsenz in aktuellen Debattenlagen glänzen. Selbst in philosophisch-anthropologischen Forschungen ist *der* Begründer moderner philosophischer Anthropologie heute kaum gefragt. In marxistischen Debatten taucht sein Name auf, aber seine Texte

14 »Die mystificirende Seite der Hegel'schen Dialektik habe ich vor beinah 30 Jahren, zu einer Zeit kritisirt, wo sie noch Tagesmode war. Aber grade als ich den ersten Band des ›Kapital‹ ausarbeitete, gefiel sich das verdrießliche, anmaßliche und mittelmäßige Epigonenthum, welches jetzt im gebildeten Deutschland das große Wort führt, darin, Hegel zu behandeln, wie der brave Moses Mendelssohn zu Lessing's Zeit den Spinoza behandelt hat, nämlich als ›toten Hund‹. Ich bekannte mich daher offen als Schüler jenes großen Denkers und kokettirte sogar hier und da im Kapitel über die Werththeorie mit der ihm eigenthümlichen Ausdrucksweise.« (Marx 1872: 709 [= MEW 23: 27])

fehlen, da diese durch Marx und Engels vermeintlich bereits »aufgehoben« wurden. Beinahe nirgendwo außerhalb der kleinen Gemeinde der Feuerbach-Gesellschaft ist heute noch bekannt, dass Feuerbach zeitgenössisch vor allem als Philosophiehistoriker arbeitete und publizierte. Von Feuerbach gibt es eine ganze Monographie zu Pierre Bayle (1647–1706)! Pierre wer? »Einstweilen schob die Revolution von 1848 jedoch die gesamte Philosophie ebenso ungeniert beiseite wie Feuerbach seinen Hegel. Und damit wurde auch Feuerbach selbst in den Hintergrund gedrängt.« (Engels 1886: 273) In diesem Hintergrund sind seine Texte geblieben. Die Ausnahme Hans Heinz Holz bestätigt diese Regel. Selbstverständlich kannte der Leibnizforscher Holz Feuerbachs Buch zu Leibniz und hat durch eigene Beiträge versucht, dieses bemerkenswerte Buch vor dem Vergessen zu bewahren.

Dass Feuerbach auch zu Leibniz eine ganze Monographie geschrieben hat (Feuerbach 1837), darf man durchaus als Indiz dafür nehmen, *wie* wichtig Leibniz für Feuerbachs eigenes Philosophieren war. Wie dem aber auch sei. Jedenfalls ist dieses Buch eine Huldigung und Lobeshymne auf die Philosophie von Leibniz, die auch Feuerbach als *die* Philosophie der Perspektivität liest und vorstellt: Individualität wird substantiell und insofern ist Welt eine Vielfalt ihrer perspektivischen Spiegelungen. Das Wesen der Monade sei es, »alle andern Wesen idealiter zu enthalten, in sich abzuspiegeln, mit allen Dingen in einem idealen Verkehr und Verhältnis zu stehen. […] Kein Ding ist ihm [Leibniz] zu schlecht und zu gering, keines leer und gedankenlos. Er weiß von keinem Vakuum. […] *Tätigkeit* ist das Prinzip seiner Philosophie. Tätigkeit ist ihm der Grund der Individualität, der Grund, daß nicht *eine* Substanz, sondern Substanzen sind.« (Ebd. 21–23)

Nun ist es aber auch nicht so, dass Feuerbach Leibniz ganz vorbehaltlos folgt. Vielmehr konstatiert er einen »Hauptmangel der Monadologie« (ebd. 92). Mir scheint, dass man diese Rede von einem *Haupt*mangel sehr akribisch nehmen muss. Es wird so sein, dass die Philosophie von Leibniz, wie jede andere Philosophie auch, gewisse Mängel und Einseitigkeiten hat, seien diese ihrer Zeit, einer (zu engen) Aufmerksamkeit oder der Durchführung geschuldet. Es wäre eine eigene Aufgabe, solche gegebenenfalls auch »höchst empfindlichen Lücken und Mängel« (ebd. 3) herauszustellen. Dies läuft auf ein (hoffentlich) produktives Einerseits-und-Andererseits hinaus: Die Monadologie habe diese und jene Stärken, aber auch diese und jene Schwächen. Feuerbach will aber auf etwas anderes hinaus, denn es sei »nicht nötig, etwa bei Leibniz zu einer Kantischen Trennung zwischen Leibniz *an sich* und Leibniz *für uns* unsere Zuflucht zu nehmen« (ebd. 21). Vielmehr sei das, was die Stärke der Monadologie ist – ein metaphysisches Modell der Perspektivität zu sein –, zugleich das, was unzureichend (zu Ende) gedacht ist. Die Situiertheit der Monade qua ihrer substantiellen Individualität ist *die* Errungenschaft – aber diese Situiertheit bleibe, scholastisch, ihrerseits ein bloßes Schema der Betrachtung von Welt. Die situierten Sehe-Punkte der Monaden seien nicht *in* der Welt verankert. Etwas spitz formuliert: Die Monaden seien bloße Seelchen, aber keine leibhaftigen Substanzen. Sie sind situiert, werden aber nicht durch diese ihre Situiertheit bedingt. In diesem Sinne bleiben sie bloß Betrachtende.

> »Die Monade wird zwar von allem, was in der Welt vorgeht, infolge ihrer eigentümlichen Natur, die nur aus Nerven, nicht aus Fleisch und Blut besteht, affiziert und ergriffen; aber sie ist kein an Ort und Stelle sich befindender Augen- und Ohrenzeuge von den Weltbegebenheiten; ihre Teilnahme daran gleicht nur der Teilnahme des Lesers; sie ist nur aus der Ferne dabei. Bei einer Sache aber nur aus der Ferne sein, ihre Vergegenwärtigung ohne wirkliches Dasein ist eine Vorstellung. Durch diese Teilnahme wird daher die Monade auch nicht aus sich herausgerissen, nicht in dem Hausfrieden ihrer Seele gestört. Mit einem Worte – die Monade ist nicht mithandelnde Person, nur Zuschauer des Welttheaters. Und ebenhierin liegt der Hauptmangel der Monadologie.« (Ebd. 92)

Holz (1986b: 159–162) betont die herausgehobene Stellung Feuerbachs in der Leibniz-Rezeption. Die eigenständige Philosophie von Leibniz tauche rezeptionsgeschichtlich bis zum Beginn des 20. Jahrhunderts so gut wie gar nicht auf. Leibniz schien entweder »nur noch ein Vorbereiter Kants zu sein« (ebd. 160) oder er wurde pauschal »unter den materialistischen Spinozismus« verrechnet, was

»seiner eigentümlichen Leistung unangemessen bleiben musste« (ebd.; vgl. ebd. 168–172). Diese Vorgeschichte prägte dann auch die Wiederentdeckung der Leibniz'schen Philosophie »mit dem beginnenden 20. Jahrhundert« (ebd.). Leibniz galt entweder als Ahnherr der Logik »und seine Metaphysik [wurde] als eine Art Gedankendichtung beiseite gelassen, oder aber er wurde im Sinne des Neukantianismus interpretiert« (ebd.). Doch in alldem geht Leibniz nicht auf. Die Möglichkeit, die Philosophie von Leibniz als eigene zu sehen, tauchte nicht auf und erst recht nicht die Möglichkeit, sie als eigenständigen Beitrag in der Geschichte der Dialektik zu begreifen. »Niemand kam auf den Gedanken [...], Leibniz von Hegel her anzugehen« (ebd.), und erst Josef König hat mit seinem Leibniz-Aufsatz von 1946 »diese Möglichkeit aufgeschlossen« (ebd., Anm. 23). In eben dieser Rezeptionsgeschichte ist Feuerbach die große Ausnahme, und über dessen Leibniz-Buch vermittelt setzen sich sowohl Marx als auch Lenin mit Leibniz auseinander, sodass diese Monographie »den Ausgangspunkt für eine nicht-idealistische Rekonstruktion der Monadenlehre abgeben« kann (ebd. 154).

So oder so: »In dieser rezeptionsgeschichtlichen Situation kommt einem Rückgriff auf die Feuerbachsche Leibniz-Monographie eine besondere Bedeutung zu. Denn eine so durchsichtige und geschlossene Darstellung der Grundzüge der Leibnizschen Metaphysik findet sich kaum ein zweitesmal.« (Ebd. 160) Diese herausgehobene Bedeutung kommt diesem Buch insbesondere für die Geschichte der Dialektik zu, weil es nicht in der »Verehrung für Leibniz« aufgeht, sondern »auch die Grenzen, die Mängel und Fehler [zeichnet], die er [Feuerbach] am Leibnizschen System festzustellen meint [...] Feuerbach wird dergestalt zum Vermittler zwischen Leibniz und dem marxistischen Entwurf einer nicht-hegelischen Dialektik, die viel von den bei Leibniz angelegten Tendenzen aufgenommen hat.« (Ebd. 162)

Holz macht sodann zwei Spezifika des Leibniz-Buches von Feuerbach geltend. Das Werk von Leibniz sei »von einer unübersehbaren Fülle und Reichhaltigkeit«, und Feuerbach habe (klugerweise) »einen eng begrenzten Standpunkt gewählt«, nämlich »die Leibnizsche *Metaphysik*« (ebd. 162 f.). Das habe gerade gegenüber einem Logiker und Mathematiker seine Berechtigung, denn die wenigen grundlegenden Prinzipien der Leibniz'schen Metaphysik seien so etwas wie das Axiomensystem seines Werks, und in diesem Sinne kann Feuerbach in dieser Beschränkung auf die Metaphysik »das organisierende Strukturprinzip des Leibnizschen Weltbildes herausarbeiten« (ebd. 165). Dieses Vorgehen bleibe jedoch notwendig etwas grob gegenüber den empirischen Fundierungen und gegenüber den inneren Spannungsverhältnissen dieser Metaphysik (ebd.).

Die zweite Spezifik bestehe darin, dass Feuerbach im Jahre 1837 noch nicht mit einer »idealistisch-hegelianischen Ausgangsposition« gebrochen habe, was bekanntlich erst 1839 geschehen sei (vgl. Feuerbach 1839). Die Arbeit an diesem Buche sei daher einerseits als eine Art Katalysator der Abwendung von Hegel hin zu einer materialistischen Position zu begreifen, andererseits aber auch als eine noch idealistisch geprägte Interpretation der Metaphysik von Leibniz, die wiederum dessen materialistischen Tendenzen nicht gänzlich gerecht werden konnte (Holz 1986b: 165 f.).

In einer Gesamtschau auf das Buch ist Holz zum einen voll des Lobes, und er konstatiert, dass es »auch heute noch eine bessere Einleitung in das monadologische System darstellt als die meisten neueren Publikationen« (ebd. 167). Zum anderen aber konstatiert nunmehr Holz einen Hauptmangel des Feuerbach-Buches, der sich gleichsam aus der Verdichtung jener beiden Spezifika ergibt, nämlich eine Art Blindheit gegenüber der Dialektik.

> »Der hauptsächliche Mangel der Feuerbachschen Leibniz-Kritik liegt aber darin begründet, daß er das vorherrschende *dialektische* Moment bei Leibniz nicht genügend zur Kenntnis nimmt.« (Ebd. 166)

In diesem Sinne liest Holz dieses Leibniz-Buch von den Marx'schen Feuerbach-Thesen her: Feuerbachs materialistische Abkehr von Hegel sei durch einen Rückschritt gegenüber dessen Dialektik erkauft, wohingegen Marx »an den Einsichten der Hegelschen Dialektik festhält, diese jedoch aus der Realverfassung des Seienden und nicht aus der Reflexionsstruktur des Denkens gewinnt« (ebd.). Dort liest man bekanntlich vom »Hauptmangel alles bisherigen Materialismus«, der, »den Feuerbachschen mit eingerechnet«, die »*tätige* Seite« dem Idealismus überlassen habe (Marx 1845: These 1).

Holz versucht also, Feuerbach so stark wie möglich zu machen, um nicht an ihm vorbeizukritisieren. Deshalb gibt er eine Diagnose, worin Feuerbach den größten Mangel bei Leibniz sieht, um dann Feuerbachs größten Mangel in genau dieser Kritik Feuerbachs an Leibniz zu sehen. Um nur sehr grob das Ergebnis anzugeben:

> »Worin sieht nun Feuerbach die grundsätzlichen Unstimmigkeiten des Leibnizschen Denkens? Auf eine kurze Formel gebracht, lautet Feuerbachs These etwa so: Zwischen monadologischem und theologischem Weltbild gibt es keine schlüssigen Verbindungen; an dieser Diskrepanz leidet die *Theodizee*.« (Holz 1986b: 175)

Holz macht dann geltend, dass diese These schon ganz richtig sei – aber mit falschen Begründungen und deshalb mit einseitigen Konsequenzen bei Feuerbach. Feuerbach suche quasi noch nach schlüssigen Verbindungen, wo es bei Leibniz überhaupt keine Verbindungen gebe: Das monadologische Weltbild sei ein rein innerweltliches und aus sich heraus bestehendes und verständliches – das theologische Weltbild von Leibniz stehe systematisch ganz außerhalb der Monadologie. Das wesentliche Zwischenglied dieser letztlich falschen Begründung einer vom Wortlaut her richtigen These sei eine falsche Interpretation eines der »Kernbegriff[e] der Leibnizschen Philosophie«, nämlich dem der Perzeption (ebd. 180). Feuerbach sehe nicht, dass *Perzeption* bei Leibniz ein allgemeiner Begriff für ein bestimmtes *Ausdrucks*verhältnis, auch Spiegelung genannt, ist, das bei Leibniz gerade nicht an eine Bewusstseinsleistung gebunden ist. Feuerbach bleibe hier in den idealistischen Fehlinterpretationen gefangen, die – und so eben auch Feuerbach – Perzeption als Vorstellung, als »Bewußtseinsakt« (ebd.) nehmen. Dieses Missverständnis verbaue Feuerbach die Möglichkeit, Leibniz dort materialistisch zu lesen, wo er es in Sonderheit sei, geschuldet dem Umstand, gerade dort keine Dialektik am Werk zu sehen, wo sie das bei Leibniz vorzüglich sei. Die Philosophie von Leibniz erweise sich »in einem sehr umfassenden Sinn als dialektisch« (ebd. 186), nämlich in drei Momenten. Die Monade sei nur dialektisch zu begreifen, nämlich i) hinsichtlich ihrer »Zweigesichtigkeit« von Substanz und Struktur, ii) hinsichtlich ihrer dynamischen Konzeption »des Seins als Kraft«, und iii) hinsichtlich ihrer Logik des Verhältnisses »des *Einen* zum *Anderen* und de[s] Unterschied[s] im Einen selbst«. Von diesen drei, ihrerseits »ineinander verschränkten Weisen der Dialektik« habe »Feuerbach nur eine, nämlich die des energetischen Seinsbegriffes, in vollem Umfang gesehen und herausgearbeitet« (ebd.).

Holz verortet die Leibniz-Interpretation von Feuerbach in dem Dreieck Idealismus – Materialismus – Dialektik. Die systematische Stärke dieser Verortung liegt darin, einen leibnizianischen Dialektikentwurf für eine nichthegelianische materialistische Dialektik fruchtbar zu machen. Dazu wird Feuerbachs Leibniz-Buch umfassend gewürdigt, aber auch auf der Folie der Marx'schen Feuerbach-Kritik gegengelesen. Feuerbach verkenne die grundlegende Dialektik von Leibniz, was dazu führe, Leibniz gerade dort idealistisch misszuverstehen, wo dieser seine materialistischen Stärken habe. Das aber ändere nichts daran, dass Feuerbach genau diese materialistische Seite von Leibniz zuallererst erkennt und herausstellt, was zugleich ein Katalysator seiner eigenen Entwicklung und Abwendung von Hegel sei. Das zentrale Verdienst Feuerbachs sei insofern, eine konsequent antitheologische Lesart der *Monadologie* freigelegt zu haben. Seine »Hauptleistung« liege darin, innere Widersprüchlichkeiten bei Leibniz, gleichsam zwischen *Monadologie* und *Theodizee*, »rücksichtslos entlarvt« zu haben, ohne »Leibniz deshalb gänzlich zu verwerfen«. Feuerbach denke »den Sinn der Leibnizschen Philosophie radikal zu Ende« (Holz 1986b: 197). Ein viel größeres Lob kann man einem Buch kaum zollen. Aber eben auch: »Gerade im Abschlußkapitel seines Buches«, das damit so etwas wie eine Kontrollfolie unterschiedlicher Lesarten abgeben kann, komme »Feuerbachs grundlegender Fehler« sehr »deutlich zum Ausdruck« (ebd.).

Diese Holz'sche Feuerbach-Lesart von 1986 ist ihrerseits davon geprägt, unter dem Titel ›Materialismus‹ keine Differenzierung zwischen Realismus und Materialismus vorzunehmen; oder, ex negativo gesprochen: dort nicht die Einsicht einzubringen und stark zu machen, dass sich spekulatives Philosophieren nur im Medium des Begriffs, also gleichsam ›idealistisch‹ vollziehen kann. »Das Ganze und Absolute kann immer nur im Spiegel des Gedankens erscheinen. Das heißt gerade nicht ›Schau‹, sondern ›Methode‹.« (Holz 2005: 233) – »Wir haben gesehen, daß eine Theorie des Gesamtzusammenhangs, wie materialistisch sie auch in der Wahl ihres Ausgangspunktes, der materiellen Natur, sein mag, stets nur ein idealistisches Begriffskonstrukt hervorzubringen imstande ist. Die Welt, das Totum, der Gesamtzusammenhang ist eine ›Gedankentotalität‹, ein ›Gedankending‹.« (Ebd. 241 f.) Wenn dem aber so ist, dann kann es nicht darum gehen, das Spekulieren zu materialisieren, sondern dann muss man es, so Holz mit Marx und Lenin, »umkehren« – also der Hegel'schen Dialektik eine widerspiegelungstheoretische Fassung geben.

Die Feuerbach-Lektüre von Holz steht insofern in der Gefahr, ihn lediglich als Vorbereiter von Marx zu nehmen, nicht aber in dessen eigener Spezifik. Feuerbach jedenfalls benutzt den Titel ›Idealismus‹ auch und unter anderem zur Kennzeichnung der unhintergehbar ›idealistischen‹ Form der Spekulation:

> »Der Geist kann nicht von sich oder außer sich hinauskommen, und dieses Nicht-außer-sich-Können drückt keine Schranke oder Unvollkommenheit, sondern vielmehr seine Vollkommenheit aus; er kann nicht außer sich hinaus, weil er selbst universales Wesen ist, weil alles, was ist, notwendig in sich selbst eine Beziehung auf den Geist, eine Bedeutung für ihn hat; denn nur das Nichts ist das absolut Geistlose. *Alle Philosophie*, ja, alle Anschauung des Menschen ist darum *Idealismus*.« (Feuerbach 1837: 162; vgl. ebd. 171)

Und dies wiederum, so der Feuerbach nach 1839, ist deshalb keine »Schau«, keine bloße Kontemplation, kein bloßes Spekulieren, wenn und insofern ein materialistisches Philosophieren ein »*passives Prinzip* in sich hat« (Feuerbach 1843b: 253). Ohne solch passives Prinzip spekuliert man »über das Leben *ohne Leben*, ohne Fleisch und Blut [...] gleichwie das Wesen der Hegelschen ›Logik‹ das Wesen der Natur und des Menschen ist, aber *ohne Wesen*, *ohne Natur*, *ohne Mensch*.« (Ebd.) Deshalb müsse man das, »was dem abstrakten Denken *opponiert*, also das, was bei Hegel nur zur *Anmerkung* herabgesetzt ist, in den *Text* der Philosophie aufnehmen« (ebd. 254).

Holz sieht also in seinem Text von 1986 nicht, was er selbst andernorts als unhintergehbar herausstellt: dass eine Theorie des Gesamtzusammenhangs notwendigerweise das Totum in ideeller Form konzipiert, also in gleichsam ›idealistischer‹ Form – was sich eben exakt in Feuerbachs Formulierung, dass alle Philosophie Idealismus sei, wiederfindet. Das hat dann die Konsequenz, dass Holz hier bei Feuerbach Anti-Materialismus am Werk sieht – mit der harten Konsequenz, gerade das nicht zu würdigen, was Feuerbach als Kennzeichen eines wahren Materialismus herausstellt, nämlich das Bedingtsein jedes Philosophierens.

7.4 Nachklang

Stalin hatte, dokumentiert in *Über dialektischen und historischen Materialismus* (Stalin 1938), vermeintliche Realgesetze der Dialektik in Besitz genommen, und er sah sich dadurch in den Stand gesetzt und legitimiert, zu wissen, was zu tun und gegen Abweichungen durchzusetzen war. Das war auch ein philosophisches Konzept des Real-Allgemeinen, freilich gnadenlos gegen Individualitäten, und insbesondere gnadenlos gegen die Individualitäten eigener Genoss*innen.

Eine Metaphysik der substantiellen Individualität, also Leibniz' Philosophie, schützt daher vor Stalinismus. Die Monadologie ist der Anwalt der unverhandelbaren Freiheit des*der Einzelnen, also die philosophisch elaborierte Version der anarchistischen Wurzel des Marxismus. Freilich kann man diese Wurzel nur an ihren Früchten erkennen. Die Monadologie muss im Durchgang durch Hegel und durch Feuerbach, in »geschichtlicher Kontinuität« (Misch), zu sich kommen – und zeigen, dass sie allen Ballast schlechter Unendlichkeit und allen Schematismus bloß zuschauender Individualität hinter sich gelassen hat. Erst das wäre ein Konzept des Real-Allgemeinen, das es nicht mehr nötig hat, das Eigenrecht des Individuellen aus diesem Prinzip des Allgemeinen zu konstruieren. Philosophischer Kommunismus gleichsam: das Konzept einer »Assoziation, worin die freie Entwicklung eines jeden die Bedingung für die freie Entwicklung aller ist« (s. o., Einleitung).

8 Kampf um Hegemonie.
Marx – Holz – Gramsci

Bloch »wußte immer, daß es Fronten gibt, zwischen denen man nicht vermitteln kann, wenn man der Wahrheit, der Menschlichkeit, der Gerechtigkeit treu bleiben will.
Holz 1975: 13

Marx und Gramsci treffen sich darin, eine Philosophie der Praxis entwerfen zu wollen – sagen die, die den Marxismus als Philosophie begreifen. Soll eine solche Philosophie der Praxis kein rein scholastisches Unternehmen sein, das die Welt nur anders interpretiert, muss das Verhältnis von Welt-Anschauung und Praxis anders konzipiert sein als gemäß dem gemeinen Verständnis des Merkverses *the proof of the pudding is in the eating*. Nichtscholastisch kann es keine als solche wahre Welt-Idee geben, der man dann, auch noch, zumuten müsste, in der Praxis bewiesen zu werden. Nichtscholastisch kann man nicht für wahr halten, dass sich in der Praxis erst zeigt und beweist, was eigentlich auch vorher schon wahr war. Nachscholastisch kann das ›Praxiskriterium der Wahrheit‹ nur heißen, dass sich die Wahrheit der Welt-Idee in der (gesellschaftlichen) Praxis allererst bildet. In marxistischer Terminologie heißt das »Kampf um Hegemonie« (Gramsci), und das ist keine bloße Frage der Durchsetzung einer schon wahren Position, sondern Ausdruck des Umkämpftseins von Wahrheit. »Die Philosophie hat sich verweltlicht und der schlagendste Beweis dafür ist, daß das philosophische Bewußtsein selbst in die Qual des Kampfes nicht nur äußerlich, sondern auch innerlich hineingezogen ist.« (Marx, s. o., Einleitung) Die Frage, ob marxistische Philosophie ihrerseits (weil Philosophie) die Welt lediglich anders interpretiert oder tatsächlich eine Philosophie der Praxis wird, entscheidet sich also unter anderem im Kampf darum, welches Verständnis von ›Kampf um

Hegemonie‹ hegemonial wird. Diese Miniatur skizziert daher den innermarxistischen Kampf um ein angemessenes Verständnis von Hegemonie – als Kampf zwischen einer praktizistischen und einer gramscianischen Lesart von Marx.

8.1 Wahrheitspächter und Wahrheitsorganisatoren

Holz tut sich schwer, innerhalb des Marxismus klare Fronten auszumachen, an denen es zu brechen lohnt. Natürlich kennt auch Holz den Schachzug, bestimmte Positionen, die sich marxistisch nennen und als solche begreifen, als pseudo-marxistisch zu diskreditieren und aus dem gemeinsamen Bestand auszusondern. Man kann das im Prinzip verstehen, und dem auch gelegentlich gut folgen. Was historisch und politisch schwierig ist: Fronten innerhalb dessen, was als Marxismus durchgeht. Stalins Hohelied des Real-Allgemeinen, gnadenlos gegen Individualitäten; marxistisch-leninistische Geschichtsdeterminismen und Ableitungsmarxismen; staatssozialistische Beibringer-Propaganda, dumpfbackig und jedes emanzipatorische Anliegen beleidigend – das und manches Unrühmliche mehr gilt ihm nicht als pseudo-marxistisch, sondern wahlweise als schrecklicher Fehler oder als Missverständnis. Manchmal schwebt auch ein wenig in der Luft, ob eine Position noch dazugehört oder schon eine Abweichung ist. Holzens harsche Kritik an Chruschtschow und an den Beschlüssen des XX. Parteitages der KPdSU etwa gehören hierher. So hat er amüsiert, aber ohne ernsthafte Einwände, die Einteilung der Linken durch Peter Hacks zur Kenntnis genommen. Im *Natürlichen System der Linken* hatte Hacks die Kommunisten als Marxisten-Leninisten identifiziert, diese aber bei der KPdSU 1953 und bei der SED 1971 enden lassen (Hacks [2000], in Hacks & Holz 2007: 117). Der harte Punkt von Holz, der harte Grenzziehungen innerhalb des Marxismus schwermacht: Auch schreckliche Fehler und Missverständnisse gehören zum Erbe des Marxismus, und *deshalb* könne man solche Härten nicht einfach entsorgen, schon gar nicht kommentarlos oder mit moralistischem Zeigefinger. Wohl wahr. Aber es gibt auch ein Erbe, das man ausschlagen muss, »wenn man der Wahrheit, der Menschlichkeit, der Gerechtigkeit treu bleiben will«. (Holz, s. o., Motto)

Wer daran festhält, dass der Marxismus eine Philosophie ist, und wer zugleich daran festhält, dass dies notwendig einen Bruch mit vormaligem Philosophieren verlangt, der findet im Proletariat die materiellen Waffen marxistischer Philosophie (Marx 1844b: 182 [MEW 1: 391]). Aber eben auch: Wer trotz der Notwendigkeit eines Bruchs mit vormaliger Philosophie ernsthaft daran festhält, dass der Marxismus eine Philosophie ist, der unterstellt, dass das Proletariat seine geistigen Waffen in der Philosophie findet (ebd.). So weit das Programm und Koordinatenkreuz jedes marxistischen Philosophierens.

Darin aber scheiden sich die Geister. Man kann bei und mit Marx betonen, dass das bedeute, dass der »Blitz des Gedankens« in den »naiven Volksboden« hineinzuschlagen habe (ebd.). Man kann aber auch die andere Stelle betonen, an der Marx herausstellt, was »rücksichtslose Kritik« bedeutet: Es sei gerade nicht so wie im Schlaraffenland, dass fertige Einsichten als gebratene Tauben in den Mund fliegen. Stattdessen sei die Philosophie auch innerlich in die Kämpfe hineingezogen, und folglich kann es nicht darum gehen, eine fertige Welt-Anschauung nur umzusetzen (Marx 1843b: 486 f. [MEW 1: 344]). Das Praxiskriterium der Philosophie besagt dann, dass Wahrheit nicht (vorgegeben) *ist*, sondern in der Praxis performativ wird. Hier scheiden sich dann die Wirklinien dessen, was genau Avantgarde-Funktion der Partei und was Diktatur des Proletariats meinen. Heutzutage muss man betonen, dass beide Konzepte zum Erbe des Marxismus gehören – gegen allen hegemonialen Zeitgeist, der gerade in diesen beiden Konzepten die Inkarnation des Bösen des Marxismus verortet. Aber man muss auch betonen, dass eine Gramsci-Linie der Auslegung dieser beiden Konzepte eine ganz andere ist als die ML-Linie ihrer Auslegung.[15] Beide Linien sind unverträglich miteinander. Wer an der Vorstellung vom »naiven Volksboden« festhält – selbstver-

15 »ML« ist die Abkürzung für ›Marxismus-Leninismus‹; dieses Kürzel ist der eingeführte Name für bestimmte Ausrichtungen bestimmter kommunistischer Parteien, die diese meinen, im Namen von Marx und Lenin in ihrer politischen Praxis umsetzen zu sollen (s. o., Kap. 7.1). Diese Ausrichtung ist durch die Selbstunterstellung gekennzeichnet, die Wahrheit gepachtet zu haben, die es folglich nur noch umzusetzen gelte.

ständlich unabhängig von aller Philologie, wie denn wohl Marx die Worte »naiv« und »Volk« benutzt –, der praktiziert deshalb eine Beibringer-Propaganda, die eine schon fertige Wahrheit und frohe Botschaft lediglich übermitteln will. Das mag eine Zeit lang noch freundlich ablaufen, aber wenn die gesellschaftlichen Umstände und Zeiten dann rauer werden, verrät sich diese ML-Linie in einem Konzept von *Diktatur des Proletariats*, das de facto glaubt, die Bürger*innen der Republik zu deren Glück zwingen zu können und zu müssen. Deshalb muss man sich, emanzipatorisches Interesse vorausgesetzt, von dieser ML-Linie zugunsten der Gramsci-Linie verabschieden, »wenn man der Wahrheit, der Menschlichkeit, der Gerechtigkeit treu bleiben will«.

In den Worten von Holz:

> »Revolutionäre Politik ist immer auch ein Ringen um das Bewußtsein der Massen; insofern ist sie elitär, als dieses Bewußtsein zuerst von wenigen ausgebildet wird; und sie ist zugleich antielitär, als sie danach strebt, das Privileg der Minderheit aufzuheben und ihr Bewußtsein zur Jedermannsphilosophie werden zu lassen. Das ist der Sinn einer Rede von ›Avantgarde‹ der Arbeiterklasse und von einer ›Avantgarde-Partei‹, die die Organisation des Ringens um die Köpfe und Herzen ist.« (Holz 1992c: 15)

8.2 Das Gramsci-Axiom

Der für Gramsci grundlegende und alles entscheidende Punkt ist das Postulat, dass die Mitglieder einer Gesellschaft nicht nicht Philosoph*innen sein können, dass sie notwendigerweise eine Welt-Anschauung haben. Das liegt bereits darin, dass eine Sprache (sei es der Worte, sei es des nichtwortsprachlichen Ausdrucks) nie nur ein Mittel der Kommunikation ist, sondern immer auch eine Sicht der Dinge, eine Weltsicht. Das ist nur eines von mehreren Momenten dessen, was Gramsci dann insgesamt »Jedermannsphilosophie« nennt:

> »Man muß das weitverbreitete Vorurteil zerstören, die Philosophie sei etwas sehr Schwieriges aufgrund der Tatsache, daß sie die spezi-

> fische intellektuelle Tätigkeit einer bestimmten Kategorie von spezialisierten Wissenschaftlern oder professionellen und systematischen Philosophen ist. Man muß daher vorab zeigen, daß alle Menschen ›Philosophen‹ sind, indem man die Grenzen und die Wesenszüge dieser ›spontanen Philosophie‹ definiert, die ›jedermann‹ eigen ist, nämlich der Philosophie, die enthalten ist: 1. in der Sprache selbst, die ein Ensemble von bestimmten Bezeichnungen und Begriffen ist und nicht etwa nur von grammatikalisch inhaltsleeren Wörtern; 2. im Alltagsverstand und gesunden Menschenverstand; 3. in der Popularreligion und folglich auch im gesamten System von Glaubensinhalten, Aberglauben, Meinungen, Sicht- und Handlungsweisen, die sich in dem zeigen, was allgemein ›Folklore‹ genannt wird.« (Gramsci GH 6, H. 11 [1932–1933]: 1375)

Eine solche spontane Philosophie ist je individuell, sozusagen eine persönliche Lebensbewältigungsstrategie. Gleichwohl kann man eine solche Jedermannsphilosophie nicht alleine haben, denn sie ist ein je individuelles Aggregat aus miteinander Geteiltem, nämlich der Sprache, dem Alltagsverstand, der Folklore. Hier zeigt sich elementar, was Plessner als »Wir-form des eigenen Ichs« bezeichnet (Plessner 1928: 303). Dies wiederum ist die Reformulierung des Umstands, dass Menschen qua Positionalität Gesellschaftsmitglieder *sind*. Es kommt dann immer noch dazu, dass man dadurch in die Gesellschaft hineingeboren wird, dass man de facto in eine bestimmte Gemeinschaft hineingeboren wird (was *feine Unterschiede* macht; vgl. Bourdieu 1982). Die Jedermannsphilosophie ist also nicht für jeden und jede dieselbe, aber man kann, so Gramsci, eine Welt-Anschauung nicht nicht haben, und man kann seine persönliche Welt-Anschauung nicht alleine haben:

> »Durch die eigene Weltauffassung gehört man immer zu einer bestimmten Gruppierung, und genau zu der aller gesellschaftlichen Elemente, die ein- und dieselbe Denk- und Handlungsweise teilen. Man ist Konformist irgendeines Konformismus, man ist immer Masse-Mensch oder Kollektiv-Mensch.« (Gramsci GH 6, H. 11 [1932–1933]: 1376)

Spontan zu sein, heißt dann auch, dass eine solche spontane Philosophie schlicht (irgendwie) als Orientierungswissen, als Lebensbewältigungsstrategie im eigenen Leben fungiert – in dem puren Umstand, dass man eine Welt-Anschauung nicht nicht haben kann, liegt noch keinerlei Urteil zur Güte dieser Welt-Anschauung. Postuliert ist lediglich, aber entscheidend, dass diese spontane Philosophie als Orientierung fungiert – unabhängig davon, ob sich das eigene Leben (sei es aus Binnen-, sei es aus Außenperspektive) ›gut‹ oder leidvoll, kohärent oder widersprüchlich, krank oder gesund vollzieht. Das Gramsci-Axiom besagt, dass jede, auch jede noch so ver-rückte, individuelle Welt-Anschauung im und für das eigene Leben Sinn ergibt. Das mag dann von außen schwer auszuhalten sein – etwa wenn sich eine solche Jedermannsphilosophie als Verschwörungsmythos offenbart oder als Grundhaltung, alle Mitglieder der Gesellschaft würden doch in einem Boot sitzen; aber da hilft kein »Quängeln« (Hegel, HW 18: 85; vgl. HW 20: 387). Das, was Bloch treffend als »Aufkläricht« (Bloch 1970: 29; vgl. Bloch 1962: 68 f.) charakterisiert, kann geradezu dadurch definiert werden, nicht wahrhaben zu wollen, dass individuelle Welt-Anschauungen Sinn ergeben und man Lebensbewältigungsstrategien nicht dadurch ändert, dass man den Individuen das ›richtige‹ Licht in ihr ›falsches‹ Dunkel bringt.

Das wiederum heißt selbstverständlich nicht, dass man eine solche spontane Philosophie einfach so lassen muss, wie sie nun einmal ist. Zum einen ändert sie sich sowieso fortwährend, zum anderen kann man sie gestalten – sei es individuell, sei es miteinander:

> »Nachdem man gezeigt hat, daß alle [Menschen] Philosophen sind, sei es auch auf ihre Weise, unbewußt, weil schon allein in der geringsten Äußerung einer wie immer gearteten intellektuellen Tätigkeit, der ›Sprache‹, eine bestimmte Weltauffassung enthalten ist, geht man zum zweiten Moment über, zum Moment der Kritik und der Bewußtheit, das heißt zu der Frage: ist es vorzuziehen, ›zu denken‹, ohne sich dessen kritisch bewußt zu sein, auf zusammenhangslose und zufällige Weise, das heißt, an einer Weltauffassung ›teilzuhaben‹, die mechanisch von der äußeren Umgebung ›auferlegt‹ ist, und zwar von einer der vielen gesellschaft-

lichen Gruppen, in die jeder automatisch von seinem Eintritt in die bewußte Welt an einbezogen ist (und die das eigene Dorf oder die Provinz sein kann, ihren Ursprung in der Pfarrgemeinde und in der ›intellektuellen Tätigkeit‹ des Pfarrers oder des patriarchalischen großen Alten haben kann, dessen ›Weisheit‹ Gesetz ist, in dem Weiblein, welches das Wissen von den Hexen geerbt hat, oder im Kleinintellektuellen, der in der eigenen Dummheit und Handlungsunfähigkeit versauert ist), oder ist es vorzuziehen, die eigene Weltauffassung bewußt und kritisch auszuarbeiten und folglich, im Zusammenhang mit dieser Anstrengung des eigenen Gehirns, die eigene Tätigkeitssphäre zu wählen, an der Hervorbringung der Weltgeschichte aktiv teilzunehmen, Führer seiner selbst zu sein und sich nicht einfach passiv und hinterrücks der eigenen Persönlichkeit von außen den Stempel aufdrücken zu lassen?« (Gramsci GH 6, H. 11 [1932–1933]: 1375)

Das Gramsci-Axiom hat Konsequenzen für das Verständnis und für die Rolle der nichtspontanen, also von jeder institutionellen Philosophie:

> »Eine neue Kultur zu schaffen bedeutet nicht nur, individuell ›originelle‹ Entdeckungen zu machen, es bedeutet auch und besonders, bereits entdeckte Wahrheiten kritisch zu verbreiten, sie sozusagen zu ›vergesellschaften‹ und sie dadurch Basis vitaler Handlungen, Element der Koordination und der intellektuellen und moralischen Ordnung werden zu lassen. Daß eine Masse von Menschen dahin gebracht wird, die reale Gegenwart kohärent und auf einheitliche Weise zu denken, ist eine ›philosophische‹ Tatsache, die viel wichtiger und ›origineller‹ ist, als wenn ein philosophisches ›Genie‹ eine neue Wahrheit entdeckt, die Erbhof kleiner Intellektuellengruppen bleibt.« (Ebd. 1377)

8.3 Holz liest Gramsci

Die »Einheit von Philosophie und Politik«, die dem Programm marxistischen Philosophierens als Koordinatenkreuz zugrunde liegt, gründet für Holz, unter Verweis auf Gramsci, darin, »daß alle Menschen ›Philosophen‹ sind« (Gramsci), also qua exzentrisch positioniertem Handeln in der Welt eine Welt-Anschauung nicht nicht haben können. »Eine Weltanschauung zu haben, ist der Ausdruck des für ihn [den Menschen] konstitutiven Widerspiegelungsmodus.« (Holz 1992c: 21) Damit ist die theoretische Grundlage für alle Beibringer-Propaganda entzogen. »Avantgarde-Funktion« von Intellektuellen und der Partei kann jetzt der Sache nach *nur* noch heißen, die gelebte Welt-Anschauung von Individuen modifizieren zu wollen (durch und als kritische Reorganisation) – es ist jetzt theoretisch ausgeschlossen, den Individuen eine (neue) Welt-Anschauung einpflanzen respektive beibringen zu wollen. Das schließt missverständliche Formulierungen nicht aus, ja nicht einmal Selbstmissverständnisse aller Beteiligten. Erst recht löst es noch kein praktisches Problem emanzipatorischer Propaganda. Aber Holz macht hier mit Gramsci die Weichenstellung zwischen der Wahrheitsorganisation emanzipatorischer Welt-Anschauungsentwicklung einerseits und der Inbesitznahme von Wahrheit in jeder Beibringer-Propaganda andererseits kenntlich. Auf dem einen Gleis will man je situierte Welt-Anschauungen miteinander in emanzipatorischer Absicht organisieren – auf dem anderen Gleis ist man/ein Zentralkomitee/eine Hohepriesterfunktion davon überzeugt, die Wahrheit gepachtet zu haben, die man anderen nur noch beibringen müsse. Holz hält es hier mit Gramsci und legt die Weiche um.

Der Unterschied zwischen Wahrheitspacht und Wahrheitsorganisation ist ein Stilunterschied. Auf der Oberfläche der rein verbalen Versicherungen ist der Unterschied kaum zu diagnostizieren – man wird vermutlich keine marxistische Position finden, die das Anliegen der Avantgarde-Funktion bestreitet: einerseits elitär, andererseits gerade nicht elitär. Trotzdem ist es ein Unterschied ums Ganze, gründend in der Weichenstellung, jeden und jede als Philosoph*in anzuerkennen und ein entsprechendes Miteinander zu praktizieren – oder eben nicht. Dies ist ein Unterschied in der tatsächlich miteinander gelebten Umgangsweise, eben ein Stilunterschied. »An den Früchten sollt ihr sie erkennen!«

Holz und Gramsci sind hier sehr klar:

> »Die Transformation der ›Jedermannsphilosophie‹, des ›senso commune‹, in eine ausgearbeitete, wissenschaftlich begründete allgemeine Theorie der Welt, der Gesellschaft, ihrer Entwicklung und Umgestaltung – also in eine *wissenschaftliche* Weltanschauung – ist keine bloße Angelegenheit des Denkens; sie vollzieht sich im Zusammenhang gesellschaftlicher Aktivitäten und Auseinandersetzungen.« (Holz 1992c: 23)

Bei klarer Weichenstellung:

> »Daß alle Mitglieder einer politischen Partei als Intellektuelle angesehen werden müssen, das ist eine Behauptung, die zu Spott und zur Karikatur Anlaß geben kann; dennoch, bei genauer Überlegung, nichts richtiger als dies.« (Gramsci GH 7, H. 12 [1932]: 1506; zit. bei Holz 1992c: 28)

8.4 Die Dialektik von Wahrheitspacht und Wahrheitsorganisation

Im Alltagsverständnis liegt eine »Dialektik« immer dann vor, wenn etwas in sein Gegenteil umschlägt. Die »Dialektik der Aufklärung« von Horkheimer und Adorno ist nahe an diesem Alltagsverständnis: Die Aufklärung habe ihre guten Seiten, aber manchmal kippt sie auch in Anti-Aufklärung, und das wiederum sei ihr eigen. Auch die klare Unterscheidung Stalinismus/Gramcianismus kann umschlagen. Peter Hacks bestreitet, dass Stalin ein Stalinist ist, und er macht ihn zum Gramscianer par excellence:

> »Die Erkenntnis, daß das Normale marxistisch ist und nicht das Exzentrische [hier im Sinne des Alltagsverständnisses, nicht im Sinne Plessners], ist die Hauptnachricht der ›Sprachwissenschaft‹ [Stalins], und daß der Unterschied zwischen dem Hausbackenen und dem Erlesenen in nichts besteht als in einem um ein paar Triaden höheren Niveau scheint mir das eigentliche Verdienst Stalins gegenüber Marx und gegenüber Lenin.« (Hacks [7.4.1998], in Hacks & Holz 2007: 54)

9 Dialektik und Widerspiegelung. Hans Heinz Holz

Der Leib ist der seelenvolle Ton, wodurch das In- und Für-sich-Sein der Monade allgemein vernehmbares Dasein wird.
Feuerbach 1837: 82

Das Werk von Hans Heinz Holz ist nicht rein aus sich heraus – als Creatio eines Großen – zu haben, sondern nur in der Mitwelt dieses Werkes, also platziert in der Geschichte unter anderem der Philosophie, der Kunst, der politischen Auseinandersetzungen. Dass sein Werk nicht aus sich heraus besteht, heißt konkret, dass es auf je sehr bestimmte und eigentümliche Weise Bestimmtes miteinander vermittelt: politische Befunde und Philosophie, Kant und Bloch, Schickel und König, Plessner und Leont'ev, Kleist und König, Hegel und Lenin, Leibniz und Feuerbach, Marx und Gramsci und vieles mehr.

Aber in diesen Vermittlungen – das ist in der Rede von »bestimmten und eigentümlichen Vermittlungen« schon angedeutet – ist auch ein noch so großes Werk nie nur Sprachrohr des Weltgeistes. Immer gibt es eine diesem Werk eigene Nuance – die macht, die verschiedenen Positionen gerade so zu vermitteln, wie sie in diesem Werk dann eben vermittelt werden. Josef König hatte diesen Gegenschlag gegen jeden Strukturalismus avant la lettre schon sehr früh im 20. Jahrhundert und sehr beiläufig notiert:

> »N. Hartmann bezeichnet [in Logos III, H. 2 (1912), S. 146] treffend die einzelne Kategorie als den positiv genommenen Schnittpunkt vieler möglicher Relationen im Denkbaren. [...] Nur ist hinzuzufügen, was Hartmann hier übersieht, daß der Begriff zugleich auch ein qualitativ Einmaliges, Diskretes ist, das nicht lediglich durch seine Stellung zu anderen, sondern auch durch eine unverlierbare

eigene Nuance zu diesem Bestimmten wird, sonst gäbe es, in abstrakter Bestimmtheit gefaßt, nichts, was ihn von einer Raumfigur z. B. trennte.« (König 1926: 45)

Deshalb: Den Marxismus spekulativ zu lesen, ihn essentiell an Leibnizens Monadologie zu binden, ihn in einer ausnehmend besonderen Lesart an das Widerspiegelungstheorem zu binden – das *ist* das philosophische Werk von Holz, und von niemandem sonst. Das Konzept ›Natur als universelles Widerspiegelungssystem‹ hat einen »Sehe-Punkt« (Chladenius), der dieses Konzept individuiert – und den man beim Namen nennen kann: Hans Heinz Holz.

10 Das Erbe von Holz: Parteiliche Ontologie

Hegel ist nicht zu tadeln, weil er das Wesen des modernen Staats schildert, wie es ist, sondern weil er das, was ist, für das Wesen des Staats ausgiebt.
(Marx 1843a: 68 [MEW 1: 266]; zit. bei Holz 2011-V: 325)

Man trägt Eulen nach Athen, wenn man die außerordentliche Bedeutsamkeit von Leibniz für das Philosophieren von Hans Heinz Holz betont. Möglicherweise lehnt man sich ein wenig aus dem Fenster, wenn man in Leibniz, noch vor Marx, König und Bloch, *die* Bezugsgröße für Holz sieht, aber es steht wohl außer Frage, dass die Monadologie von Leibniz, verdichtet dargestellt in dessen *Monadologie* (Leibniz 1714), *das* metaphysische Ausgangsmodell für Holzens Naturkonzept als universelles Widerspiegelungssystem ist.

10.1 Die Monadologie

Man kann oder sollte deshalb auch selbst gar nicht viel dazu sagen, sondern einfach auf die entsprechenden Arbeiten von Holz verweisen (u. a. Holz 1954; Holz 1958; Holz 1983b; Holz 1992a; Holz 2011-III: 361–580; Holz 2013a; Holz 2015a). An dieser Stelle sei nur protokollartig auf wenige Punkte verwiesen, die für Holz unhintergehbar geworden sind:

1) Monaden sind Spiegel der ganzen Welt, *repraesentatio mundi*. Die Betonung dabei liegt sowohl auf *Spiegel* als sehr bestimmter Form einer Relation als auch auf der Welthaltigkeit. Die berühmt-berüchtigte Fensterlosigkeit der Monaden taugt nicht, um in ihr eine Chiffre für die abgeschlossene Autarkie eines weltlosen atomistischen Wesens zu sehen. Dies ist zwar wissenschaftlicher Alltagssprech, selbst beim frühen Marx: der Mensch »als isolirte[..] auf sich zurückgezogene Monade« (Marx 1844a: 157 [MEW 1: 364]), aber das hat nichts mit Leib-

niz zu tun. In der Monadologie ist vielmehr ›lediglich‹, aber sehr bestimmt festgehalten, dass die Beziehungen der Monaden in der Welt untereinander und zur ganzen Welt in diesem philosophischen Modell strikt nichtkausal, sondern als Spiegelungs- oder Ausdrucksverhältnis konzipiert sind.

2) Monaden sind individuelle Substanzen. Dies ist eine philosophiegeschichtliche Ungeheuerlichkeit, denn Individuelles konnte vorher nicht substantiell sein. Eine Substanz war typischerweise das, was sich im Wechsel von Individuellem als Gemeinsames durchhält, und deshalb eo ipso nichts Individuelles. Eine Wissenschaft vom Individuellen konnte es deshalb gar nicht geben, denn eine Wissenschaft zielt landläufig aufs Allgemeine. Individuelle Substanzen sind außerhalb einer Monadologie hölzerne Eisen.
3) Leibniz gelingt diese Ungeheuerlichkeit, indem er das Individuierungsprinzip wechselt. Es geht nicht mehr um Merkmale, die einem individuellen Etwas vermeintlich einsam ganz alleine gehören – im Unterschied zu jenen Merkmalen, die verschiedenen Individuellen gemein sein mögen. Im Gegenteil. Monaden sind Spiegel der ganzen Welt und insofern gibt es hinsichtlich der Merkmale gerade keine substantiellen Unterschiede. Das Individuierungsprinzip ist der Topos, die Situiertheit, der »Sehe-Punkt« (Chladenius) – derjenige Ankerpunkt der Welt, in und von dem aus Monaden Spiegel der Welt sind.

Die Monadologie ist *das* Modell perspektivischer Welt-Blicke. Welt-Wahrheit ist nun in den Plural gesetzt, weil alle individuellen Substanzen das, was sie spiegeln – die Welt – in je eigener Situiertheit spiegeln (Leibniz 1714: § 57). Man kann diese Konsequenz der Monadologie wohl nicht besser ausplaudern als es Chladenius tat: »Allein wir wollen dieses behaupten, daß, wenn verschiedene Personen, auch nach ihrer richtigen Erkenntnis, eine Geschichte erzählen, in ihren wahren Erzählungen sich dennoch ein Unterschied befinden könne.« (Chladenius 1742: § 308) Eine Entscheidung zwischen gleichwertigen Welt-Anschauungen ist scholastisch, also rein schauend, nicht zu haben, wie die Marx'-schen Feuerbach-Thesen uns gelehrt haben.

Bei Althusser hieß das später »Klassenkampf [auch] in der Theorie« (Althusser 1971; vgl. Althusser 1974: 41–44: *Die Parteilichkeit in der Philosophie*), wofür er viel gescholten wurde. Leont'evs *Tätigkeitstheorie* hat die Konsequenzen für individuelle Personen gezogen und auf der prinzipiellen (kategorialen) Nicht-Identität von persönlichem Sinn und gesellschaftlichen Bedeutungen insistiert (Leont'ev 1975: Kap. 4.3, 4.4), was dieser Theorie nicht eben viele Freunde in der Sowjetunion gemacht hat. Einige Jahrhunderte nach Leibniz spricht mittlerweile auch ein, eben deshalb bemerkenswerter, Phänomenologe von »agonalen Weltentwürfen« (Tengelyi 2014: 411 ff.).

Die Agonalität der Weltentwürfe ist für Holz selbstverständlich. Dass diese Agonalität Ausdruck von Perspektivität im strengen Sinne, also Ausdruck einer Pluralität von Wahrheit sei, ist ihm dagegen zutiefst suspekt. Zu leicht kippt dann eine nicht bloß schauende Entscheidung für eine bestimmte Welt-Wahrheit in einen puren Dezisionismus; und zu wenig ernst genommen ist bei bloßer Pluralität der Unterschied zwischen ideologischer und wissenschaftlicher Welt-Anschauung. Deshalb gibt er entschieden zu Protokoll:

> »Diese objektive Perspektivität, die Pluralität nicht pluralistisch als eine beliebige Vielzahl von verschiedenen Einzelheiten versteht, sondern sie ›mit metaphysischer Strenge‹ als die Manifestation der sich aufgliedernden Einheit des ›Universums‹ (nicht ›Pluriversums‹) begreift, ist die Besonderheit des Leibnizschen Weltkonzepts.« (Holz 2013a: 16)

Doch was unterscheidet ein Pluriversum von einem Universum, das ›an sich selbst ein Vieles ist‹ (Platon, *Parmenides*)?

10.2 Hegels Kritik an schlechter Unendlichkeit

Was aber spiegeln die individuellen Substanzen eigentlich? Inwiefern spiegeln sie *Welt*? Wieso sollten oder könnten sie das? Woher kommt der Inhalt, den die Monaden spiegeln? Naheliegend ist zunächst, dass jede einzelne Monade alle anderen Monaden spiegelt. Aber dann spiegeln diese noch nicht die ganze Welt, denn selbstverständlich gehört auch die spiegelnde Monade selbst zur Welt. Sollte man *deshalb* die Welt selbst zur Monade erheben, gleichsam zur Obermonade oder zur Monade der Monaden? Abgesehen davon, dass man dann die Substanz der Welt mit erheblichen Folgeproblemen substantialisiert, wäre das bereits logisch eine harte Nuss. Wenn Monaden dadurch gleichsam definiert sind, Spiegel der Welt zu sein: *Wie* könnte *dann* auch ›Welt‹ eine Monade, also Spiegel ihrer selbst sein?

Ein universell wechselwirkendes *Relationen*system ist ein inhaltlich leeres System, falls es eine bloße Struktur bliebe. Wenn für jede einzelne Monade gilt, dass sie Spiegel aller Monaden (einschließlich ihrer selbst) ist, und wenn man *das* als Auskunft für jede einzelne Monade bekommt, dann ist offenkundig, dass damit noch nichts gesagt ist. Im allerbesten Fall bekommt man eine rein formale, quasi-geometrische Topologie, also eine Angabe von weltlichen Ankerpunkten, in denen Spiegel situiert sind. Falls man keinen methodisch kontrollierten Weg findet, jener Form individueller Ankerpunkte eine ihnen eigentümliche Materialität zu verleihen, bleibt jede Monadologie ein Glasperlenspiel. Es lohnt daher, gerade die maximal unscheinbar daherkommenden Sätze Josef Königs auf die Goldwaage zu legen. Was er zu Kategorien und Begriffen sagt, ist ein prinzipielles Argument und gilt gerade auch für Monaden: Man möge nicht übersehen, »daß der Begriff zugleich auch ein qualitativ Einmaliges, Diskretes ist, das nicht lediglich durch seine Stellung zu anderen, sondern auch durch eine unverlierbare eigene Nuance zu diesem Bestimmten wird, sonst gäbe es, in abstrakter Bestimmtheit gefaßt, nichts, was ihn von einer Raumfigur z. B. trennte« (König 1926: 45; s. o., Kap. 9) Genau deshalb postuliert die Monadologie die Eigentümlichkeit und die prinzipielle Verschiedenheit jeder einzelnen Monade gegenüber jeder anderen (Leibniz 1714: §§ 8, 9). »Und folglich muß es in der einfachen Substanz eine Mehrzahl von Bestimmungsmomenten und Beziehungen geben, obschon es keine Teile von ihr gibt.« (ebd. § 13)

Selbstverständlich ist auch Holzens Naturmonadologie kein Glasperlenspiel. »Denn nur als teilhaftig am universalen Weltstoff (›es gibt nichts Leeres‹, heißt es bei Leibniz) ist eben die individuelle Monade das, was sie ist, und ihre individuelle Stofflichkeit ist die Voraussetzung dafür, daß sie durch ihre Beziehungen zu allem übrigen In-der-Welt-Seiendem formal bestimmt sein kann. Die Materie ist das Band der Monaden [...]. Das ist das Schwierige, daß hier Substanz und Struktur, Stoff und Form als eine Einheit gedacht werden, die man nicht auflösen kann, ohne dabei zugleich das Verständnis beider zu zerstören. Um diese dialektische Einheit zu begreifen, prägt Leibniz seinen neuen Begriff *Monade.*« (Holz 2015a: 188 f.) Holzens Naturmonadologie ist keine reine Topologie, sondern eben Natur-Topologie oder philosophische Kosmologie; eine Naturdialektik, die ihren wesentlichen Zugangsweg über die Gesellschaftlichkeit, über die Polis, über die Welt der Citoyens nimmt. Doch wie ihr das gelingt, bleibt ambivalent oder, wahlweise, etwas rätselhaft. Holz kennt zwei Schachzüge.

Gelegentlich nimmt er Welt als eine eigene Monade neben allen anderen individuellen Substanzen. Damit gefährdet er das eigene Anliegen, denn das macht die Perspektivität der spiegelnden Monaden zu einer bloß epistemischen Perspektivität: Alle spiegeln dann Dasselbige auf ihre je eigene Weise. Alle reflektieren auf die gegebene Welt in je eigener Weise, aber sie tragen nichts zum Bestand und zur Gestalt dieser Welt bei. Eine bloß epistemische Perspektivität wäre die philosophisch scheinlegitimierte Absage an die Gestaltbarkeit von Welt, ein Rückfall in Scholasterei, denn immer leben wir dann schon in der besten – oder wahlweise: in der schlechtesten – aller möglichen Welten. Dieser Gefahr glaubt Holz dadurch zu entgehen, dass er die Substantialisierung der Welt (die Welt als *monas monadum*) sowohl bei Leibniz als auch in der Sache (zu Recht) nicht als Ding-Substantialisierung begreift, sondern als ein dauerndes Formveränderungsgeschehen. Das ändert aber nichts an der grundlegenden Substantialisierung: Dieser Schachzug setzt *Welt*, egal ob statisch oder dynamisch gedacht, als eine eigenständige Monade neben alle individuellen Monaden, die diese Obermonade spiegeln. Holz quält sich nicht mit der Logik, die es dazu braucht, sondern nimmt Leibniz' Rede von Gott als *bloße* Metapher, die den eigentlichen Systemgehalt nichts angehe, und nimmt die *Theodizee* als ein Werk von Leibniz, das ganz »außerhalb« der philosophischen Schriften stehe (ebd. 197).

Weil man mit *diesem* Leibniz nicht zu Marx kommt, eröffnet Holz die Partie meistens mit dem anderen Schachzug. Welt zu spiegeln, heißt dann, dass die Monaden *in* der Welt sind, zugleich aber auch, dass Welt in ihnen als gespiegelte ist. Deshalb gelte das Prinzip *praedicatum inest subiecto* (Holz 2011-III: 468–476): Die Natur einer individuellen Substanz bestehe dann darin, »einen so erfüllten Begriff zu haben, daß er zureichend ist, um alle Prädikate des Subjekts, dem dieser Begriff zugeschrieben wird, zu verstehen und daraus abzuleiten« (Leibniz, zit. n. ebd. 468). Oder auch: »Der Begriff der einzelnen Substanz ist ein vollständiger Terminus, der alles enthält, was von ihr gesagt werden kann.« (Leibniz, zit. n. ebd. 474, Anm. 61) Das Analogon zum drohenden Glasperlenspiel ist jetzt die »leere Tautologie«, die »Totenstarre der Identität des Vorhandenen« (Holz 2011-III: 476). Das unterlaufe Leibniz durch die Unterscheidung von ausdrücklichem und virtuellem Enthaltensein des Prädikats im Subjekt (ebd. 470). Zum »vollen Begriff« (ebd. 474) gehören, so Holz in diesem Schachzug, auch diejenigen Prädikate, die seiende Möglichkeiten der Substanz repräsentieren – seiende und nicht bloße Möglichkeiten, weil zu diesen Möglichkeiten gehöre, »nach Verwirklichung« zu drängen (ebd. 470). Wenn ein möglicher Zustand der Substanz eingetreten sein wird, dann sei er (post festum) notwendigerweise eingetreten, aber jetzt sei nicht notwendig, dass dieser und kein anderer Zustand eintreten wird – bei Strafe, »die Kontingenz und die Freiheit [zu] zerstören« (Leibniz, zit. n. ebd. 471). Hier ist der systematische Ort, an dem Holz Bloch mit Leibniz und Leibniz mit Bloch liest (ebd. 476): »Das Künftige ist erst partiell bedingt.« (ebd. 474; vgl. Bloch 1959: 260) Holz setzt auf »die zeitliche Unendlichkeit der Welt« (Holz 2011-III: 476), sodass in »der zeitlichen Extensionalität der Zeit die universelle Gegebenheit aller Zustände einer Sache allerdings nie simultan wirklich [ist] – wohl aber im vollständigen Begriff, der ebenso ihre vergangenen wie ihre zukünftigen wie ihre möglichen Zustände erfasst« (ebd. 474). In der Gegenwärtigkeit des zeitlichen Verlaufs tritt der vollständige Begriff gleichsam je nur unvollständig zu Tage. Hier ist dann die Rede von Gott alles andere als eine *bloße* Metapher: Das Zugeständnis, »spekulative Erkenntnis, deren optimaler Grenzfall die Erkenntnis nach der Weise Gottes wäre« (ebd. 469), nimmt den gleichsam je nur unvollständigen Begriff als infinitesimale Annäherung an den vollständigen Begriff.

Dieser Schachzug lebt damit davon, die Unendlichkeit der Welt zu verendlichen. Die Kritik Hegels an der schlechten Unendlichkeit, also an der Figur der niemals zu erreichenden, und folglich gegenwärtig auch nicht wirksamen Unendlichkeit, hat Holz oft genug verbal anerkannt, aber er hat in dieser Kritik nie gebadet. Er konnte gegenüber der Hegel'schen Formulierung, in Leibnizens *Theodizee* sei Gott »gleichsam die Gosse, worin alle die Widersprüche zusammenlaufen« (Hegel HW: Bd. 20, 255), keinerlei Humor aufbringen und hat dies als bloßes Missverständnis abgetan. Entsprechend konnte er auch die analoge Kritik von Feuerbach, der das Schwankende bei Leibniz auf eine Unbestimmtheit im Begriff der Schranke und entsprechend im Begriff der unbeschränkten, allgemeinen Substanz zurückführte (Feuerbach 1837: § 14), nicht würdigen, sondern hat Feuerbach seinerseits an solchen Stellen einen Rückfall in einen idealistischen Begriff von Perzeption vorgehalten (vgl. Holz 1986b: insbes. 184, 197–200).

In der Terminologie von Josef König ist die Aufgabe leicht formuliert, aber dadurch selbstredend noch nicht gelöst: Der lebendige Zusammenhang der spiegelnden Monaden ist »nichts als« die Welt. Dieses »nichts als« ist als Abgrenzung in zwei Richtungen definiert. Es bedeutet nicht »nichts anderes als«, denn in solcher Reduktion wäre die Eigenbedeutsamkeit von *Welt* verschwunden, und das wäre die Reproduktion der Monadologie als Glasperlenspiel; zugleich meint das »nichts als« den Gehalt des Zusammenhangs der spiegelnden Monaden nicht als ein eigenständiges Etwas neben all den vielen individuellen Substanzen. »Nichts als die Welt« zu sein, nimmt *Welt* als unreduzierbar eigen*bedeutsames* Moment jenes Zusammenhangs spiegelnder Monaden, aber nicht als substantialisiertes Etwas, und sei dieses Etwas noch so dynamisch gedacht. Oder anders: *Welt* ist in der Formel des »nichts als« keine materialisierte Struktur, also nicht das mit Materie angefüllte Relationensystem aller individuellen Substanzen, sondern die Materialität dieser Welt-Struktur. Es ist der Weg, das Spiegelungs- oder Ausdrucksverhältnis nicht dadurch vom Verdacht einer bloßen Perzeption, also einer idealistisch konzipierten bloßen Vorstellung, zu befreien (Holz 1986b: 180–186), indem man den Nachweis erbringt, dass es ein Verhältnis zwischen materiellen Seienden ist, sondern dadurch, dass man das *Ausdrücken* als Seins-Verhältnis zu erweisen sucht.

10.3 Ontologische Perspektivität

Die perspektivischen Welt-Blicke spiegelnder Monaden sind nicht lediglich epistemisch perspektivisch. Die Welt selbst ist und wird eine andere, je nachdem, wie man sich in ihr positioniert und bewegt, denn perspektivische Welt-Blicke sind selbst *in* dieser Welt und verändern also, was sie gerade spiegeln. Jedenfalls gilt das dann, wenn jede Möglichkeit eines göttlichen Blicks von außen auf Welt unterlaufen ist. Situiertes Wissen heißt, ohne »göttlichen Trick« auszukommen (Haraway 1995: 87; ausführlich dazu Weber 2003).

Der Traum einer bloß epistemischen Perspektivität, von der gelegentlich unter Berufung auf Kant berichtet wird, ist das direkte Gegenteil von dem, wofür die kantische Philosophie steht. Es ist der Traum einer Beobachtung ohne Beobachtenden, einer Beobachtung, die lediglich protokolliert, was da vermeintlich auch ohne sie genau so, wie protokolliert, Bestand hat. Oder schärfer: Es ist der Traum scholastischen, rein schauenden Beobachtens. Eine bloß epistemische Perspektivität wird bereits dem Epistemischen nicht gerecht, geschweige dem, was in ihr gespiegelt würde. Nur in einer bloß epistemischen Perspektivität wäre Spiegeln ein bloßes Abspiegeln von Vorgegebenem. Um einen Zeugen außerhalb des hier verhandelten Zusammenhangs zu Wort kommen zu lassen:

> »Kurz, ein theoretisches Denken, das nicht im Grunde ontologisch wäre, hat nie bestanden und ist ein Ding der Unmöglichkeit. Es liegt eben im Wesen des Denkens, sich nicht auf nichts, sondern nur auf Seiendes richten zu können. Das war der Sinn der alten eleatischen These. Es hilft nichts, wenn man, um dieser Konsequenz zu entgehen, die theoretische Grundfrage auf das Erkenntnisproblem allein beschränkt. Es ist eine bare Selbsttäuschung, wenn man auf diese Weise der Seinsfrage zu entgehen meint. Man erreicht gerade das Gegenteil. Es gibt keine Erkenntnisfrage ohne

> Seinsfrage. […] Gerade das Erkenntnisproblem, und innerhalb seiner wiederum gerade das Problem der apriorischen Erkenntnis ist es, was am dringlichsten einer ontologischen Grundlegung bedarf.« (Hartmann 1924b: 71–73)

In diesem Sinne sei jedes Erkennen ein »Erfassen« (Hartmann 1940: 7). Hartmann besteht darauf, dass dieser Punkt einer unhintergehbaren ontologischen Bezugnahme auf Seiendes noch diesseits des Streits einer realistischen oder idealistischen Deutung von Seiendem angesiedelt ist (Hartmann 1924a; Hartmann 1924b: 71 f.).

Man mag die Perspektivität spiegelnder Monaden daher, in Abgrenzung zu einer bloß epistemischen Perspektivität, »ontologische Perspektivität« nennen. Dann freilich muss man auch hier noch Hartmann folgen, der darauf besteht, dass in der Zeitrechnung nach Kant ausschließlich eine *neue* Ontologie durchführbar ist. »Die Zeiten der alten, aprioristisch-deduktiven Ontologie« sind vorbei, und die »Behandlungsweise ist eine andere geworden« (Hartmann 1935: V), und zwar so grundlegend, »daß in Wahrheit auch der Inhalt scheinbar gleichlautender Thesen ein anderer geworden ist« (ebd. 35). Eine neue Ontologie ist eine Kategorienlehre, eine Lehre von den Konzeptualisierungsformen des Seienden (Pätzold 1991); Kategorien sind »Aussageformen – gleichsam die Geleise möglicher speziellerer Aussagen« (Hartmann 1940: 5), nicht aber Abbildungen von Ontischem. Selbstverständlich weiß Holz das, und immer dann, wenn es nötig ist, das eigens zu betonen, kommt der zielsichere Verweis auf Bloch, der die Dreiheit von epistemischem Sachverhalt, ontologischem Gegenstand und ontischem Objekt unterscheidet und von Kategorien als »Daseinsformen« spricht (Bloch 1959: Kap. 18, insbes. S. 266). Bloch hält dort nachdrücklich fest, dass die ontologische Dimension – also die Dimension des Gegenstandes – keine unnütze Verdoppelung ist, sondern ganz im Gegenteil eine eigenbedeutsame, die nicht auf die Dimension des Ontischen einerseits und des Erkennens andererseits reduziert werden kann.

Gleichwohl gibt es relevante Passagen im Werk von Holz, in denen er zwar um den Unterschied von Ontischem und Ontologischem weiß, aber »philosophisch davon keinen Gebrauch« macht

(Plessner 1963: 243). Holz kennt dann Formulierungen wie zum Beispiel »nicht transzendentalphilosophisch, sondern ontologisch«, und suggeriert damit, dass eine Ontologie gegen die Einsichten Kants, also nichttranszendentalphilosophisch möglich ist. Genau dann wäre Ontologie doch ein Positivismus, ein bloß abbildendes Protokollieren von Ontischem. Solche Redeweisen, die bei Holz nie eindeutig und immer durch Gegeneinsichten konterkariert sind, ermöglichen die insofern berechtigte scharfe Kritik von Renate Wahsner (Wahsner 2009). Holzens Ontologie steht in der Gefahr, die Abbildtheorie lediglich verbal zu bestreiten, nicht aber systematisch zu unterlaufen; und man tut Holz und der Sache der ontologischen Perspektivität keinen Gefallen, wenn man diese Kritik nicht ernst nimmt oder gar als völlig unberechtigt empört von sich weist.[16]

Dass man auch Holz keinen Gefallen tut, zeigt sich exemplarisch und besonders dringlich an der Redeweise von »Klassen«. *Klasse* ist ein Differenzierungsprinzip von Gesellschaften und insofern eine geschichtsphilosophische Kategorie, nicht aber ein empirischer Begriff. Wer nicht von Kant hinreichend gelernt hat, dass kategoriale Gehalte Ermöglichungsstrukturen von Erfahrungen sind – gleichsam die »Geleise« (Hartmann) konkreter Erfahrungen –, der wird *Klasse* entweder direkt für einen empirischen Begriff halten oder aber für ein philosophisches Abbild gesellschaftlicher Tatsächlichkeit. In beiden Fällen wird so jemand heftig mitstreiten bei den Glaubensbekenntnissen, dass es »Klassen« nicht mehr gibt oder aber, selbstverständlich, doch noch gibt. Auch kategoriale Gehalte gibt es – jedenfalls dann, wenn man nicht unterstellt, Philosophieren sei ein Glasperlenspiel; aber kategoriale Gehalte gibt es in einem gänzlich anderen Sinne als jener Streit unterstellt, dass es sie geben müsste – es gibt sie weder als empirische Gehalte noch als Gehalte vermeintlich philosophischer Abbilder (vgl. Holz 2005: 118–147).

Deshalb ist Blochs dreifache Unterscheidung in Objekt, Gegenstand und Sachverhalt systematisch entscheidend. Ermöglichungs-

16 So etwa die Reaktionen von Metscher und Hüllinghorst auf Wahsner in Heft 81 (März 2010) der gleichen Zeitschrift *Z. Zeitschrift für marxistische Erneuerung*.

strukturen, also ontologisch-kategoriale Gehalte, liegen den Sachverhalten mitgegeben im Rücken; gleichwohl lauschen sie nicht den Objekten selbst deren Möglichkeiten ab, sondern handeln »von den noch unzureichend *hervorgetretenen* Bedingungsgründen« (Bloch 1959: 264). Weil die Möglichkeiten des Objekts, bei Strafe von Kontingenzexorzismus, »reicher, wahrer« (Leont'ev 1975: 117) als alles bisher von ihnen Erfahrbare sind – weil die »Auflösung aller Räthsel [nicht im] Pulte liegen«, sodass wir warten könnten, dass uns »die gebratenen Tauben der absoluten Wissenschaft in den Mund« fliegen (Marx, s. o.) –, deshalb handelt eine Kategorienlehre respektive Ontologie von historisch und kulturell situierten Konzeptualisierungsformen von Erfahrungen. Insofern ist auch Holzens Urteil hier klar und eindeutig:

> »Um das zu explizieren, muß allerdings die Kategorie Möglichkeit differenziert werden; das hat Bloch im Kapitel 18 des *Prinzip Hoffnung* getan, das ich problemgeschichtlich und systematisch für einen zentralen Text nicht nur der neueren, sondern der Philosophie überhaupt halte.« (Holz 2011b: 120)

Aufgrund dieser Nicht-Identität von Gegenstand und Objekt, und nur deshalb, konnte Marx in der *Einleitung* von 1857 vom Praktisch-wahr-Werden der Kategorien reden (Marx 1857: 635). Marx postuliert damit eine radikale Historizität aller Kategorien, also auch eine radikale Historizität oder auch Bedingtheit aller Konstanten und aller Haltungen. Radikale Historizität meint, dass es mitnichten nur historisch ist, den kategorialen Gehalt zu erkennen, sondern dass sich der kategoriale Gehalt selbst wandelt: *Wert* bei Aristoteles bedeutet etwas anderes als *Wert* bei Marx, weil Marx nicht mehr in einer Sklavenhaltergesellschaft lebt und schreibt. Auch und gerade dort, wo Marx an den Wert-Begriff unter anderem von Aristoteles anknüpft, handelt es sich nicht lediglich um die Explikation und Verbesserung dessen, was schon Aristoteles meinte oder meinen konnte. In diesem Sinne sind Kategorien epochale Konstanten, die aber ihrerseits als eben epochale und nicht überhistorische Wesenheiten historisch und kulturell bedingt sind. Es wäre eine fatale Verharmlosung, wenn man unter der Historizität jenes Praktisch-wahr-Werdens lediglich das historische Gewordensein fasst. Vielmehr möge man das, was da geworden ist, als bedingt begreifen. Auch eine kontingenzexorzistische Konzeption aus dem Nirgendwo kann problemlos zugestehen, dass die Kategorien historisch geworden sind. Dort hieße das: Manchmal brauchen wir Erdenbürger halt ein wenig länger, um das zu sehen, was Gott gewollt hat. Eine Historizität, die sich selbst als eine situierte begreift, schafft dagegen Platz für historische Kontingenz, weil sie es systematisch ernst nimmt, unter der Bedingung der Gegenwart zu stehen.

Die vielleicht wichtigste Konsequenz dieser Nicht-Identität von Gegenstand und Objekt haben Georg Misch und Helmuth Plessner gezogen. Kategorien sind nicht (direkt) Prinzipien von ontischen Objekten, sondern Prinzipien der Ansprechbarkeit (Plessner 1931: 152 f.) von Gegenständen als Gegenstände; sie nehmen den Gegenstand nicht (direkt) als Objekt, sondern nehmen den Gegenstand als etwas, das als etwas gilt. Am Beispiel von Exzentrizität, der Grundkategorie von Plessners Philosophie gesprochen: Schon im Ansatz der Frage nach dem Menschen habe sich jede Anthropologie bereits entschieden (ebd. 221) – insofern könne man den Menschen als Exzentriker nehmen, aber man müsse dies nicht tun (ebd. 148). Falls man es tut, dann nimmt man den Menschen nicht als pures Mitglied einer bestimmten Gattung, sondern als offene Frage, als Unergründlichen, als in seinen Entwicklungsmöglichkeiten nicht Fest-Stellbaren. Einen Gegenstand als etwas zu nehmen, das als etwas gilt, ist ein nicht nicht sein könnender normativer Wetteinsatz: als dies-und-nicht-jenes zu gelten. Weil kategoriale Gehalte eine Ermöglichungsstruktur jetztzeitiger Erfahrungen angeben, geben sie nicht zunächst die Spanne der Erfahrbarkeit des Sachverhalts an, um dann, in einem logisch zweiten Schritt, auch noch anzugeben, als was dieser Gegenstand gilt. Vielmehr ist der normative Wetteinsatz eine parteiliche ›Sicht der Dinge‹ und deshalb logisch wohlunterscheidbar von einem (eigens zu erfolgenden oder zu unterbleibenden) normativen Akt der Parteinahme. Oder wie es Misch 1926 explizit formulierte:

> »Die Entscheidung über das Schicksal der Philosophie fällt an einer einzigen Stelle, die überall die gleiche ist. Es ist die Stelle, wo ihr eigentliches Lebensband sitzt: das Band zwischen dem, was wir als theoretische Erkenntnis und Ethik auseinanderzuhalten gewohnt sind. Im ursprünglichen metaphysischen Wissen war beides unmittelbar eins.« (Misch 1926: 115; vgl. dazu König 1967: 158 f.)

Ontologische Perspektivität meint daher die Parteilichkeit einer Kategorienlehre. Parteilichkeit wiederum meint eine nicht nicht sein könnende Situiertheit, die es deshalb nicht als optionale Akte des Parteiischen oder der Parteinahme, sondern nur im ontologischen Perfekt gibt.

10.4 Praxisphilosophische Monadologie

Feuerbach meint, den »Hauptmangel der Monadologie« klar ausmachen zu können: Die Monade sei »nicht mithandelnde Person, nur *Zuschauer* des Welttheaters« (Feuerbach 1837: § 12, S. 92). Im Unterschied zu Holz sehe ich nicht, dass diese Leibniz-Kritik auf eine zu einseitig idealistische Lesart von *Perzeption* zurückzuführen ist. Der Paragraf 12 würde sich meines Erachtens nicht ändern, wenn man Feuerbachs Rede von *Perzeption* respektive *Vorstellung* durchgehend durch *Ausdruck* und *Spiegelung* ersetzt. Feuerbachs Diagnose beruht weder als berechtigte noch als übersteigerte Kritik auf einer Entgegensetzung einer inhaltslosen Vorstellung versus einer Vorstellung von Objektivem, sondern auf dem Gegensatz von *nur Nerven* versus *Fleisch und Blut* oder auch dem von *mithandeln* versus *bloß zuschauen*. Feuerbachs Diagnose des Hauptmangels ist der Vorwurf bloß scholastischer *theoria*, also eines sich heraushaltenden und als neutral stilisierenden bloßen Zusehens statt eines Dabeiseins im Modus des betroffenen Mitmachens. Die Monade werde nicht im »Hausfrieden ihrer Seele gestört« (ebd.).

Was sich hier schon deutlich bemerkbar macht, wird Feuerbach später als eigenes Prinzip und Unterscheidungsmerkmal postulieren: »Eine Philosophie, welche kein *passives Prinzip* in sich hat, [...] hat, als durchaus *einseitige*, *notwendig* die Empirie zu ihrem Gegensatz.« (Feuerbach 1843a: 253) Direkt davor heißt es: »Ein Wesen *ohne Leiden* ist ein Wesen *ohne Wesen*. Ein Wesen ohne Wesen ist aber nichts anderes als ein Wesen *ohne Sinnlichkeit, ohne Materie.*« (Ebd.) Oder schon 1841: »Weil auch das Objekt *tätig* ist, leidet das Ich – ein Leiden, dessen sich übrigens das Ich nicht zu schämen hat, denn das Objekt gehört selbst zum innersten Wesen des Ich.« (Feuerbach 1841a: 150)

Holz stellt diesen Zusammenhang zu Feuerbachs eigener Philosophie nicht her. Er sieht daher auch nicht den sachlichen Punkt, den Feuerbach hier einbringt: Ohne passives Prinzip, ohne den Widerfahrnis-Charakter der Tätigkeit, bleibt die Freiheit der Tätigkeit eine *creatio*, die de facto auf Schranken trifft, aber nicht an sich selbst als Gestaltung, als Anders-Tun gefasst werden kann. Ganz im Gegenteil nimmt Holz sogar Feuerbachs Reden von Widerstand, Grenze und Schranke als einen Fichte'schen Gedanken (Holz 1986b: 187). Nichts liegt Feuerbach ferner (vgl. Feuerbach 1843b: 290); aber genau deshalb mag es natürlich naheliegend sein, solchen Fichteanismus bereits in Leibniz hineinzulesen. Verloren geht dann freilich, was Feuerbach eigentlich daran kritisiert und was er dem entgegensetzt.

Ein Schwanken im Hinblick auf ein passives Prinzip der Monaden ist jedenfalls exakt das, was Feuerbach der Monadologie als Mangel ankreidet: »Die Harmonie zwischen Leib und Seele reduziert sich daher auf die Harmonie zwischen dem Prinzip der Tätigkeit und dem Prinzip des Leidens, die beide in der Monade selbst liegen.« (Feuerbach 1937: 100) Dieses Schwanken, und damit der Mangel, rührt, so Feuerbach, daher, dass Leibniz diese beiden Prinzipien der Tätigkeit und des Leidens auf zwei verschiedene Aspekte verteile, nämlich auf die Seelenhaftigkeit der Monade einerseits und auf ihre Leiblichkeit andererseits. Dann kann Leibniz den Joker ziehen, dass sowohl die Spiegelung der unendlichen Welt als auch die Begrenztheit der einzelnen Monade durch alle anderen Monaden je ein Moment der Monade ist. Dies *ist* die Harmonie von Seele und Leib der Monade, und diese Figur richtet sich gegen jede Idee von Okkasionalismus, also gegen jede Idee davon, dass diese Harmonie ursprünglich durch einen willkürlichen Akt Gottes eingerichtet worden sei und folglich immer mal wieder hergestellt werden müsse (Feuerbach 1937: § 13). Dennoch trage diese Harmonie »auch den Charakter der Äußerlichkeit an sich« (ebd. 100), insofern es eben zwei verschiedene Aspekte der Monade sind, die nur in Gott aufeinander gestimmt sind. Zugespitzt formuliert: Ohne Leiblichkeit als eigenes Gegenprinzip geht die Vielheit der individuellen Substanzen verloren und die Monadologie wäre ununterscheidbar von Spinozas *einer*, unendlich modifizierter Substanz; mit Leiblichkeit als eigenem Gegenprinzip sind die Monaden zwar unabhängig voneinander, aber dies um den Preis, nicht selbst die Ordnung ihres Miteinander hervorbringen zu können – so Leibniz explizit (n. ebd. 101). Für Feuerbach ist dabei ganz eindeutig, dass sich dieses Schwanken bei Leibniz auf die »Erklärung eines Phänomens« bezieht, nicht aber auf die »Begründung einer Realität« (ebd.).

Im Paragraf 14 führt Feuerbach dieses Schwanken bei Leibniz dann in dessen Grund zurück. Der Mangel der Monadologie liege im Begriff der Schranke, der so konzipiert sei, dass die individuelle Bestimmtheit der Monade eine Beschränktheit ist, gemessen an der Unbeschränktheit jener »allgemeinen Substanz, welche der Grund der Harmonie ist« (ebd. 103). Wenn man die Seelenhaftigkeit respektive das Fürsichsein der Monade herausstellt, »so ist die Monade für sich selbst unbeschränkt, sind die andern keine Schranke für sie; denn jede ist selbständig, keine hat einen Einfluß auf die andere« (ebd.). Das ist zwar nur die *eine* Seite der Monade, aber ihre Leiblichkeit kommt eben (in Gott) zur Seelenhaftigkeit hinzu, stört diese Seelenhaftigkeit aber nicht in deren Hausfrieden. Deshalb ist und bleibt die Beschränktheit aus der Sicht der unbeschränkten Seelenhaftigkeit ein Mangel. Feuerbach sieht und formuliert sehr klar, dass stattdessen aus dem »Begriffe des *Fürsichseins* die Schranke [hätte] abgeleitet werden sollen, um keinen Mangel übrigzulassen« (ebd.).

Der eigentliche Punkt Feuerbachs ist daher, dass die *Selbsttätigkeit* der Leibniz'schen Monade nicht an sich selbst ein passives Moment habe. Die Kontingenz und Freiheit der Monaden liegt darin, dass sie in dem, was sie für sich selbst tun, ihre faktische Schranke an der ihnen vorgegebenen Ordnung finden – ihre Unabhängigkeit untereinander geht nicht so weit, auch die Ordnung ihres Miteinander zu gestalten (s. o.). Die Kontingenz der Selbsttätigkeit ist eine »innerliche, geistige« (ebd. 107), bloß zuschauende – eine Kontingenz *in* ihrer Ordnung, aber nicht gegenüber und mit ihrer Ordnung (vgl. zu diesem fundamentalen Unterschied Richter 2005). Feuerbach klagt eine praxisphilosophische Lesart des Miteinander ein: der Ordnung des Miteinander nicht nur zuzuschauen, sondern diese zu gestalten. Die Unabhängigkeit der Monaden voneinander geht gleichsam nicht weit genug und dadurch zu weit. Der Leibniz, den Feuerbach gelesen hat, nimmt die Monaden noch ans Gängelband ihrer prästabilierten Ordnung und lässt sie damit gleichgültig gegeneinander. Erst wenn sie in ihrem Miteinander auch noch Marionettenspieler ihrer selbst wären, ist die Gestaltbarkeit der Ordnung ihres Miteinander denkbar.

> »Geistige Tätigkeit schließt aber alle *Mit*tätigkeit aus und ist darum, und darum nur allein, Selbsttätigkeit. Beistand, Mitwirkung ist nur möglich zwischen zwei sinnlich getrennten Wesen, wie wenn mir einer eine Last heben hilft, wobei ein Teil auf mich, ein Teil auf den andern fällt.« (Ebd.)

10.5 Pluralität von Wahrheit

Wenn Parteilichkeit unhintergehbar ist, dann gilt das auch noch für jede wissenschaftliche Weltanschauung. Das macht die Rede von einer solchen nicht gerade einfacher, denn der Hauptimpuls ist zweifellos, mit einer wissenschaftlichen Weltanschauung ein Gegenkonzept gegen schlechte Ideologie zu haben. Darin liegt zugleich das Problem, denn diese Rede suggeriert, dass Wissenschaft unideologisch zu haben sei, was die eigene Parteilichkeit sofort leugnet: Situiert sind immer nur die anderen, man selbst aber redet im Namen der Menschheit. Kampf um Hegemonie aber meint etwas anderes, denn im Namen der Menschheit zu reden, ist kein Besitztum.

> »Wenn die Philosophie der Praxis theoretisch behauptet, daß jede für ewig und absolut gehaltene ›Wahrheit‹ praktische Ursprünge gehabt hat und daß sie einen ›provisorischen‹ Wert dargestellt hat (Geschichtlichkeit jeder Welt- und Lebensauffassung), so ist es sehr

> schwierig, ›praktisch‹ verständlich zu machen, daß eine solche Interpretation auch für die Philosophie der Praxis selbst gilt, ohne dabei die zum Handeln notwendigen Überzeugungen zu erschüttern.« (Gramsci GH 6, H. 11 [1932–1933]: 1476)

Die Wahrheit der eigenen Weltanschauung ist dann prinzipiell nicht beweisbar, sondern bildet sich allererst im Kampf um Hegemonie. Oder mit Horkheimer: »Es gibt keinen logischen Beweis gegen Tyrannei und Grausamkeit.« (Horkheimer 1938: 221) – Selbstverständlich weiß Holz selbst am besten, dass man den Klassengegner nicht philosophisch überzeugen kann oder muss, sondern eben bekämpfen. Trotzdem und gerade deshalb muss der Kampf um Hegemonie in der Theorie spürbar von Parteinahme und von jedem Dezisionismus unterscheidbar sein. Schon deshalb schreibt Holz gelegentlich Sätze, die eine wissenschaftliche Philosophie in die Nähe eines Beweisganges rücken, getrieben von der Sorge vor einem Dezisionismus oder von Sorge angesichts »abenteuerlicher Rebellion[en]« (Holz 1976). So ein Satz lautet etwa: »So ist einer konsequent materialistischen Philosophie aufgegeben, die Realität des Allgemeinen aus der Materialität der Welt zu deduzieren.« (Holz 2011b: 100) – Dort steht, dass eine materialistische Philosophie beweisen kann und soll, dass man nicht Nominalist sein kann. Das ist gerade kein bacchantischer Taumel, an dem kein Glied nicht trunken ist, erregt aber gleichwohl Schwindel. Gemeint ist wohl: Wer konsequent Materialist ist, der kann nicht Nominalist sein. Aber man muss nicht Materialist und auch nicht dialektischer Materialist sein. Falls man dialektischer Materialist ist, wäre es von praktischem, wahrheitsterroristischem Übel, wäre diese Antwort auf die Grundfrage der Philosophie eine pure Dezision – es sollte stattdessen ein Fürwahrhalten sein. Aber es ist dann, bei Strafe von Scholasterei, ein »Fürwahrhalten ohne Gründe« (Sandkaulen 2009).

> »Denken Sie nur daran, wie im Stalinismus die Konzeption der Parteilichkeit zur Karikatur geworden ist. An die Stelle der ontologisch notwendigen Verknüpfung der gedanklichen Bewältigung der Wirklichkeit mit der Praxis, die bei Lenin nicht nur eine Steigerung der menschlichen Verantwortlichkeit bedeutet, sondern

auch in der Erkenntnis eine Steigerung der Objektivität, trat die Manipulation aller Aussagen unter bürokratische Kontrolle. Kein Wunder, daß der Glaube der mit dem Kapitalismus unzufriedenen Menschen an die wegweisende Fähigkeit der marxistischen Theorie, der sozialistischen Praxis, tiefe Erschütterungen erlitten hat.« (Lukács 1966: 314 f.)

DIETMAR DATH

11 Kunst gegen Chaos. Ästhetische Theorie bei Hans Heinz Holz

Ein Kerngedanke und Zentralsatz der Ästhetik, wie Hans Heinz Holz sie verstand, steht bei ihm bemerkenswerterweise in Klammern. Man kann die ebenso voraussetzungs- wie folgenreiche Feststellung daher leicht übersehen. Dabei vermittelt sie die Ästhetik sogar mit der Epistemologie und der Ontologie, wofür sie bloß vier Wörter braucht. Der Satz, den diese Wörter bilden, steht im zweiten Band des Großwerks *Philosophische Theorie der Bildenden Künste*, den Holz »Strukturen der Darstellung« genannt hat. Im letzten Abschnitt des Buches also, unter dem schlichten Titel *Schluss*, liest man: »Es gibt kein Chaos« (Holz 1997a: 241)

Urteilt dieser Satz über die Welt? Spricht er eine Empfehlung zu deren Erkenntnis aus? Oder geht es um denkbare Darstellung einer dieser beiden, vielleicht sogar beider? Das Empfinden der Mehrdeutigkeit trägt hier der Tatsache Rechnung, dass ein Individuum oder eine Spezies, falls mit Bewusstsein ausgestattet, die Regeln und Gesetzmäßigkeiten, nach denen die sich ihm zeigende Erscheinungswelt so wurde, wie sie ist, im Moment des Beginns eines jeden Erkenntnisprozesses nie komplett kennen kann, sie aber doch so schnell wie möglich erraten oder erforschen muss, wenn sie überleben und sich reproduzieren will. Eine nicht vollständig erkannte Welt aber sieht in genau dem Maß, in dem sie nicht erkannt ist, chaotisch aus. – Sollte sie tatsächlich chaotisch sein, wird dieser Eindruck nicht weichen, so gut, geschickt, klug oder gar weise man im Einzelnen auch raten oder forschen mag.

11.1 Vom Mythos zur Annonce

Was es nicht gibt, kann man irrtümlicherweise für vorhanden halten und außerdem als Wirkliches behaupten, beim Lügen, in der Ideologie, in der Kunst. Ein Theoretiker der Ästhetik des zwanzigsten Jahrhunderts, Theodor W. Adorno, der sich mit ähnlichem Nachdruck auf Marx und Hegel berief wie Hans Heinz Holz, war der Meinung, es gebe das Chaos, und die Kunst komme in der Moderne aus sowohl kultur- wie realgeschichtlichen Gründen nicht um die Auseinandersetzung damit herum. Daher warf Adorno dem Dichter Paul Valéry vor, dessen oft bekundete Ansicht, das Chaos dürfe vielleicht im Leben, nicht aber in der Dichtung, Malerei, der Skulptur oder Musik herrschen, verfehle den historischen Moment. In Adornos kunstphilosophischem Hauptwerk *Ästhetische Theorie* heißt es dazu:

> »Valéry umreißt das Problem, löst es nicht. Die bloß gewählte, gesetzte Form, die selbst Valéry zuweilen verteidigt, ist so zufällig wie das von ihm verachtete Chaotische, ›Lebendige‹. Die Aporie der Kunst heute ist nicht durch willentliche Bindung an Autorität zu kurieren. Wie im Stande des ungemilderten Nominalismus ohne Gewalt zu etwas wie der Objektivität von Form zu gelangen sei, ist offen; von veranstalteter Geschlossenheit wird sie verhindert.« (Adorno 1970: 261)

Das bedeutet nicht, dass Adorno keine Vorbehalte gegen eine Kunst gehabt hätte, die sich dem Chaos wehrlos überlässt – ebenfalls im ästhetischen Hauptwerk steht dazu:

> »Durch seinen Gegensatz zur Empirie setzt jedes Kunstwerk gleichsam programmatisch sich seine Einheit. Was durch den Geist hindurchging, bestimmt sich wider die schlechte Naturwüchsigkeit des Zufälligen und Chaotischen als Eines. Einheit ist mehr als bloß formal: kraft ihrer entringen die Kunstwerke sich dem tödlichen Auseinander.« (ebd. 277)

Das »Chaotische«, von dem Adorno hier redet, will ebenso wie das »Chaos«, dessen Existenz Holz verneint, nicht als die Sorte Durcheinander verstanden sein, auf die etwa aleatorische Verfahren der Kunsterzeugung setzen oder manche Tricks der literarischen Bewegung Oulipo und ihrer Anbauten in anderen Künsten. Auch an gewisse Praktiken des Abstrakten Expressionismus ist nicht gedacht. Denn bei diesen drei Genannten liegt vor, was die exakten Wissenschaften ein »deterministisches Chaos« nennen. Dies ist etwas, das durchaus von Regeln (»Tauche den Stock in den Bottich mit Farbe und bewege das Handgelenk über der Leinwand so und so«) hervorgebracht wird, diesen Regeln dann aber sozusagen enteilen kann. Das heißt, in großen Zeiträumen und nach sehr vielen Schritten der Anwendung der jeweiligen Bestimmung erreicht das Erzeugnis, das dergleichen Kunstverfahren hervorbringen, so hohe Komplexität, dass die Eigenschaften dieses Erzeugnisses keinem Ding mehr gleichen, dessen Existenz man hätte vorhersagen können. Weit über diese Art Irreduzibilität von Resultaten auf Regeln hinaus jedoch ist bei dem »Chaos«, dessen Darstellbarkeit im Ästhetischen zwischen Adorno und Holz zur Debatte steht, etwas völlig Inkommensurables gemeint. Keine Regel bringt es je hervor, egal, wie lange oder oft man sie anwendet.

Von dieser Sorte Wirrnis sagt nun Adorno, dass sie historisch als Aufgabe der Kunstarbeit in der Moderne sich geltend mache – er spricht im Zitat ausdrücklich von einer »Aporie der Kunst heute«. Früher, lässt er damit durchblicken, mag es noch angegangen sein, Stil und Form offensiv gegen das Chaos zu setzen, aber heute sei der Beschluss, dies zu tun, wie ihn Valéry propagiere, kunstfremd und falsch, denn das opake Chaos sei der soziale Gesamtzusammenhang der Erkenntnis der Menschen, ein, wie Adorno es oft nennt, »Verblendungszusammenhang«, ein Kontext, der sich der Erkenntnis entzieht.

Wer Kunst mit Begriffen verstehen will, die von Hegel und Marx herstammen, mag solche Argumentation nicht grundsätzlich unplausibel finden; sie ist eine Spielart des Historismus, und für Historisten sind Hegel und Marx oft gehalten worden. Dass in einem Buch wie der *Phänomenologie des Geistes* des einen oder dem *Kapital* des andern eine geschichtsgrundierte Weltsicht waltet, ist kaum bestreitbar. In einer Vorarbeit zum *Kapital* wendet Marx eine Art Historismus sogar direkt auf die Frage von Fortschritt,

Verfall oder Überschreibung in den Künsten an. Frühe Kunst, schreibt er da (Marx 1857: 640–642), habe ihre Stoffe vom Mythos, der Untergang des Mythos aber sei geschichtlich unausweichlich.

Das Mythologische versteht Marx damit als eine besondere Form der Bezwingung der Intransparenz der Wirklichkeit, demgemäß haben mythologische Farbe dann auch die diese Bezwingung organisierenden Produktionsverhältnisse – der frühe Ackerbau zum Beispiel ist strukturiert durch Riten der Fruchtbarkeit, die mythologisch begründet werden. Dieser Sachverhalt ist ohne Zweifel zutiefst kunstaffin, wie schon die Herkunft des Wortes ›Kultur‹ zeigt (aber auch das Wort ›Vers‹ kommt von ›versus‹ als Bezeichnung der Wende des Ochsen beim Ziehen von Furchen auf dem Feld, die den Zeilen des Gedichts gleichen).

Die mythische Stufe der Kulturgeschichte denkt in Analogien und veranstaltet Analogiezauber, *simile venit ad simile.*

In der historischen Entwicklung der Produktivkräfte pulsiert die Mythologie, aber ebendort muss sie auch sterben. Marx sagt:

> »Alle Mythologie überwindet und beherrscht und gestaltet die Naturkräfte in der Einbildung und durch die Einbildung: verschwindet also mit der wirklichen Herrschaft über dieselben. Was wird aus der Fama neben Printinghouse Square? Die griechische Kunst setzt die griechische Mythologie voraus, d. h. die Natur und die gesellschaftlichen Formen selbst schon in einer unbewußt künstlerischen Weise verarbeitet durch die Volksphantasie. Das ist ihr Material. Nicht jede beliebige Mythologie, d. h. nicht jede beliebige unbewußt künstlerische Verarbeitung der Natur (hier darunter alles Gegenständliche, also die Gesellschaft eingeschlossen). Ägyptische Mythologie konnte nie der Boden oder der Mutterschoß griechischer Kunst sein. Aber jedenfalls *eine* Mythologie. Also keinesfalls eine Gesellschaftsentwicklung, die alles mythologische Verhältnis zur Natur ausschließt, alles mythologisierende Verhältnis zu ihr; also vom Künstler eine von Mythologie unabhängige Phantasie verlangt. Von einer andren Seite: Ist Achilles möglich mit Pulver und Blei? Oder überhaupt die ›Iliade‹ mit der Druckerpresse oder gar Druckmaschine? Hört das Singen und Sagen und die Muse mit dem Preßbengel nicht notwendig

auf, also verschwinden nicht notwendige Bedingungen der epischen Poesie?« (Marx 1857: 641)

Marx beweist hier verblüffendes Gespür nicht nur für allfällige Deutungs-, sondern sogar für die zentralen Praxisfragen der modernen Kunst und Literatur. Denn als James Joyce schließlich das moderne Erzählen erfinden wollte, griff er zwar auf den Mythos von Odysseus zurück, weil lang Überliefertes robust ist und ein solides Fundament für neue Erfindungen abgibt, stellte diesen Mythos aber zum Zweck der höchstmöglichen Plausibilisierung seiner Setzungen genau denjenigen Tatsachen gegenüber, die laut Marx die Echos des Mythischen in der Weltkunstgeschichte heute stören: Der Odysseus im Roman *Ulysses* (1922) ist ein Mann der Presse, er vermittelt und verkauft Annoncen.

11.2 Das Feste und das Freie

Kunstgeschichte hat für ein historisches Bewusstsein, das sie von Marx her denken will, offensichtlich Variablen: Mal speist der Mythos die Dichtung, mal muss sie sich mit den Nachrichtenmedien und der Werbung auseinandersetzen, mit denen sie eine moderne Öffentlichkeit teilt. Aber solche Variablen stehen, ergänzt Hans Heinz Holz, notwendig in Beziehungen zu Invarianten, welche Bedingungen der Möglichkeit der Variablen sind. Von diesen invariant ermöglichten Variablen nun handelt der Passus, in dem bei Holz die Feststellung »Es gibt kein Chaos« steht:

> »Jedes Kunstwerk ist ein Singuläres, eine Monade, die die Welt auf ihre Weise und gemäß ihrer Perspektive widerspiegelt. Es ist durch keine Theorie vollständig abbildbar. Allgemeine Strukturen sind die Bedingungen der Möglichkeit dieser Widerspiegelung – sowohl auf der Seite der Gegenstände, die in geordneten Beziehungen miteinander koexistieren (es gibt kein Chaos), als auch auf der Seite der Betrachter, für die es keine intersubjektiv übereinstimmende Auffassung von den Gegenständen gäbe, wenn sie nicht allgemeinen Kategorien subsumiert werden könnten. Eine Strukturtheorie hat also nicht die Aufgabe, das einzelne Kunstwerk ›auf den Begriff zu bringen‹; sie soll vielmehr die Verfassung unseres sinnlichen

Wissens von den Gegenständen und damit die Regeln ihrer Darstellung klären. Das heißt, sie ist nicht historisch, sondern ontologisch.« (Holz 1997a: 241)

Zur gegenstandsgerechten Ästhetik gehört nach Holz allerdings mehr als nur eine solche Strukturtheorie: »Wie wichtig eine strukturale Analyse für das Verständnis von Kunstwerken ist, sie ist doch immer nur ein Teilstück der ästhetischen Theorie. Sie sagt uns nicht, was einen Gegenstand zum Kunstwerk macht, und setzt bereits voraus, dass Kunstwerke sich von Nicht-Kunst unterscheiden lassen.« (ebd.: 242)

Im Imperialismus, dem höchstentwickelten Stadium des Kapitalismus, verfallen die bürgerlichen Errungenschaften, das weiß Holz, wie Lenin und Lukács es wussten. Zu diesen Errungenschaften gehört nun, wie sich zeigt, auch eine besondere Art und Weise, zwischen Kunstwerken und Nicht-Kunstwerken zu unterscheiden – alles, hört und liest man, könne Kunst sein, wenn man's nur Kunst nennt, alle sollen Kunstschaffende sein, wenn sie ihr Tun so nennen wollen. Noch gegen Ende seines Lebens hat Holz gegen diese beiden Thesen, die meist auf Marcel Duchamp und Joseph Beuys zurückgeführt werden, polemisiert:

> »Wenn man ein paar alte Fahrradschläuche an die Wand hängt und das dann zu Kunst erklärt, dann muss man sagen, alle Normen, die gesetzt sind, stimmen nicht, sondern: Was der Künstler macht, ist Kunst, und Kunst ist, was der Künstler macht […]. Das ist natürlich der größte Blödsinn, den man sich vorstellen kann […], denn dann kann jeder sagen: ›Ich bin Künstler‹, und damit wird er zum Künstler.« (Holz 2017b: 159)

Jede Strukturtheorie, die ein Verfahren voraussetzt, Kunst von Nicht-Kunst zu unterscheiden, wird durch die Thesen, jeder könne sich zum Künstler und dann alles zur Kunst erklären, von den Fundamenten her bedroht, und zwar meist mit Begründungen, die sich historisch und – radikaler – historistisch gerieren, teils schon im Namen (»Poststrukturalismus« soll beispielsweise etwas sein, das »nach« allen Lehren über Strukturen aufkommt).

Gegen einen derartigen Hyperhistorismus, der alle ästhetischen Kategorien nur deshalb, weil sie zum geschichtlich Gewordenen gehören, *in toto* für vergänglich und damit letztlich, oft ganz offen, für verzichtbar hält, wendet Holz sich mit größtmöglicher Entschiedenheit:

> »Der radikale Historist muß sich die Frage stellen, was an den großen Kunstwerken der verschiedenen Kulturen und Zeitalter uns heute noch unmittelbar (und nicht nur als ›Bildungserlebnis‹) betrifft, warum wir die Statue des altägyptischen Königs Djoser, eine korinthische Vase, die Fassade von San Miniato in Florenz, die Anlage des Nymphenburger Schlosses in München oder einen Fujiyama-Holzschnitt des Hokusai als ›gelungen‹, als ›vollkommen‹, als ›maß-gebend‹ anerkennen. (Ich vermeide den Ausdruck ›schön‹, weil er mit so vielen subjektiven Empfindungen und Wertungen verknüpft ist.)« (Holz 2013c: 49 f.)

Hier ist Holz ganz bei Marx. Denn die oben angeführte Stelle aus dessen Rohentwurf zum Hauptwerk *Das Kapital* geht weiter mit den Sätzen:

> »Aber die Schwierigkeit liegt nicht darin, zu verstehn, daß griechische Kunst und Epos an gewisse gesellschaftliche Entwicklungsformen geknüpft sind. Die Schwierigkeit ist, daß sie uns noch Kunstgenuß gewähren und in gewisser Beziehung als Norm und unerreichbare Muster gelten.« (Marx 1857: 641)

Die zeitlose Wahrheitsfähigkeit der Kunst wird nach Marx wie nach Holz also jeweils epochenspezifisch realisiert, etwa so, wie der Profit, der auf dem Weltmarkt des 19. und 20. Jahrhunderts zustande kommt, bei aller Globalität dieses Markes doch stets national realisiert wird. Das geschieht nach Gesetzen, also nicht chaotisch. Holz bekräftigt die Geltung dieser Gesetze, indem er sie erläutert:

> »Das Allgemeine und Wiederholbare der Form zeigt sich als Regel oder Regelmäßigkeit. Solche Regelmäßigkeiten haben ihre Wurzel in

> Naturverhältnissen: Die Vertikale als Linie des aufrechten Stehens, des Aufgestelltseins; die Horizontale als Standfläche; die Diagonalen und die Kurven als Bewegungsausdruck; die Symmetrie als Spiegelphänomen; die reihende Wiederholung als einfachste Ordnung einer Mehrzahl; die geometrischen Urfiguren wie Kreis, Quadrat, Dreieck. Das sind apriorische Formmuster, die als solche zeitlos sind, weil sie Elementarstrukturen des materiellen Seins darstellen.« (Holz 2013c: 58)

Die Invarianten der Kunstgeschichte, die Holz respektiert wissen wollte, lassen sich durchaus ausformulieren und aufzählen:

1. Kunst ist Widerspiegelung der Welt.
2. Diese Widerspiegelung ist vermittelt durch eine die Welt gestaltende Subjektivität unter deren eigenen objektiven (und wesenhaft sozialen) Bedingungen.
3. Diese Subjektivität (die Adorno bei Valéry polemisch »Autorität« nennt) gestaltet die Welt durch Mimesis, also Nachahmung von Sachen, aber auch Sachverhalten, die sie als weltzugehörig erlebt.
4. So wird das in der Welt gegebene Objektive als Gestaltetes, wiewohl subjektiv vermittelt, abermals objektiviert, nämlich zum Kunstwerk.
5. Das geschieht nicht beliebig und willkürlich, sondern unter Anwendung von Regeln, Gesetzen, Verfahrensweisen, welche die kunstschaffende Subjektivität entweder selbst entwickelt oder anderweitig erlernt hat.
6. Diese Regeln müssen die Gewähr bieten, jedes Kunstmittel, jede Form, jedes Zeichen des Ausdrucks am Werk erkennbar einem spezifischen Gestaltungs- und Haltungszweck anzuschließen, der durch besagte Subjektivität notwendig wie hinreichend bestimmt ist. Wer nur standardisierte, fixe, gängige und anonyme Ausdrucksmittel verwendet, produziert nicht Kunst, sondern Kunsthandwerk oder Kunstgewerbe. Und wer die Verhältnismäßigkeit zwischen den Mitteln einerseits, den Ausdruckszwecken und Haltungen andererseits nicht hinkriegt, fabriziert nicht Kunst, sondern Kitsch.

11.3 Mimesis und Spiegelung

Der dritte Punkt der Liste verlangt unter gewissen Vorzeichen, wie sich in einer erhellenden Diskussion zeigte, in die sich Holz aus ernstem Anlass begeben hatte, eine besondere Klarstellung: Der Verlust von Fertigkeiten und Kriterien, den das Kunstleben im Imperialismus erleidet, provoziert dessen geschworene Feinde in der marxistisch orientierten Kunst- und Kunsturteilsgemeinschaft nämlich gelegentlich dazu, Abstraktionen, die keinem Element der Welt augenfällig gleichen, für Dekadenzerscheinungen zu halten, die in den Kontext dieser Verluste gehören.

So kann man jedenfalls einige Äußerungen deuten, mit denen der Dramatiker (und bedeutende marxistische Kunsttheoretiker) Peter Hacks die Vorliebe seines Freundes und Briefpartners Hans Heinz Holz für gewisse konstruktivistische Werke kritisierte.

Holz erwiderte hierauf bündig:

> »Daß alle Kunst letztlich auf Mimesis beruht, habe ich in Band I der Theorie der bildenden Künste – in Übereinstimmung mit Ihnen – dezidiert gesagt. Jedoch besteht Wirklichkeit, zu der sich die Kunst mimetisch verhält, nicht ausschließlich aus dinglich-gestalthaft wiedererkennbaren Entitäten, sondern eben auch aus abstrakten Verhältnissen (und Marx weiß recht gut, warum er nicht von Materie, sondern von materiellen Verhältnissen spricht). Das Verfahren einer Serienproduktion, die Struktur eines multinationalen Konzerns, die Gründung einer Bank statt des Einbruchs in eine Bank sind nicht einfach sinnlich abbildbare Realitäten, aber doch Realitäten. Und es ist nicht meschugge, den Grundriß eines Hauses zu zeichnen, wenn man ein Haus bauen will. Kurz: Es gibt auch eine Mimesis des Abstrakten, und im Bereich der konstruktivistischen Kunst zwischen ›realistischen‹ (d. h. mimetisch begründeten) Werken und bloßen Formspielereien zu unterscheiden, scheint mir kein sinnloses Unterfangen. Ich meine also, sie fassen Nachahmung qua dinglich-gestalthafter Abbildlichkeit zu eng.« (Holz [6.1.2003], in Hacks & Holz 2007: 78)

Wenn also etwa ein Theaterstück oder ein Film die Mimesis der Arbeit in einem Großraumbüro veranstaltet, um das dort vorfindliche Elend künstlerisch zu gestalten, dann müssen die damit befassten Kunstschaffenden sich hüten, die gemeinten Verhältnisse allein über die visuell umsetzbare Darstellung der Raumgegebenheiten zu kommunizieren. Denn damit wäre zwingend die Suggestion verbunden, eine Lösung des so gestalteten Problems könne einfach Homeoffice heißen. Dasselbe gilt sogar umgekehrt: Ein Film oder ein Stück über Homeoffice und die damit verbundenen Abscheulichkeiten der Ausweitung von Arbeitszeit und Intensivierung der Plackerei könnten, wenn nur gestaltet wäre, wie da doch alles so furchtbar beengt ist und arbeitsfremden Störungen ausgesetzt, womöglich Lust aufs Großraumbüro oder auf die Fabrikhalle machen.

In beiden Fällen wäre die Mimesis des nicht sinnlich im Raum erfahrbaren, aber für den Sachverhalt ausschlaggebenden Verhältnisses verfehlt (das Verhältnis, das ich meine, heißt natürlich: Ausbeutung).

Nicht weniger genau als den Mimesisbegriff sollte man nach Holz in der Ästhetik auch den Begriff der Widerspiegelung handhaben. ›Widerspiegelung‹ ist eine Metapher, die als Name für Verfahren der Kunsterzeugung schnell an eine Grenze kommt: Der physische Spiegel wirft Lichtwellen auch dann zurück, wenn niemand hinschaut, wenn keine Subjektivität beteiligt ist, ohne die es aber keine Kunst gibt (selbst wer einen Schnappschuss knipst, hat das womöglich gewollt, man kann den Zufall durchaus wollen, dann ist er der Idee ›Chaos‹ bereits entrissen, und das Betätigen der Knipstaste ist allemal eine Handlung, die weiß, was passieren wird).

Dichten vielleicht frühe, etwa im Mythos verankerte Kunstformen mehr Bewusstsein in den Spiegel hinein als spätere? Wäre das ein Fortschritt?

In einer Schlüsselschrift mit dem Titel *Metaphorik überhaupt* geht Holz zur Klärung dieser Fragen bis in die Epoche des Mythos zurück und schreibt dann über diesen (das Wort »Reflexion« in diesem Passus steht eindeutig für die Widerspiegelungsbegrifflichkeit):

> »Er bedarf, wie die Religion und die Philosophie, der Umkehrung aus der ideellen Gestalt in deren materiellen Gehalt, wenn die

> Phantasiegebilde ihren realen Sinn erweisen sollen. Diese Umkehrung setzt die Transformation der Mythologie vom Mythos zum Logos voraus. Über ihre allegorische Deutung tritt die Mythologie zu sich selbst in eine kritische Distanz und gewinnt die Ebene der Reflexion der Reflexion. Dieser Weg, der vom Mythos über die Religion zu Kunst und Philosophie führt, liegt im Wesen des menschlichen Denkens begründet. Ein notwendiger Gang zeigt sich darin an.« (Holz 2017c: 41)

So ergibt sich, dass Holz »historistisches« Denken überhaupt nur insoweit triftig finden kann, als es ein temporalisierter Strukturfunktionalismus ist, dessen Aspekt von Ereignistheorie sich jederzeit einer orthodox marxistischen Handlungstheorie anverwandeln lässt:

> »Spiegelung ist immer ein *Verhältnis* unabhängig vom Verhalten der sich Spiegelnden. Ein Verhältnis wird von Seienden eingegangen, die sich zueinander verhalten, sodass das Verhältnis selbst als ›Ausdruck‹ oder ›Spiegelung‹ eines *Verhaltens* begriffen werden muss. Spiegelung ist dann die Form, in der jedes Verhalten zum Verhältnis gerinnt. Indem die Struktur des grundlegenden Verhältnisses nachgezeichnet wird, das die apriorische Urform jedes Verhältnisses ist, wird die primordiale Einheit des materiellen Verhaltens (als Verhalten zu …) und des ideellen Verhältnisses (als Schemabild des Verhaltens zu …), d. h. der übergreifende Charakter der Materialität des Verhaltens und damit das Verhältnis als materielles Verhältnis dargetan. Das bedeutet, dass die Praxis der Ursprung der Seinsform des materiellen Verhältnisses ist.« (Holz 2003b: 59)

11.4 Strukturtheorie und Gegenwartsästhetik

Die ontologisch wie epistemologisch verankerte Strukturtheorie, die Holz ausgearbeitet hat, ist von konkreter Kunstanalyse längst nicht so himmelweit entfernt, wie sie vielleicht erscheinen mag. Mit ihrer Hilfe kann man zum Beispiel Fehldeutungen zeitgenössischer Arbeiten vermeiden, sogar auf Feldern der Kunst, für die sich Hans Heinz Holz persönlich nie interessiert hat. Die Bilderserie *An American Index of the Hidden and Unfamiliar* (2007) der Künstlerin Taryn Simon etwa könnte man, wenn man keine solche Strukturtheorie kennt, als Aufwertung der Recherchemethoden des Investigativjournalismus missverstehen, den man einfach zur Kunst erklärt, damit man ihn ausstellen kann – die Serie zeigt unzugängliche Orte in den USA, von Endlagern für Nuklearmüll über das Hauptquartier der CIA bis hin zu Tiefkühlfächern für Eingefrorenes, das vielleicht auf Jahrhunderte kein Tageslicht mehr sehen soll.

Der Investigativjournalismus soll Verborgenes enthüllen, aber das ist keine Kunst – Simons Arbeit jedoch inszeniert nicht einfach in »dinglich-gestalthafter Abbildlichkeit« (Holz) die gezeigten Gegenstände, sondern ist eine praktische (nämlich über die Herstellung von Bildern und deren Positionierung im Kunstkontext bewerkstelligte) Widerspiegelung des in den Medienmarkt-Öffentlichkeiten bürgerlicher Demokratien vorherrschenden *Verhältnisses* zwischen der propagandistisch behaupteten Transparenz der gesamten gesellschaftlichen Wirklichkeit einerseits und den von diesem System vorausgesetzten Latenzen der Wahrnehmung gewisser Tatsachen andererseits.

Und nicht nur das Konzeptkunstwesen, sondern auch populäre Künste versteht man besser, wenn man sie mit Holz nach ihren *relationalen* Widerspiegelungsparametern hin befragt. Die Dominanz des japanischen Anime-Kinos auf dem weltweiten Trickfilm-Markt beispielsweise, auf dem selbst die Konkurrenz erheblich teurerer amerikanischer Großproduktionen dem in Japan Vorgedachten und Vorgemachten inzwischen bei Strafe der Irrelevanz folgen muss, ergibt sich vor allem aus dem Vorsprung, den dieser japanische kulturindustrielle Nationalstil auf dem Feld der filmischen Gestaltung von Beziehungen zwischen Raum und Bewegung, Hintergrund und Vordergrund errungen hat (unter Indienstnahme avanciertester Computertechnik übrigens, etwa beim sogenannten *Cel Shading*, das gezeichneten oder anderweitig in zweidimensionaler Grafik generierten Figuren Tiefe verleihen soll).

Dass die relationale Mimesis eine Korrespondenz zwischen individueller Subjektivität und stilistischen Epochen- oder Nationalstilen konstituieren kann – hier der Eigensinn von Taryn Simon, dort die kollektiv erarbeiteten Züge der Anime-Kunst –, ist eine für den Marxismus alles andere als überraschende Dialektik; er kennt dergleichen etwa aus dem Magnetfeld der Unterscheidung zwischen ›Klasse an sich‹ und ›Klasse für sich‹.

Es gibt eine objektive Wirklichkeit des Subjektiven, eine kollektive des Individuellen, politisch (keine Solidarität ohne Selbstachtung und umgekehrt) so gut wie ästhetisch. Zwischen Politik und Ästhetik vermittelt freilich nicht oft philosophisch elaborierte ästhetische Theorie. Diese Vermittlung ist, aus Gründen der Tagesaktualität des Politischen wie der ästhetischen Moden, eher Aufgabe der Kunst*kritik*.

Auch sie indes verlangt nach Holz die unbedingte Anerkennung des Abstandes zwischen Reflexion der Welt im Kunstwerk einerseits und Reflexion dieser Reflexion, welche die Theorien, aber auf andere Weise eben auch Kritiken leisten.

Dieser Abstand wird nicht von allen respektiert, die sich theoretisch oder kritisch mit Kunst beschäftigen. Wer ihn nicht gelten lässt, leugnet oft auch das Vorhandensein von überzeitlichen, primordialen, im Weltganzen selbst eingesenkten Differenzen zwischen verschiedenen Reflexionsordnungen und muss daher den Zugriff von Strukturtheorien auf Weltgegebenheiten für unmöglich, mindestens aber für historisch gescheitert erklären.

Just das hat unter Berufung auf ein sogenanntes »postmodernes Wissen« über einen behaupteten Zusammenbruch aller Metareflexion der Geschichte (aller »großen Erzählungen«, wie die betreffende Wendung hieß) einer der radikalsten Antipoden der Kunstauffassung, die Hans Heinz Holz vertrat, sowohl theoretisch wie praktisch getan, nämlich der französische Philosoph Jean-François Lyotard – theoretisch in der Schrift *La condition postmoderne* (1979), die in deutscher Übersetzung als *Das postmoderne Wissen* bekannt wurde, und praktisch 1985 als Ko-Kurator (mit Thierry Chaput) der Ausstellung *Les Immatériaux* im Pariser Nationalen Zentrum für Kunst und Kultur Georges-Pompidou.

Die Künste, die dort damals präsentiert wurden, sollten die vom Titel der Schau aufgestellte Behauptung illustrieren, Kunst diene nicht (mehr) der Reflexion materieller Gegebenheiten und Praxisrelationen, sondern spiele sich auf einer eigenen, immateriellen

Weltebene ab. Die Reflexion materieller Gegebenheiten und Praxisrelationen würde ja schließlich auch etwas voraussetzen, das Lyotard in seiner berühmten Abhandlung sechs Jahre zuvor für (jedenfalls in der gegenwärtigen Ära) unmöglich erklärt hatte: akkurate, skalierbare Modellierungsverfahren für solche Gegebenheiten und Praxisrelationen und verallgemeinerbare Modelle solcher Relationen. Die nannte Lyotard »Große Erzählungen« und empfahl, sie seien abzulösen durch bewegliche, dezentrierte, nicht mehr irgendeinem fassbaren Subjekt des historischen Prozesses zuzurechnende Imaginations- und Antizipationsleistungen.

Damit wird auch das Kunstleben zum Flickenteppich lokaler Geistesblitze. Historisch handelte es sich hierbei wohl um die Ästhetisierung der politischen Praxis der *Neuen Sozialen Bewegungen*, die in den Siebzigerjahren aufkamen und nicht mehr antraten, das gesamte Gesellschaftsleben umzuwälzen, inklusive Produktion und Reproduktion, wie die sozialistische und kommunistische Arbeiterbewegung, sondern an einzelnen Problemfronten kämpften – emanzipatorischen, ökologischen, medialen … Damit hatte man eine Patchwork-Variante des sozialdemokratischen Reformismus erfunden, und zu den größten Förderern des Lyotard-Projekts gehörte dementsprechend der sozialdemokratische französische Kulturminister Jack Lang.

Dass die soziale Welt der Gegenwart kein Bild eines geschlossenen, gerundeten, der Reflexion seines Gesamtzusammenhangs förderlichen Systems bietet, sondern ein zersplittertes, antagonistisches, schwer durchschaubares, hat Holz nicht bestritten. Daraus aber abzuleiten, dass die Kunst den Anspruch auf Angebote zur Konstruktion »Großer Erzählungen« fallen lassen solle, wäre ihm nicht in den Sinn gekommen. Er hätte darin vielmehr eine romantische Hypostasierung, Fetischisierung und Ontologisierung des bloß vorgefundenen, eben antagonistischen Sozialen erblickt, also das gerade Gegenteil dessen, was für ihn der Gebrauchswert sowohl der Kunstpraxis wie der Kunsttheorie war.

Beide nämlich sollen nach Holz nicht das Soziale ontologisieren, sondern umgekehrt die Ontologie, die Lehre von dem, was ist, sozialisieren, sie nämlich mimetisch vergesellschaften, das heißt, sie dem öffentlichen Urteil, der bewussten, reflektierten gesellschaftlichen Auseinandersetzung zuführen, wenn auch auf andere Weise, als Wissenschaft oder politische Agitation dies tun.

Es gibt kein Chaos, also sollten die Kunst und die Kunstkritik auch nicht den Eindruck erwecken, es gäbe eins (sei's anthropologisch vorgegeben, sei's historisch entsprungen): Dieser allen Schriften von Holz zu den Künsten implizite Imperativ ist nicht allein eine Weisung an diejenigen, denen er die Kunstrezeption erleichtern will, sondern auch ein Organisationsgrundsatz seiner verschiedenen Arbeitsweisen bei der Kunstuntersuchung, nicht zuletzt als Prämisse der Einrichtung einer Skala von Textsorten, von der extensiven Strukturtheorie am allgemeinen Ende des Spektrums bis zur intensiven Einzelanalyse am konkreten Fall.

Wer Kunst allein situativ, von Werk zu Werk, von Ereignis zu Ereignis wahrnimmt, mag zu der Überzeugung gelangen, die Einzelkritik oder Monographie sei der abstrakten Begriffsbildung als Kunstzugang überlegen, weil so eine spezifische Abhandlung geeignet ist, »das einzelne Kunstwerk ›auf den Begriff zu bringen‹«, wie Holz sagt, auch wenn der »Begriff« hier vielleicht nur ein Urteil (als Abbreviatur der Reflexion der Reflexion) ist.

Die Strukturtheorie freilich braucht die Einzelbetrachtung nicht, während die Einzelbetrachtung ohne Theorie zur Kurzsichtigkeit verdammt ist.

Ganz am Ende der *Philosophischen Theorie der bildenden Künste* schreibt Holz:

> »Kritik ist ein Modus des Urteilens, sie fällt in den Bereich logischer Verfahrensweisen. Hier gilt das Argument, und die Subjektivität des Argumentierenden ist eine (notwendige) Zugabe, eine Färbung des Arguments, so wie die Farbe eines Balkens zu seiner tragenden Funktion hinzukommt. Argumente aber beruhen auf Gründen. Gründe werden in einer Theorie entwickelt. Ohne eine konsistente theoretische Grundlage, über die er Rechenschaft ablegen kann, bleibt der Kunstkritiker ebenso laienhaft und unverbindlich wie jeder beliebige Kunstkonsument. Seine Aussage hilft nicht und zählt nicht. Der Rückzug in den Subjektivismus wäre die Bankrotterklärung der Kunstkritik; Bemühung und Streit um ästhetische Theorie wäre ihre Sanierung.« (Holz 1997b: 317)

Was der Titel des dritten Bandes der Holz'schen Kunstphilosophie den »Zerfall der Bedeutungen« nennt, ist die objektive Seite eines aus abermals historischem Grund weit um sich greifenden Urteilsverlustes bei der privaten oder öffentlichen Kunstrezeption.

Gegen die Idee, dass ästhetische Urteile mehr sein sollten als subjektiv, ist seit Lyotard allerlei gesagt worden, unter anderem, es handle sich bei dieser Idee um einen Versuch, elitäres *gatekeeping* zu legitimieren, also die Macht angemaßter Geschmacksjustiz zu stützen. Über derlei antiautoritäre Rhetorik hinaus, deren Reiz sich durch die wachsende Vertrautheit der vernetzten Menschheit mit dem enttäuschenden Ergebnis von Hierarchienverflachungen und Nivellierungen alter Ordnungen ohne Abschaffung von Ausbeutung, Unterdrückung und Entfremdung stark abgenutzt hat, haben sich neohistoristische Stimmen erhoben, die das entschiedene Urteilen als schlechte, weil unbestimmte Negation eines inzwischen erreichten Standes der Künste zurückweisen, bei dem Interaktivität, Immersion, Partizipation und andere Auflösungen älterer Grenzen zwischen Produktion und Rezeption bei der Kunstausübung und beim Kunsterleben zunehmend die überkommene Distanz zum Verschwinden bringen, ohne die ein objektives Urteil sich gar nicht denken lasse.

In Wirklichkeit sind jedoch die Freiheitsgrade, welche Praktiken der Interaktivität, Immersion oder Partizipation brauchen, materiell von den Möglichkeiten realer Verfügung der Kunstschaffenden über die jeweiligen Wahrnehmungsparameter abhängig. Der virtuelle Raum aus dem Rechner zum Beispiel scheint gegebenenfalls größer als der Abstand zwischen Sitzplatz und Bühne, aber diesen Schein muss man erst einmal programmieren können.

Die Subjektivität des Erlebens und die Subjektivität der Kunstpraxis kommen nach wie vor, auch und gerade in den neuesten Medien, nicht zusammen ohne die Objektivität der mimetischen Vermittlung. Weder Kritik noch Kunstwissenschaft sollten aus Angst vor »Großen Erzählungen« vergessen, dass sie im Objektiven zuhause sind. Die Gesetze dieser Objektivität verwirklichen sich über verwickelte, widerspruchsreiche historische Parameter. Sie bedingen, dass die paradigmatischen Kunstschaffenden für Adornos Ästhetik, deren Erzeugnisse er anführt, um das Chaosgestaltungsproblem zu plausibilisieren, also Leute wie Arnold Schönberg und Samuel Beckett, heute seltsam antiquiert wirken, weil der ihnen von Adorno zugewiesene historische Moment tatsächlich verstrichen ist. Dagegen wirkt die scheinbare Zeitlosigkeit des strengen Konstruktivismus bei Kunstschaffenden wie Richard Paul Lohse oder Hans Jörg Glattfelder, die Hans Heinz Holz bei der Schaffung seiner Strukturtheorie angeregt haben, gerade heute, durch die Filter der Computergraphik betrachtet, vollkommen gegenwärtig.

Erst der Begriff vom Verhältnis zwischen historischen Variablen (mal fordert Kunst Zurücknahme der Rezeptionssubjektivität, mal Teilhabe, und mal Ekstase) zu den Invarianten (es muss schon Kunst sein, damit es als Kunst etwas fordern kann) macht Urteile möglich. Ein solcher Begriff, lehrt Holz mit jeder seiner Äußerungen zur Ästhetik, ist ohne eine Theorie, die den Historismus in allen Gestalten, die er seit Hegel gehabt hat, in sich aufhebt, nicht zu bilden, nicht zu haben und schon gar nicht zu gebrauchen.

Literatur

Schriften von Hans Heinz Holz

Bartels, Jeroen; Holz, Hans Heinz; Lensink, Jos; Pätzold, Detlev (1986): Dialektik als offenes System. Historisch-systematische Untersuchungen zu Widerspiegelung – Wahrheit – Widerspruch. Köln: Pahl-Rugenstein.

Fulda, Hans Friedrich; Holz, Hans Heinz; Pätzold, Detlev (1991): Perspektiven auf Hegel. Köln: Dinter.

Hacks, Peter & Holz, Hans Heinz (2007): Nun habe ich Ihnen doch zu einem Ärger verholfen. Briefe, Texte, Erinnerungen. Berlin: Eulenspiegel.

Holz, Hans Heinz & Prestipino, Guiseppe (Hg.) (1992): Antonio Gramsci heute. Aktuelle Perspektiven seiner Philosophie. Bonn: Pahl-Rugenstein Nachfolger o. J. [1992].

HHH (1954): Zur Dialektik in der Philosophie von Leibniz. In: Deutsche Zeitschrift für Philosophie II (1954) 3, 549–555.

HHH (1955): Das Wesen metaphorischen Sprechens. In: Rugard Otto Gropp (Hg.) (1955): Festschrift Ernst Bloch zum 70. Geburtstag. Berlin: Deutscher Verlag der Wissenschaften, 101–120 [wieder aufgenommen in HHH 2017a, 9–31].

HHH (1958): Leibniz. Stuttgart: Kohlhammer.

HHH (1961): Die Selbstinterpretation des Seins. In: Hegel-Jahrbuch (1961/II), 61–124 [wieder aufgenommen in: HHH 2017a, 71–129].

HHH (1962): Macht und Ohnmacht der Sprache. Untersuchungen zum Sprachverständnis und Stil Heinrich von Kleists (erweiterte Ausgabe). Bielefeld: Aisthesis 2011.

HHH (1967): Einsatzstellen der ›Ontologie des Noch-Nicht-Seins‹. In: Burghart Schmidt (Hg.) (1977): Materialien zu Ernst Blochs ›Prinzip Hoffnung‹. Frankfurt a. M.: Suhrkamp 1978, 263–291.

HHH. (1971): ›Heraklit‹. In: Kurt Fassmann (Hg.) (1971): Die Großen der Weltgeschichte. Band I. Zürich: Kindler, 419–429.

HHH (1975): Logos spermatikos. Ernst Blochs Philosophie der unfertigen Welt. Darmstadt/Neuwied: Luchterhand.

HHH (1976): Die abenteuerliche Rebellion. Bürgerliche Protestbewegungen in der Philosophie: Stirner, Nietzsche, Sartre, Marcuse, Neue Linke. Darmstadt/Neuwied: Luchterhand.

HHH (1980): Natur und Gehalt spekulativer Sätze. In: Holz 2017a, 155–198.

HHH (1981a): Hegel – vom Kopf auf die Füße gestellt. Lenins Kritik der Hegelschen ›Wissenschaft der Logik‹. In: Manfred Buhr & Todor Iljitsch Oiserman (Hg.) (1981): Vom Mute des Erkennens. Beiträge zur Philosophie G. W. F. Hegels. Berlin (Ost) und Frankfurt a. M.: Akademie, 46–61.

HHH (1981b): Bemerkungen zu Kants ›Analogien der Erfahrung‹ (Vortrag Kant-Symposium, Riga 1981). In: Lothar Berthold (Hg.) (1987): Zur Architektonik der Vernunft. Manfred Buhr zum 60. Geburtstag. Berlin: Akademie, 117–140.

HHH (Hg.) (1982): Formbestimmtheiten von Sein und Denken. Aspekte einer dialektischen Logik bei Josef König. Köln: Pahl-Rugenstein.

HHH (1983a): Dialektik und Widerspiegelung. Köln: Pahl-Rugenstein.

HHH (1983b): Gottfried Wilhelm Leibniz. Eine Monographie. Leipzig: reclam.

HHH (1983c): Spekulative und materialistische Philosophie. In: Annalen der Internationalen Gesellschaft für Dialektische Philosophie – Societas Hegeliana 1 (1983), 22–32.

HHH (1983d): Grundsätzliches zu Naturverhältnis und ökologischer Krise. In: IMSF & MES (Hg.) (1983): »… einen großen Hebel der Geschichte«. Zum 100. Todestag von Karl Marx: Aktualität und Wirkung seines Werkes (Marxistische Studien. Jahrbuch des IMSF – Sonderband I/1982). Frankfurt a. M.: Selbstverlag, 155–171.

HHH (1984): Vom vermeintlichen Untergang und der wundersamen Rettung der Philosophie durch Wolfgang Fritz Haug. In: Hans Heinz Holz et al. (Hg.): Marxismus – Ideologie – Politik. Krise des Marxismus oder Krise des ›Arguments‹? Frankfurt a. M.: Verlag Marxistische Blätter, 28–53.

HHH (1986a): Die Wissenschaft des Gesamtzusammenhangs. Zu Friedrich Engels' Begründung der Dialektik der Natur. In: Dialektik 12 (1986), 50–65.

HHH (1986b): Feuerbachs Leibniz-Bild. In: HHH 2015a, 153–206.

HHH (1987): Was sind und was leisten metaphysische Modelle? (urspr. in: Shlomo Avineri et al., Fortschritt der Aufklärung, Köln). In: Lothar Berthold (Hg.) (1990): Zur Architektonik der Vernunft. Berlin: Akademie, 362–391.

HHH (1989): Hegels Metaphysik-Kritik als Reflex der Französischen Revolution. In: Colloquium Jenense 8: Französische Revolution und deutsche Klassik. Weimar: Böhlau, 41–65.

HHH (1990a): Todor Pawlow (1890–1977) – die Universalisierung der Widerspiegelung. In: Deutsche Zeitschrift für Philosophie 38 (1990) 3, 245–254.

HHH (1990b): ›Grundfrage der Philosophie‹. In: Hans Jörg Sandkühler (Hg.) (1990): Europäische Enzyklopädie zu Philosophie und Wissenschaften. Hamburg: Meiner, Bd. 2, 481–484.

HHH (1992a): Gottfried Wilhelm Leibniz. Frankfurt a. M./New York: Campus.

HHH (1992b): Philosophie der zersplitterten Welt. Reflexionen über Walter Benjamin. Bonn: Pahl-Rugenstein.

HHH (1992c): Philosophische Reflexion und politische Strategie bei Antonio Gramsci. In: Hans Heinz Holz & Guiseppe Prestipino (Hg.): Antonio Gramsci heute. Aktuelle Perspektiven seiner Philosophie. Bonn: Pahl-Rugenstein Nachfolger o. J. [1992], 9–28.

HHH (1993): Revolution, Kritik und Recht bei Hegel. In: Domenico Losurdo (Hg.) (1993): Rivoluzione Francese e Filosofia Classica Tedesca. Urbino: QuattroVenti, 29–52.

HHH (1996): Der ästhetische Gegenstand. Die Präsenz des Wirklichen (Philosophische Theorie der bildenden Künste I). Bielefeld: Aisthesis.

HHH (1997a): Strukturen der Darstellung. Über Konstanten der ästhetischen Konfiguration (Philosophische Theorie der bildenden Künste II). Bielefeld: Aisthesis.
HHH (1997b): Der Zerfall der Bedeutungen. Zur Funktion des ästhetischen Gegenstandes im Spätkapitalismus (Philosophische Theorie der bildenden Künste III). Bielefeld: Aisthesis.
HHH (1997c): Das Feld der Philosophie. Köln: Dinter.
HHH (2003a): Mensch – Natur. Helmuth Plessner und das Konzept einer dialektischen Anthropologie. Bielefeld: transcript.
HHH (2003b): Widerspiegelung. Bielefeld: transcript.
HHH (2003c): Auf dem äußersten linken Flügel: Hans Heinz Holz: (im Gespräch mit Thomas Grimm). In: Thomas Grimm (Hg.) (2003): Linke Vaterlandsgesellen. Sozialisten, Anarchisten, Kommunisten, Raufbolde und andere Unangepasste. Berlin: Parthas, 168–193.
HHH (2005): Weltentwurf und Reflexion. Versuch einer Grundlegung der Dialektik. Stuttgart: Metzler.
HHH (2008): 1789–1917. Zwei Revolutionen (Topos; Sonderheft 2). Napoli: Ed. Città del Sole.
HHH (2010): Die Algebra der Revolution. Von Hegel zu Marx (Aufhebung und Verwirklichung der Philosophie 1). Berlin: Aurora.
HHH (2011-[I–V]): Dialektik. Problemgeschichte von der Antike bis zur Gegenwart (5 Bände). Darmstadt: WissBG.
HHH (2011a): Theorie als materielle Gewalt. Die Klassiker der III. Internationale (Aufhebung und Verwirklichung der Philosophie 2). Berlin: Aurora.
HHH (2011b): Integrale der Praxis. Aurora und die Eule der Minerva (Aufhebung und Verwirklichung der Philosophie 3). Berlin: Aurora.
HHH (2012): Vorwort des Herausgebers. In: Joachim Schickel: Der Logos des Spiegels. Struktur und Sinn einer spekulativen Metapher. Hg. v. Hans Heinz Holz. Bielefeld: transcript 2012, 9–12.
HHH (2013a): Leibniz. Das Lebenswerk eines Universalgelehrten. Hg. v. Jörg Zimmer. Darmstadt: WissBG.
HHH (2013b): Kunst-Theorien. Kleine Schriften zur Ästhetik. Bielefeld: Aisthesis.
HHH (2013c): Zeitlosigkeit und Geschichtlichkeit des Kunstwerks. In: Holz 2013b, 49–58.
HHH (2015a): Leibniz in der Rezeption der klassischen deutschen Philosophie. Hg. v. Jörg Zimmer. Darmstadt: WissBG.
HHH (2015b): Freiheit und Vernunft. Mein philosophischer Weg nach 1945 (mit einem Vorwort von Jörg Zimmer). Bielefeld: Aisthesis.
HHH (2017a): Speculum Mundi. Schriften zur Theorie der Metapher, spekulativen Dialektik und Sprachphilosophie. Hg. v. Jörg Zimmer. Bielefeld: Aisthesis.
HHH (2017b): Die Sinnlichkeit der Vernunft. Gespräche mit Arnold Schölzel und Johannes Oehme, Februar 2011. Berlin: Das Neue Berlin.
HHH (2017c): Metaphorik überhaupt (aus dem Nachlass). In: Holz 2017a, 33–41.

Siglen

Feuerbach GW	Feuerbach, Ludwig: Gesammelte Werke. 21 Bände. Hg. v. Werner Schuffenhauer. Berlin: Akademie 1967 ff.
Gramsci GH	Gramsci, Antonio: Gefängnishefte, 1–29 [1929–1935]. Kritische Gesamtausgabe. 10 Bände. Hg. V. Wolfgang Fritz Haug. Hamburg 1991–2002.
Hegel HHW	Hegel, Georg Wilhelm Friedrich: Hauptwerke in sechs Bänden. Hamburg: Meiner 2015.
Hegel HW	Hegel, Georg Wilhelm Friedrich: Werke: in 20 Bänden. Frankfurt a. M.: Suhrkamp 1986.
Kant KrV	Kant, Immanuel: Kritik der reinen Vernunft [A: 1781; B: 1787]. Hg. V. Raymund Schmidt. Hamburg: Meiner 1956.
Lenin LW	Lenin, Wladimir Iljitsch: Werke. Berlin: Dietz.
Marx & Engels MEGA²	Marx, Karl & Engels, Friedrich: Gesamtausgabe. Berlin: Dietz 1976 ff.
Marx & Engels MEW	Marx, Karl & Engels, Friedrich: Marx-Engels-Werke. Berlin: Dietz 1956 ff.
Plessner GS	Plessner, Helmuth: Gesammelte Schriften. 10 Bände. Hg. v. Günther Dux et al. Frankfurt a. M.: Suhrkamp 1980–1985.
Sextus Empiricus PH	Sextus Empiricus (PH): Grundriß der pyrrhonischen Skepsis. Frankfurt a. M.: Suhrkamp 1985.

Literatur

Adorno, Theodor W. (1970): Ästhetische Theorie (Gesammelte Schriften, Bd. 7). Frankfurt a. M.: Suhrkamp.

Althusser, Louis (1971): Anmerkungen zum Verhältnis von Marxismus und Klassenkampf. In: Louis Althusser (1975): Elemente der Selbstkritik. Berlin: VSA, 104–111.

Althusser, Louis (1974): Lenin und die Philosophie. Reinbek: Rowohlt.

Aristoteles (Met): Metaphysik. 2 Halbbände. Hamburg: Meiner ³1989/³1991.

Arndt, Andreas (2015): Geschichte und Freiheitsbewusstsein. Zur Dialektik der Freiheit bei Hegel und Marx. Berlin: Eule der Minerva.

Becker, Ralf (2011): Der menschliche Standpunkt. Perspektiven und Formationen des Anthropomorphismus. Frankfurt a. M.: Klostermann.

Blau, Ulrich (1985): Die Logik der Unbestimmtheiten und Paradoxien (Kurzfassung). In: Erkenntnis 22 (1985), 369–459.

Blau, Ulrich (1986): Wahrheit von Innen und Außen. In: Erkenntnis 25 (1986), 1–30.

Bloch, Ernst (1959): Das Prinzip Hoffnung. Frankfurt a. M.: Suhrkamp 1979.

Bloch, Ernst (1962): Erbschaft dieser Zeit. Erweiterte Ausgabe [1. Ausgabe 1935]. In: Ernst Bloch: Gesamtausgabe. Frankfurt a. M.: Suhrkamp GA, Bd. 4 (1985).

Bloch, Ernst (1970): Tübinger Einleitung in die Philosophie. Neue, erweiterte Ausgabe [1. Ausgabe 1963/64]. In: Ernst Bloch: Gesamtausgabe. Frankfurt a. M.: Suhrkamp GA, Bd. 13 (1985).

Bollnow, Otto F. (1964): Zum Begriff der Hermeneutischen Logik. In: H. Delius & G. Patzig (Hg.) (1964): Argumentationen. Festschrift für Josef König. Göttingen: Vandenhoeck & Ruprecht, 20–42.

Bollnow, Otto F. (1983): Zur hermeneutischen Logik von Georg Misch und Hans Lipps. Freiburg/München: Alber.

Bourdieu, Pierre (1982): Die feinen Unterschiede. Kritik der gesellschaftlichen Urteilskraft. Frankfurt a. M.: Suhrkamp 1992.

Butler, Judith (2010): Raster des Krieges. Warum wir nicht jedes Leid beklagen [engl. 2009]. Frankfurt a. M./New York: Campus.

Chladenius, Johann Martin (1742): Einleitung zur richtigen Auslegung vernünftiger Reden und Schriften. Düsseldorf 1969.

Dietze, Carola (2006): Nachgeholtes Leben. Helmuth Plessner 1892–1985. Göttingen: Wallstein.

Engels, Friedrich (1873–1882): Dialektik der Natur. In: Marx & Engels MEGA², Band I/26 (1985).

Engels, Friedrich (1877): Herrn Eugen Dührings Umwälzung der Wissenschaft (Anti-Dühring). In: Marx & Engels MEGA², Band I/27 (1988), 217–483.

Engels, Friedrich (1884): Der Ursprung der Familie, des Privateigentums und des Staats. Im Anschluß an Lewis H. Morgans Forschungen. In: Marx & Engels MEW, Band 21 (1984), 25–173.

Engels, Friedrich (1886): Ludwig Feuerbach und der Ausgang der klassischen deutschen Philosophie. Nach dem revidierten Sonderdruck 1888. In: Marx & Engels MEW, Band 21 (1984), 259–307.

Engels, Friedrich (1890): [Brief] an Joseph Bloch v. 21./22. September 1890. In: Marx & Engels MEW, Band 37 (1978), 462–465.

Feuerbach, Ludwig (1837): Geschichte der neuern Philosophie. Darstellung, Entwicklung und Kritik der Leibnizschen Philosophie. In: Feuerbach GW, Band 3 (³1984).

Feuerbach, Ludwig (1839): Zur Kritik der Hegelschen Philosophie. In: Feuerbach GW, Band 9 (²1982), 16–62.

Feuerbach, Ludwig (1840): [Wastebook. 7. Das Pathos der Kritik und die Kritik der *unreinen* Vernunft]. (Hg. und kommentiert von Arnold Ruge). In: Feuerbach GW, Band 9 (²1982), 80–81.

Feuerbach, Ludwig (1841): Das Wesen des Christentums. In: Feuerbach GW, Band 5 (1974).

Feuerbach, Ludwig (1841a): Einige Bemerkungen über den ›Anfang der Philosophie‹ von Dr. J. F. Reiff. In: Feuerbach GW, Bd. 9 (²1982), 143–153.

Feuerbach, Ludwig (1843a): Vorläufige Thesen zur Reformation der Philosophie. In: Feuerbach GW, Band 9 (²1982), 243–263.

Feuerbach, Ludwig (1843b): Grundsätze der Philosophie der Zukunft. In: Feuerbach GW, Band 9 (²1982), 264–341.

Foucault, Michel (1971): Die Ordnung der Dinge. Eine Archäologie der Humanwissenschaften [fr. 1966]. Frankfurt a. M.: Suhrkamp 1995.

Freud, Sigmund (1917): Eine Schwierigkeit der Psychoanalyse. In: Sigmund Freud (GW): Gesammelte Werke. Chronologisch geordnet. Hg. v. Anna Freud. London: Imago Publishing, Band 12 (1947), 1–12.

Göcht, Daniel & Zimmer, Jörg (2020): Ontologie des gesellschaftlichen Seins: Georg Lukács und Hans Heinz Holz. In: Jan Urbich & Jörg Zimmer (Hg.): Handbuch Ontologie. Berlin: Metzler/Springer, 207–212.

Haraway, Donna (1995): Die Neuerfindung der Natur. Primaten, Cyborgs und Frauen. Frankfurt a. M./New York: Campus.

Hartmann, Nicolai (1912): Systematische Methode. In: Logos 3 (1912) 2, 121–163.

Hartmann, Nicolai (1924a): Diesseits von Idealismus und Realismus. In: Nicolai Hartmann (2014): Studien zur Neuen Ontologie und Anthropologie. Hg. v. Gerald Hartung und Matthias Wunsch. Berlin: de Gruyter, 19–66.

Hartmann, Nicolai (1924b): Wie ist kritische Ontologie überhaupt möglich? Ein Kapitel zur Grundlegung der allgemeinen Kategorienlehre. In: Nicolai Hartmann (2014): Studien zur Neuen Ontologie und Anthropologie. Hg. v. Gerald Hartung und Matthias Wunsch. Berlin: de Gruyter, 71–116.

Hartmann, Nicolai (1935): Zur Grundlegung der Ontologie. Berlin: de Gruyter ^{4}1965.

Hartmann, Nicolai (1940): Der Aufbau der realen Welt. Grundriss der allgemeinen Kategorienlehre. Berlin: de Gruyter ^{3}1964.

Hartmann, Nicolai (1950): Philosophie der Natur. Abriß einer speziellen Kategorienlehre. Berlin: de Gruyter.

Hegel, Georg Wilhelm Friedrich (Enc.): Enzyklopädie der philosophischen Wissenschaften im Grundrisse (1830) (seitenidentisch mit GW 20). In: Hegel HHW, Band 6.

Hegel, Georg Wilhelm Friedrich (PhG): Phänomenologie des Geistes [1807]. In: Hegel HHW, Band 2.

Hegel, Georg Wilhelm Friedrich (WdL-1): Wissenschaft der Logik. Erster Band: Die objektive Logik. 1. Buch: Die Lehre vom Sein (1832) – 2. Buch: Die Lehre vom Wesen (1813). In: Hegel HHW, Band 3.

Hegel, Georg Wilhelm Friedrich (WdL-2): Wissenschaft der Logik. Zweiter Band: Die subjektive Logik oder die Lehre vom Begriff (1816). In: Hegel HHW, Band 4.

Heine, Heinrich (1834): Zur Geschichte der Religion und Philosophie in Deutschland. In: Heinrich Heine: Säkularausgabe. Werke, Briefwechsel, Lebenszeugnisse. Band 8: Über Deutschland 1833–1836. Aufsätze über Kunst und Philosophie. Berlin/Paris: Akademie u. Edition du CNRS 1972, 125–230.

Heraklit (1926): Fragmente. Griechisch und deutsch. Hg. v. Bruno Snell. Darmstadt: WissBG ^{10}1989.

Hobbes, Thomas (1655): Elemente der Philosophie. 1. Abteilung: Der Körper. Hg. v. K. Schuhmann. Hamburg: Meiner 1997.

Horkheimer, Max (1938): Montaigne und die Funktion der Skepsis. In: Max Horkheimer (1972): Kritische Theorie. Eine Dokumentation, Band 2. Frankfurt a. M.: Fischer, 201–259.

IMSF & MES (Hg.) (1983): »… einen großen Hebel der Geschichte«. Zum 100. Todestag von Karl Marx: Aktualität und Wirkung seines Werkes (Marxistische Studien. Jahrbuch des IMSF – Sonderband I/1982). Frankfurt a. M.: Selbstverlag.

Kleist, Heinrich v. (1805/06): Über die allmähliche Verfertigung der Gedanken beim Reden. In: Heinrich v. Kleist (2001): Sämtliche Werke und Briefe.

Zweibändige Ausgabe in einem Band. Hg. v. Helmut Sembdner, Band 2. München: dtv, 319–324.
Konersmann, Ralf (2001): ›Überbau/Basis‹. In: J. Ritter et al. (Hg.): Historisches Wörterbuch der Philosophie. Basel/Darmstadt: Schwabe, Band 11 (2001) HWPh 1971–2007, 4–7.
König, Josef (1926): Der Begriff der Intuition. Halle/Saale: Niemeyer.
König, Josef (1937): Sein und Denken. Studien im Grenzgebiet von Logik, Ontologie und Sprachphilosophie. Tübingen: Niemeyer [2]1969.
König, Josef (1946): Das System von Leibniz. In: Josef König (1978): Vorträge und Aufsätze. Hg. v. Günther Patzig. Freiburg/München: Alber, 27–61.
König, Josef (1953 ff.): Der logische Unterschied theoretischer und praktischer Sätze und seine philosophische Bedeutung (Vorlesungen, aus dem Nachlaß). Hg. v. Friedrich Kümmel. Freiburg/München: Alber 1994.
König, Josef (1967): Georg Misch als Philosoph. In: Nachrichten der Akademie der Wissenschaften in Göttingen aus dem Jahre 1967. Philologisch-Historische Klasse. Göttingen: Vandenhoeck & Ruprecht 1967, 152–243.
König, Josef & Plessner, Helmuth (1994): Briefwechsel 1923–1933. Mit einem Briefessay von Josef König über Helmuth Plessners ›Die Einheit der Sinne‹. Hg. v. Hans-Ulrich Lessing & Almut Mutzenbecher. Freiburg/München: Alber.
Krockow, Christian G. v. (1958): Die Entscheidung. Eine Untersuchung über Ernst Jünger, Carl Schmitt, Martin Heidegger. Frankfurt a. M./New York: Campus [2]1990.
Leibniz, Gottfried Wilhelm (1714): Die Prinzipien der Philosophie oder Die Monadologie (übersetzt von Hans Heinz Holz). In: Georg Wilhelm Leibniz: Kleine Schriften zur Metaphysik (Philosophische Schriften, Band 1). Hg. v. Hans Heinz Holz. Darmstadt: WissBG, 439–483.
Leibniz, Gottfried W. (1765): Neue Abhandlungen über den menschlichen Verstand. Zwei Teilbände (Philosophische Schriften, Band 3). Hg. v. Wolf v. Engelhardt & Hans Heinz Holz. Darmstadt: WissBG [2]1985.
Lenin, Wladimir I. (1909): Materialismus und Empiriokritizismus. Kritische Bemerkungen über eine reaktionäre Philosophie (identisch mit LW 14). Berlin: Dietz 1971.
Lenin, Wladimir I. (1914): Konspekt zu Hegels ›Wissenschaft der Logik‹. In: Lenin LW, Bd. 38 (1981), 77–229.
Leont'ev, Aleksej N. (1959 [russ.]): Probleme der Entwicklung des Psychischen. Berlin: Volk und Wissen [5]1975.
Leont'ev, Aleksej N. (1975 [russ.]): Tätigkeit – Bewusstsein – Persönlichkeit (neu übersetzt v. Elena Hoffmann). Hg. v. Georg Rückriem. Berlin: Lehmanns Media 2012.
Löwith, Karl (1928): Das Individuum in der Rolle des Mitmenschen. In: Karl Löwith (1981): Mensch und Menschenwelt. Beiträge zur Anthropologie. Stuttgart: Metzler.
Luhmann, Niklas (1990): Das Erkenntnisprogramm des Konstruktivismus und die unbekannt bleibende Realität. In: N. Luhmann (1990): Soziologische Aufklärung 5: Konstruktivistische Perspektiven. Opladen: Westdeutscher Verlag, 3–58.

Luhmann, Niklas (1997): Die Gesellschaft der Gesellschaft. Frankfurt a. M.: Suhrkamp 1999.
Lukács, Georg (1966): Gespräche mit Georg Lukács. Hans Heinz Holz – Leo Kofler – Wolfgang Abendroth. In: Georg Lukács (2009): Autobiographische Texte und Gespräche (Werke, Band 18). Hg. v. Frank Benseler und Werner Jung. Bielefeld: Aisthesis, 233–351.
Marx, Karl (1843a): Zur Kritik der Hegelschen Rechtsphilosophie [Ms.]. In: Marx & Engels MEGA², Band I/2 (1982), 3–137.
Marx, Karl (1843b): Briefe aus den ›Deutsch-Französischen Jahrbüchern‹. In: Marx & Engels MEGA², Band I/2 (1982), 469–489.
Marx, Karl (1844): Ökonomisch-philosophische Manuskripte. In: Marx & Engels MEGA², Band I/2 (1982), 187–438.
Marx, Karl (1844a): Zur Judenfrage. In: Marx & Engels MEGA², Band I/2 (1982), 141–169.
Marx, Karl (1844b): Zur Kritik der Hegelschen Rechtsphilosophie. Einleitung. In: Marx & Engels MEGA², Band I/2 (1982), 170–183.
Marx, Karl (1845): Thesen über Feuerbach. In: Marx & Engels MEW, Band 3 (1983), 3–7.
Marx, Karl (1857): Einleitung [zur Kritik der Politischen Ökonomie]. In: Marx & Engels MEW, Band 13 (1975), 615–642.
Marx, Karl (1867): Das Kapital. Kritik der Politischen Ökonomie. Erster Band (1. Auflage). In: Marx & Engels MEGA², Band II/5 (1983).
Marx, Karl (1879/80): Randglossen zu Adolph Wagners ›Lehrbuch der politischen Ökonomie‹. In: Marx & Engels MEW, Band 19 (1987), 355–383.
Marx, Karl & Engels, Friedrich (1848): Manifest der Kommunistischen Partei. In: Karl Marx & Friedrich Engels (MEW): Marx-Engels-Werke. Berlin: Dietz, Band 4 (1974), 459–493.
Messmann, Alfred & Rückriem, Georg (1978): Zum Verständnis der menschlichen Natur in der Auffassung des Psychischen bei A. N. Leontjew. In: Georg Rückriem et al. (Hg.) (1978): Historischer Materialismus und menschliche Natur. Köln: Pahl-Rugenstein, 80–133.
Meyer-Drawe, Käte (2018): Die Welt als Kulisse. Übertreibungen in Richtung Wahrheit. Paderborn: Schöningh.
Misch, Georg (1923): Vorbericht des Herausgebers. In: Wilhelm Dilthey (1924): Gesammelte Schriften, Band V: Die geistige Welt. Einleitung in die Philosophie des Lebens. Erste Hälfte. Stuttgart/Göttingen: Teubner/Vandenhoeck & Ruprecht, VII–CXVII.
Misch, Georg (1926): Der Weg in die Philosophie. Eine philosophische Fibel. Leipzig/Berlin: Teubner.
Misch, Georg (1929/30): Lebensphilosophie und Phänomenologie. Eine Auseinandersetzung der Diltheyschen Richtung mit Heidegger und Husserl. Darmstadt: WissBG ³1967.
Misch, Georg (1994): Der Aufbau der Logik auf dem Boden der Philosophie des Lebens. Göttinger Vorlesungen über Logik und Einleitung in die Theorie des Wissens. Hg. v. Gudrun Kühne-Bertram & Frithjof Rodi. Freiburg/München: Alber.

Moll, Henrike & Stekeler-Weithofer, Pirmin (2021): Über die Entwicklung des Verstehens von Wahrnehmung und Perspektivität. In: Philosophisches Jahrbuch 128 (2021) 1, 21–39.

Pätzold, Detlev (1991): Entwicklungen im Verhältnis von Ontologie und Epistemologie: Descartes bis Kant. In: Dialektik 1991/1, 45–63.

Pawlow, Todor (1973): Die Widerspiegelungstheorie. Grundfragen der dialektisch-materialistischen Erkenntnistheorie [russ. 1936] (Übersetzung der 3. Auflage, Moskau 1962). Berlin: VEB Deutscher Verlag der Wissenschaften.

Peters, Klaus (1987): Über die Erkennbarkeit der Welt. Anmerkungen zur Logik der marxistischen Agnostizismus-Kritik aus Anlaß der Diskussion um die Beherrschbarkeit der Technik. In: Dialektik 14 (1987), 143–156.

Plessner, Helmuth (1923): Die Einheit der Sinne. Grundlinien einer Ästhesiologie des Geistes. In: Plessner GS, Band III (1980), 7–315.

Plessner, Helmuth (1928): Die Stufen des Organischen und der Mensch. Einleitung in die philosophische Anthropologie. Berlin/New York: de Gruyter [3]1975.

Plessner, Helmuth (1931): Macht und menschliche Natur. Ein Versuch zur Anthropologie der geschichtlichen Weltansicht. In: Plessner GS, Band V (1981), 135–234.

Plessner, Helmuth (1963): Immer noch Philosophische Anthropologie? In: Plessner GS, Band VIII (1983), 235–246.

Putnam, Hilary (1991): Realismus. In: Dialektik 1991/1, 65–86.

Redecker, Eva v. (2020): Revolution für das Leben. Philosophie der neuen Protestformen. Frankfurt a. M.: Fischer [5]2021.

Richter, Norbert A. (2005): Grenzen der Ordnung. Bausteine einer Philosophie des politischen Handelns nach Plessner und Foucault. Frankfurt a. M./New York: Campus.

Röttgers, Kurt (1983): Der Ursprung der Prozeßidee aus dem Geiste der Chemie. In: Archiv für Begriffsgeschichte 27 (1983), 93–157.

Sandkaulen, Birgit (2009): Fürwahrhalten ohne Gründe. Eine Provokation philosophischen Denkens. In: Deutsche Zeitschrift für Philosophie 57 (2009) 2, 259–272.

Scheier, Claus-Artur (2006): Ludwig Feuerbach – Denker der Ellipse. In memoriam Jacques Derrida. In: Ursula Reitemeyer et al. (Hg.): Ludwig Feuerbach (1804–1872). Identität und Pluralismus in der globalen Gesellschaft. Münster/New York: Waxmann 2006, 207–215.

Schickel, Joachim (2012): Der Logos des Spiegels. Struktur und Sinn einer spekulativen Metapher. Hg. v. Hans Heinz Holz. Bielefeld: transcript.

Schürmann, Volker (2013a): ›König, Josef‹. In: Thomas Bedorf & Andreas Gelhard (Hg.) (2013): Die deutsche Philosophie im 20. Jahrhundert. Ein Autorenhandbuch. Darmstadt: Wissenschaftliche Buchgesellschaft [2]2015, 175–177.

Schürmann, Volker (2013b): ›Misch, Georg‹. In: Thomas Bedorf & Andreas Gelhard (Hg.) (2013): Die deutsche Philosophie im 20. Jahrhundert. Ein Autorenhandbuch. Darmstadt: Wissenschaftliche Buchgesellschaft [2]2015, 206–208.

Schürmann, Volker (2013c): ›Plessner, Helmuth‹. In: Thomas Bedorf & Andreas Gelhard (Hg.) (2013): Die deutsche Philosophie im 20. Jahrhundert. Ein Autorenhandbuch. Darmstadt: Wissenschaftliche Buchgesellschaft [2]2015, 217–221.

Snell, Bruno (1946): Die Entdeckung des Geistes. Studien zur Entstehung des europäischen Denkens bei den Griechen. Göttingen: Vandenhoeck & Ruprecht [4]1975.

Snell, Bruno (1952): Der Aufbau der Sprache. Hamburg: Claassen [3]1961.

Stalin, Josef (1938): Über dialektischen und historischen Materialismus. In: Josef Stalin (1947): Fragen des Leninismus. Moskau: Verlag für fremdsprachige Literatur, 647–679.

Stekeler-Weithofer, Pirmin (2009): Teleologie als Organisationsprinzip. Zu Hegels Kritik an Kants (Krypto-)Physikalismus. In: Birgit Sandkaulen et al. (Hg.) (2009): Gestalten des Bewusstseins. Genealogisches Denken im Kontext Hegels (Hegel-Studien. Beiheft 52). Hamburg: Meiner, 102–134.

Stuke, Horst (1989): ›Philosophie der Tat‹. In: Joachim Ritter et al. (Hg.) (HWPh): Historisches Wörterbuch der Philosophie. Basel/Darmstadt: Schwabe, Band 7 (1989), 911–912.

Tengelyi, László (2014): Welt und Unendlichkeit. Zum Problem phänomenologischer Metaphysik. Freiburg/München: Alber.

Thunberg, Greta (2019): No One is Too Small to Make a Difference (expanded Ed.). UK: Penguin Books.

Vygotskij, Lev S. (1927): Die Krise der Psychologie in ihrer historischen Bedeutung. In: Lev S. Vygotskij (1985): Ausgewählte Schriften. Band 1: Arbeiten zu theoretischen und methodologischen Problemen der Psychologie. Köln: Pahl-Rugenstein, 57–277.

Wahsner, Renate (1998): Naturwissenschaft. Bielefeld: transcript [2]2002.

Wahsner, Renate (2009): »Die Materie der Erkenntnis kann nicht gedichtet werden«. Zu den Bedingungen einer materialistischen Spekulation bzw. Dialektik und zur Unmöglichkeit einer monistischen Abbildtheorie. In: Z. Zeitschrift marxistische Erneuerung Nr. 77 (März 2009), 138–157.

Wandschneider, Dieter (1995): Grundzüge einer Theorie der Dialektik. Rekonstruktion und Revision dialektischer Kategorienentwicklung in Hegels ›Wissenschaft der Logik‹. Stuttgart: Klett-Cotta.

Weber, Jutta (2003): Umkämpfte Bedeutungen. Naturkonzepte im Zeitalter der Technoscience. Frankfurt a. M./New York: Campus.

Wittgenstein, Ludwig (1939): Wittgensteins Vorlesungen über die Grundlagen der Mathematik. Cambridge, 1939. Nach den Aufzeichnungen v. R. G. Bosanquet, Norman Malcolm, Rush Rhees und Yorick Smythies. Frankfurt a. M.: Suhrkamp 1978.

Wolff, Michael (1981): Der Begriff des Widerspruchs. Eine Studie zur Dialektik Kants und Hegels. Königstein im Taunus: Hain.

Wolff, Michael (Wolff 1986): Der Satz vom Grund, oder: Was ist philosophische Argumentation? In: Neue Hefte für Philosophie 26 (1986), 89–114.

Zimmer, Jörg (2013): ›Holz, Hans Heinz‹. In: Thomas Bedorf & Andreas Gelhard (Hg.): Die deutsche Philosophie im 20. Jahrhundert. Ein Autorenhandbuch. Darmstadt: Wissenschaftliche Buchgesellschaft [2]2015, 145–147.